JÖRG KNOBLAUCH,
JOHANNES HÜGER,
MARCUS MOCKLER

EIN MEER AN ZEIT

Die neue Dimension des Zeitmanagements

Mit Illustrationen von
Werner Tiki Küstenmacher

WILHELM HEYNE VERLAG
MÜNCHEN

FSC
Mix
Produktgruppe aus vorbildlich
bewirtschafteten Wäldern und
anderen kontrollierten Herkünften

Zert.-Nr. SGS-COC-001940
www.fsc.org

Verlagsgruppe Random House FSC-DEU-0100
Das FSC-zertifizierte Papier *München Super* für dieses Buch
liefert Arctic Paper Mochenwangen GmbH.

Taschenbuchausgabe 05/2010

Der Wilhelm Heyne Verlag, München, ist ein Verlag
der Verlagsgruppe Random House GmbH
Umschlaggestaltung: Hauptmann & Kompanie, Zürich
Umschlagillustration: Werner Tiki Küstenmacher
Satz: Uhl + Massopust, Aalen
Druck und Bindung: GGP Media GmbH, Pößneck
Printed in Germany 2010
ISBN: 978-3-453-60127-7

www.heyne.de

Inhalt

Zeitmanagement im dritten Jahrtausend – ein Paradigmenwechsel

Wir haben mehr Zeit, als wir denken

Wissen Sie eigentlich, dass wir heute mehr Zeit zur Verfügung haben, als alle Generationen vor uns? Vielleicht kommt Ihnen diese Aussage etwas kühn vor. Aber sie stimmt. Deshalb ist am Anfang dieses Buches nicht von der notorischen Zeitnot die Rede, nicht von Stress und Hektik, nicht von der Allerweltsklage »Ich habe keine Zeit«. Nein, die Fakten sprechen eine andere Sprache: Wir haben mehr Zeit, als wir denken.

Eine erstaunliche Beobachtung, die aber offenbar niemand so richtig im Bewusstsein hat. Das beginnt bei der Lebenserwartung: Ein Mensch, der heute geboren wird, darf damit rechnen, über 100 Jahre alt zu werden! Momentan liegt die Lebenserwartung für Männer bei rund 74 Jahren, für Frauen sogar bei 80 Jahren. Davon konnte man in früheren Jahrhunderten nur träumen. Im Mittelalter war jemand jenseits der 40 bereits ein alter Mensch. Mangelernährung, Seuchen und Unfälle rafften die Menschen schon früh dahin. Der Begriff Midlife-Crisis konnte sich erst im 20. Jahrhundert durchsetzen, weil davor zu wenige Menschen überhaupt so alt wurden, dass sie diese Krise erleben konnten.

Arbeiten bis zum Umfallen?

Parallel dazu ist die Lebensarbeitszeit dramatisch gesunken. Die Frage »Was planst du für deinen Ruhestand?« hätte noch vor wenigen Jahrzehnten auf den Gesichtern Ratlosigkeit erzeugt. Ruhestand – was ist das? Es war die Regel, bis zum Umfallen zu arbeiten, um für sich und seine Nachkommen Brot zu erwerben. Heute folgen im Normalfall auf die Pensionierung 10 bis 20 Jahre, über die man bei materiell ordentlicher Absicherung frei verfügen kann – sofern man einigermaßen gesund ist, was wohl für die große Mehrheit zutrifft. Selbst die sich inzwischen anbahnende Rückkehr zu einer längeren Lebensarbeitszeit ändert an diesem Zuwachs an Freizeit nur wenig – zumal sie, dank des medizinischen Fortschritts, mit einer Verlängerung der Lebenserwartung Hand in Hand geht. Wer heute auf das Zeitbudget seines Lebens blickt und es mit dem Budget früherer Generationen vergleicht, kommt zu dem Ergebnis: Er schwimmt geradezu in einem »Meer an Zeit«.

Weniger Schlaf, mehr Freizeit

Das gilt keineswegs nur für den Ruhestand. Werfen wir einen Blick auf die Wochenarbeitszeit. Sie ist bis zur Jahrhundertwende permanent gesunken. Hätte man Mitte des 19. Jahrhunderts während der industriellen Revolution den Fabrikarbeitern von der 37,5-Stunden-Woche erzählt, sie hätten das für eine Geschichte vom Schlaraffenland gehalten.

Damals arbeiteten die Frauen und Männer in den Fabriken oft doppelt so lange! Es gab keine Mindestlöhne, Angebot und Nachfrage regelten den Arbeitsmarkt, der Ausbeutung waren keine Grenzen gesetzt. Der Sonntagsschutz setzte sich nur langsam und mühsam durch. In Deutschland baute nach 1945 die Nachkriegsgeneration ein zerstörtes Land wieder auf.

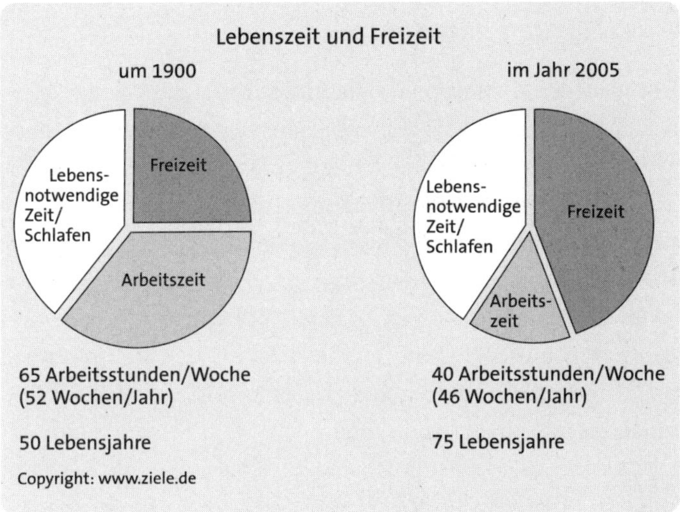

Wir profitieren bis heute von dem, was damals an harten Tagen und in langen Nächten erarbeitet wurde: Die moderne Gesellschaft hat erst durch solche Vorleistungen in Verbindung mit einem rasanten technischen Fortschritt die Möglichkeit, die Arbeitszeit streng zu reglementieren und dem Bedürfnis nach Freizeit, Ruhe und Erholung Rechnung zu tragen. Wann in der Geschichte hatten Arbeitnehmer mehr freie Zeit als zu Beginn des 21. Jahrhunderts? Dass angesichts von Globalisierung und Wirtschaftskrise die Wochenarbeitszeit in vielen Bereichen wieder verlängert wird, ändert kaum etwas daran: Der moderne Mensch schwimmt in einem Meer an (Frei-)Zeit. Zudem ist statistisch belegt, dass wir heute im Durchschnitt pro Nacht eine Stunde weniger schlafen als die Menschen vor 50 Jahren. Mehr Wach-Zeit bedeutet aber auch mehr Freizeit, die wir nach eigenem Willen gestalten können.

Zeit sparen durch Technik

Ein weiterer Zeitfaktor ist die Hausarbeit. Sie hat die Menschen früher viel stärker in Anspruch genommen. Ohne Waschmaschine, Spülmaschine, Elektro- oder Gasherd, Staubsauger und Zentralheizung gab es unendlich viel zu tun, um es im eigenen Heim warm und sauber zu haben. Können wir uns noch vorstellen, wie Anfang des 20. Jahrhunderts eine Mutter von (damals üblichen) vier oder fünf Kindern schuften musste, damit ihre Sprösslinge ordentlich angezogen zur Schule gehen konnten? Diese Mühen sind vorbei. Dass dennoch immer noch viele Stunden (vor allem von Frauen) im Haushalt abgeleistet werden, liegt daran, dass mit dem technischen Fortschritt auch die Ansprüche immens gewachsen sind. Doch gibt es viele Beispiele, wie man mit einem intelligenten Einsatz der Technik Zeit sparen kann, die man dann zur freien Verfügung hat. Auch die Nahrungsmittelindustrie verkauft etwa mit Fertigmenüs nicht

nur Mahlzeiten, sondern auch viele freie Minuten für alle, die die Mühe des Kochens scheuen. Wir schwimmen in einem »Meer an Zeit«. Leben Sie mit diesem Bewusstsein? Dann gehören Sie zu einer verschwindend kleinen Minderheit.

Die Wohlstandsfalle

Unsere Jagd nach Mehr – mehr Wohlstand, mehr Sicherheit, mehr Vergnügen, mehr Statussymbole – hat uns in Zentraleuropa einen unglaublich hohen Lebensstandard ermöglicht. Aber diese Jagd hat uns erstaunlicherweise nicht glücklicher gemacht.

Seit Ende der 50er Jahre untersucht das Allensbacher Institut für Demoskopie regelmäßig in repräsentativen Umfragen, wie glücklich sich die Deutschen fühlen. In den letzten Jahrzehnten ist der Anteil der Glücklichen an der Gesamtbevölkerung stabil geblieben und liegt weiterhin bei rund 30 Prozent. Das klingt unglaublich, wenn man das Lebensniveau von damals mit heute vergleicht. Es beweist aber, dass wir in unserer Kultur dem Lebensstandard eine zu hohe Bedeutung für unser subjektives Glücksempfinden beimessen. Eine Bedeutung, die er offenbar nicht hat. Internationale Studien belegen, dass Menschen in armen Ländern sich teilweise glücklicher fühlen als Menschen in den reichen Industrienationen.

Diese Ergebnisse der Sozialforschung sollten wir uns vor Augen führen, wenn wir wieder mal vor der Frage stehen, ob wir für mehr Lebensstandard zeitliche Opfer zu bringen bereit sind. Wenn Ihnen also jemand das Doppelte des Gehaltes verspricht, das Sie heute verdienen, Sie dafür jedoch täglich zwölf Stunden arbeiten müssen (und das auch sonntags), dann rechnen Sie nicht nur das Geld nach, sondern denken Sie auch daran, dass sie damit dem »Meer an Zeit« den Rücken kehren und freiwillig in die enge Bucht fahren. Vielleicht erfordert es Ihre Situation ja wirklich. Aber ein glücklicheres Leben sollten Sie sich von den höheren Einkünften nicht versprechen.

Heinrich Böll hat über den Irrweg eines allein auf Verdienst und Konsum ausgerichteten Denkens in einer kleinen Anekdote gespottet, in der er Folgendes erzählt:

Ein Fischer sitzt am Strand und blickt auf das Meer, nachdem er die Ernte seiner mühseligen Ausfahrt auf den Markt gebracht hat. Warum er nicht einen Kredit aufnehme, fragt ihn ein Tourist. Dann könne er einen Motor kaufen und das Doppelte fangen. Das brächte ihm Geld für einen Kutter und einen zweiten Mann ein. Zweimal täglich auf Fang gehen, heiße dann das Vierfache verdienen. Warum er eigentlich herumtrödele?

Auch ein dritter Kutter wäre zu beschaffen, das Meer könnte viel besser ausgenutzt werden, ein Stand auf dem Markt, Angestellte, ein Fischrestaurant, eine Konservenfabrik – dem Touristen leuchteten die Augen. »Und dann?«, unterbricht ihn der Fischer. »Dann brauchen Sie gar nichts mehr zu tun. Dann können Sie den ganzen Tag hier sitzen und glücklich auf Ihr Meer hinausblicken!«

»Aber das tue ich doch jetzt schon«, sagt der Fischer.

Nun könnte das Missverständnis aufkommen, wir wollten in diesem Buch Einfachheit predigen. Arbeite weniger, lebe bescheidener – und du hast mehr Zeit. Für manchen Leser könnte sich dieser Rat tatsächlich als heilsam erweisen, aber darum geht es gar nicht. Unser Ziel ist es, Ihnen den Reichtum an Zeit vor Augen zu führen, den wir heute haben – und Ihnen zu zeigen, wie Sie diesen Reichtum optimal für sich nutzen können.

Unerbittlich: die Sanduhr

Die große Mehrheit ächzt unter Zeitmangel. Ihr Zeitsymbol ist die Sanduhr. Es gibt nichts Beunruhigenderes vor Augen als eine ablaufende Sanduhr! Unerbittlich rieseln die Körnchen durch den engen Glashals, bilden einen schmalen, aufsteigenden Hügel, der gleich wieder unter der wachsenden Last zusammenfällt und Platz für weitere Körnchen macht. Schnell, viel zu schnell, leert sich das obere Glas – und dann ist alles vorbei. Vielen scheint die Sanduhr das Sinnbild für ihr Leben zu sein. Schnell, viel zu schnell, sind die Jahre an ihnen vorbeigezogen, ist ihnen die Zeit zwischen den Fingern zerronnen wie eine Handvoll Sand. Die Sanduhr können Sie wenigstens um 180 Grad drehen und wieder von vorne beginnen – bei Ihrem Leben geht das nicht.

Moderne Bücher zum Thema Zeitmanagement stellen in aller Regel den chronischen Zeitmangel an den Anfang. Da ist von Zeitdieben die Rede, die noch schlimmer seien als Gelddiebe – denn während sich Geld mit Fleiß und Glück wieder besorgen lässt, geht gestohlene Zeit unwiederbringlich verloren. Zeitdiebe stehlen uns den knap-

pen Sand aus der Sanduhr. In diesen Büchern ist auch von der Hetze des Alltags die Rede, von überquellenden Zeitplanbüchern, steigendem Termindruck in der Wirtschaft, Managementanforderungen im Familienleben und, und, und … Das alles ist richtig. Und gerade die chronische Zeitnot ist es, die viele erst dazu motiviert, sich mit dem Thema Zeitmanagement intensiver zu befassen.

Ein neues Paradigma

Dennoch sind wir fest davon überzeugt: Das Paradigma des chronischen Zeitmangels ist nicht nur heilsam, sondern hat auch eine negative Seite. Es fixiert den Blick auf den Engpass, versperrt ihn damit für die Weite und zementiert so eine negative Grundhaltung. Es vergrößert unser Bewusstsein um den Schmerz, den der Zeitmangel unseren Seelen bereitet. Aber es verkleinert es um die Lust, ein durchaus üppig ausgestattetes Zeitbudget glückbringend zu nutzen. Deshalb setzen wir als Autoren dieses Buches dem Paradigma des Zeitmangels ein anderes Paradigma entgegen: Wir alle leben in einem »Meer an Zeit«. Wir schwimmen in einem Zeitstrom, der breiter und länger ist als je zuvor und in dem wir mehr Möglichkeiten zu einem glücklichen und erfolgreichen Leben haben, als uns vielleicht je bewusst wird.

Wie kommt es, dass wir moderne Menschen das Meer an Zeit überhaupt nicht mehr sehen? Vielen dürfte das Überangebot in den verschiedensten Lebensbereichen den Blick trüben. Es ist unüberschaubar, wer alles um unsere Aufmerksamkeit buhlt: Hunderte Fernsehprogramme, Kinos, Erlebnisgastronomie, Kulturtempel, Sportzentren, Verlage,

Anbieter von Internetseiten und so weiter. Wer durch einen großen Supermarkt geht, kann sich im Prüfen und Vergleichen von Angeboten leicht verlieren. Regalkilometer voller Waren sind toll – aber unterbewusst auch Stress. Einer Studie zufolge sind die großen Discounter, wie Aldi und Lidl zum Beispiel, unter anderem deshalb so erfolgreich, weil es dort eine geringere Auswahl an Waren gibt! Die Kette trifft die Vorentscheidung, was in die Regale kommt – der Kunde muss nur noch zugreifen. Das macht das Leben einfacher und hilft darüber hinaus Zeit zu sparen.

Negatives Denken lähmt

Das Hauptargument dafür, um beim Thema Zeitmanagement einen Paradigmenwechsel zu vollziehen, ist ein psychologisches. Wer sein Leben nur unter dem Aspekt der Knappheit und des Mangels betrachtet, beginnt negativ zu denken. Und negatives Denken wirkt immer lähmend. Deshalb sind viele Menschen so frustriert, wenn sie ein Buch über Zeitmanagement gelesen oder ein Seminar zum Thema besucht haben – und danach vor allem darum kämpfen, in ihre knappe Zeit noch mehr hineinzupacken. Stress, Hektik, Überforderung hämmern uns immer wieder diese Botschaft ein: »Ich habe zu wenig Zeit.« Doch das stimmt nicht. Sie haben erheblich mehr verfügbare Zeit als alle Ihre Vorfahren.

Vielleicht fühlen Sie sich wie ein Mensch, der mit seinem Boot in eine Bucht gefahren ist, die sich an einer Steilküste befindet. Ihr Blick wandert an der Felswand auf und ab und Sie sehen nirgends eine Möglichkeit, weiterzukommen. Wir wollen Ihnen helfen, den Blick zu wenden und wieder auf das weite Meer zu blicken. In der Bucht sind Sie ein Gefangener, dort draußen auf dem Meer werden Sie neue und bessere Wege finden, auf denen Sie vorwärtskommen. Sie werden es genießen, sich nicht in ein stählernes Zeit-Korsett eingezwängt zu fühlen. Und es wird Ihnen auch leichter fallen, anderen ohne schlechtes Gewissen Ihre Zeit zu schenken. Denn tatsächlich haben Sie viel Zeit, da fällt das Teilen leicht.

Das Konzept

Wir laden Sie zu einer Reise ein – eine Reise, hin zum »Meer an Zeit«. Sie können sich dafür so viel Zeit nehmen, wie Sie wollen; Sie können aber auch unserem Konzept folgen und die Lektüre auf vier Wochen anlegen. In 28 Schritten – also für jeden Tag einen – werden Sie Ihre eigenen großen Zeitressourcen besser kennenlernen. Es geht darum, dass Sie das »Meer an Zeit« entdecken.

Wir haben die vier Buchstaben des Wortes Meer an den Anfang der vier Einheiten gestellt.

- 1. Einheit (7 Tage): M wie Meeresblick
- 2. Einheit (7 Tage): E wie Effektivität
- 3. Einheit (7 Tage): E wie Etappen
- 4. Einheit (7 Tage): R wie Reichtum

Meeresblick In der ersten Woche werden Sie das Meer an Zeit, das Sie umgibt, besser kennenlernen. Das wird Ihr Zeitgefühl verändern; es wird Sie aber vor allem aus dem negativen Denken über die allzu knappe Zeit herausholen. Es geht darum, dass Sie den von uns vorgeschlagenen Paradigmenwechsel persönlich nachvollziehen.

Effektivität In der zweiten Woche schmieden Sie Reisepläne für Ihre Fahrt im Meer der Zeit. Denn Sie wollen Ihre Zeit ja effektiv nutzen. Welche Ergebnisse soll die Reise bringen? Wo wollen Sie überhaupt hin? Hier lernen Sie grundlegende Techniken des Zeitmanagements kennen: klare Ziele erarbeiten, Prioritäten setzen, Gewohnheiten entwickeln, in Balance leben, und so weiter.

Etappen In der dritten Woche legen Sie die Etappen fest, innerhalb derer Sie Ihre Ergebnisse erreichen wollen. Die schönsten Reisepläne funktionieren bekanntlich nicht, wenn sich niemand um die Umsetzung, um Flugbuchung, Hotelreservierung oder Konzertkarten kümmert. Mit praktischen Beispielen und Checklisten nehmen Sie die Horizonte Ihres Zeitmanagements ins Visier – von der Tagesplanung bis zu einer auf viele Jahre hin angelegten Lebensplanung. Sie kennen nach dem dritten Abschnitt des Buches ganz präzise die Reiseroute, auf der Sie sich vorwärtsbewegen wollen, und wie Sie auf der hohen See Ihres Lebens navigieren.

Reichtum In der vierten Woche haben wir etwas Besonderes mit Ihnen vor: Sie werden den Reichtum entdecken, den Ihnen ein optimales Zeitmanagement beschert. Dabei kommt ein Aspekt zum Tragen, der in der Literatur zu diesem Thema bislang fast völlig ausgeblendet wurde: die Menschen unserer Umgebung. Nach jahrzehntelanger Beschäftigung mit der Frage nach einem effektiven Lebensstil sind wir heute überzeugter denn je, dass Zeitmanagement nicht nur das eigene Ich im Blick haben darf. Der Mensch ist von seiner ganzen Struktur her auf Gemeinschaft ausgerichtet. Für einen effektiven Umgang mit der Zeit müssen Sie, wenn Sie sich auf einem Schiff befinden, auch die »Mannschaft« und die anderen Mitreisenden sehen und bewusst mit ihnen arbeiten. Zeit ist fast immer auch Zeit mit anderen.

Auf dem Weg zur »Wir-AG«

»Reichtum« heißt die Überschrift der vierten Woche. Diese werden wir etwas ausführlicher erklären. Denn hier liegt der Schlüssel zur neuen Generation des Zeitmanagements, die wir Ihnen in diesem Buch vorstellen wollen. Herkömmliches Zeitmanagement hat die Erkenntnis stark vernachlässigt, dass es zu einem erfüllten Leben mit einem optimalen Zeitmanagement gehört, auch Mehrwert für andere zu schaffen. Dieses Bewusstsein muss ein integraler Bestandteil des Zeitmanagements werden. Man lebt glücklicher, wenn man weiß, dass man durch seinen Einsatz auch andere glücklicher gemacht hat. Deshalb reden wir anstatt von der »Ich-AG« lieber von der »Wir-AG«; anstatt von »Win-Win« lieber von »Multiple Win«; anstatt von Work-Life-Balance lieber von Shared-Life-Balance – einem Lebensstil also, der auch den anderen im Blick hat.

Keine Angst: Wir wollen hier niemanden zu einem fragwürdigen Gutmenschentum bekehren. Sie sollen auch keine bittere Pille aufgezwungener sozialer Aktivitäten schlucken. Nein, Sie sollen Ihre Freiheit entdecken und ernst nehmen, dass Sie die Möglichkeit haben, andere auf ihrem Lebensweg weiterzubringen. Die Erfahrung zeigt: Sie selbst werden durch das Bewusstsein, für andere Mehrwert geschaffen zu haben, überreich beschenkt. Auf dem Weg zu einem reichen Leben ist dafür investierte Zeit hervorragend genutzt. Und diesen »Reichtum« schafft man leichter, als man denkt!

Die fünfte Generation des Zeitmanagements

Lernen Sie in diesem Buch die fünfte Generation des Zeitmanagements kennen und entdecken Sie im folgenden Kapitel, wie diese fünfte Generation auf den vier vorhergehenden aufbaut. Das Vier-Wochen-Programm ist gut investierte Zeit. Es wird Ihnen Gelassenheit vermitteln und Ihnen Klarheit darüber verschaffen, ob Sie mit Ihrem Lebensboot auf dem richtigen Kurs sind. Es wird Ihnen helfen, aus dem großen Meer an Zeit das zu schöpfen, was Sie brauchen, um an Ihr Reiseziel zu gelangen. Wenn es in einem alten Spruch heißt, vor Gott und auf hoher See sind alle Menschen gleich, so müsste man bei unserem Thema ergänzen: Auch vor der Zeit sind alle Menschen gleich. Die 24 Stunden eines Tages stehen einem Bettler ebenso zur Verfügung wie einem Multi-Milliardär. Schieben Sie also erst mal alles beiseite, was Ihnen einreden möchte, Ihre persönliche Situation sei momentan zu schwierig oder komplex, um sich vernünftig mit Zeitmanagement auseinandersetzen zu können. Sie haben Zeit! Ein ganzes »Meer an Zeit«.

Die fünf Generationen des Zeitmanagements

Zeitmanagement hat in den vergangenen hundert Jahren eine mächtige Weiterentwicklung erfahren. Es ist durchaus nützlich, sich die einzelnen Generationen kurz vor Augen zu führen. Denn interessanterweise durchleben viele Menschen diese Entwicklung in ihrem eigenen Leben, exerzieren sozusagen persönlich die einzelnen Generationen durch.

1. Generation: Effizienz

Denken Sie einmal an die ältesten Publikationen zum Thema Zeitmanagement, die Sie je in die Hände bekamen! Sicher enthielten sie meist Fragen folgender Art: Wie schaffe ich mehr in der gleichen Zeit? Wie nutze ich meinen Kalender richtig? Wie plane ich meinen Tag richtig, um eine goldene Stunde zu gewinnen? Und die Antwort war (und ist): Wenn Sie nur die richtige Technik einsetzen, wird Ihr Leben besser!

Wir nennen diese Generation die Effizienz-Generation. Von Peter Drucker gibt es eine schöne Definition für Effizienz: Die Dinge »richtig« tun (im Unterschied zu Effektivität, die Drucker mit »Die richtigen Dinge tun« definiert, was wir im nächsten Abschnitt erläutern).

Keine Frage: Es ist nach wie vor wichtig, ein gutes und effizientes System für die persönliche Verwaltung seiner Zeit

zu haben. Ich muss wissen, wie ich mich richtig organisiere und bin dankbar für Tipps und Tricks. Die richtigen technischen Kniffe können ein großer Segen sein. Gute Gedächtnishilfen, die richtigen Notizen (zur rechten Zeit wieder an der richtigen Stelle auffindbar), das Erstellen und der richtige Einsatz von Checklisten, effiziente Planung und Vorbereitung, Prioritäten richtig setzen können – das alles sind große Hilfen, um die eigene Zeit nicht zu vergeuden.

Natürlich möchten wir Ihnen auch helfen, Ihre Effizienz zu verbessern. Doch Achtung: Effizienz allein führt nicht zu dem Erfolg, den wir uns davon erhoffen. In den letzten Jahren haben wir Tausende von Menschen begleitet; vom Studenten bis zum Handwerker, von der Hausfrau bis hin zur Führungskraft, die allesamt sehr viel von einer Effizienzsteigerung erwarteten. Doch bislang ist uns kein Einziger begegnet, der uns allein durch diese Maßnahmen langfristig bescheinigt hätte: »Ich bin dadurch zu einem glücklicheren Menschen mit einem erfüllteren Leben geworden und habe gefunden, was ich mir erhofft habe!« Stellen Sie sich vor, Sie erklimmen in Rekordgeschwindigkeit und mit einer vorbildlichen Kondition eine sehr hohe Leiter, stellen jedoch oben angekommen fest, dass diese an der falschen Mauer lehnt. Wenn Sie nur auf Effizienz achten, kann Ihnen genau das passieren.

2. Generation: Effektivität

Die Stärken und die Schwächen der ersten Generation führten unweigerlich zu einer dringend notwendigen Weiterentwicklung, ohne freilich das Alte überflüssig zu machen.

Der Sammler

Vor kurzem zeigte uns ein Mann voller Stolz sein Haus inklusive seines – wie er sagte – genialen Kellers. Er war zu Recht begeistert von der wunderschönen Architektur, den lichtdurchfluteten und großzügigen Kellerräumen, die außer der Lage im Untergeschoss die Bezeichnung Keller eigentlich gar nicht verdienten.

Doch etwas störte gewaltig. Jeder Raum im Keller war vollgestellt mit Gerümpel. Unser Gastgeber war nach guter alter männlicher Tradition ein Jäger und Sammler. Rangierte ein Freund ein gebrauchtes oder defektes Gerät aus – er nahm es und verwahrte es sorgfältigst, nach dem Motto: »Man kann so etwas ja bestimmt noch einmal brauchen!« Voller Stolz erzählte er, dass seine Garage und sein Speicher voll ähnlicher Schätze seien. Und er kannte sich genauestens aus; er wusste, wo welches Gerät in welcher Ausführung steht, er besaß ein perfektes System. Er berichtete von zwei

Gelegenheiten, bei denen es ihm in der Vergangenheit möglich gewesen sei, durch seine Sammelleidenschaft Freunden zu helfen.

Seine Frau nickte resigniert. Ironischerweise beschäftigte sich das Paar auch mit dem Thema »Erweiterung des Wohngebäudes«, da sich zwei der Kinder aufgrund von Platzmangel ein Zimmer im Obergeschoss teilen mussten.

Dieser Mann ist hoch effizient. Seine Abstellflächen sind genau strukturiert und innerhalb von Minuten findet er, wonach er sucht. Aber ist er auch effektiv?

Ein anderes Beispiel: Wir sind immer wieder schockiert, in Ausbildungsplänen von Firmen auf Konzepte zu stoßen, die aufgrund von Nostalgie nicht nur junge Leute zu überflüssigen Tätigkeiten verdammen. Tätigkeiten, die für die aktuelle Ausübung eines Berufs absolut nicht mehr notwendig sind, von denen aber die alten »Haudegen« in den Betrieben sagen: »Das hat man immer so gemacht.«

Die zweite Generation des Zeitmanagements setzt genau hier an: Was möchten Sie überhaupt mit einer bestimmten Tätigkeit in Ihrem Leben erreichen? Welches ist Ihr Ziel?

War die erste Generation von der Fragestellung geprägt, die Dinge richtig zu tun, zeichnet sich die zweite Generation durch die Fragestellung aus: Tue ich überhaupt die richtigen Dinge?

Desillusioniert durch die negativen Folgen einseitiger Effizienz hat sich inzwischen überall die Erkenntnis durchgesetzt: Effektivität kommt vor Effizienz. Zuerst müssen Sie wissen, wo Sie hinwollen, um dann den richtigen Weg zu wählen. »Ich weiß nicht, wo ich hinwill, aber möglichst schnell weg von hier!«, mag in einigen Fällen ehrlich ge-

meint und vielleicht sogar berechtigt sein, ist aber für das eigene Leben wahrhaftig keine solide Grundlage. Auch die zweite Generation des Zeitmanagements wird heute weithin akzeptiert und jedem guten Zeitmanager ist klar: Ohne sich Gedanken über das Ziel zu machen, führen die meisten Wege in die Irre und sind oft – obwohl hoch effizient durchgeführt – sinnlose Kraft- und Zeitverschwendung.

Das Thema Ziele gehört in der Zwischenzeit eigentlich zum Standard von Selbsthilfe- und Zeitmanagementbüchern. Dennoch entdecken wir bei vielen Zeitgenossen (zum Beispiel in unseren Seminaren), dass in der Praxis noch viel zu wenig mit Zielen gearbeitet wird. Auf folgende Fragen können sehr viele Menschen keine befriedigenden Antworten geben:

- Wie finde ich gute Ziele für mein Leben?
- Wie setze ich die richtigen Ziele?
- Wie setze ich Ziele bewusst für Selbstentwicklung und Selbstmanagement ein?

Gerade in der letzten Zeit haben Forscher neu bestätigt, wie äußerst wichtig gute Ziele für die persönliche Entwicklung, die eigene Motivation, die Motivation von Mitarbeitern, ein glückliches und zufriedenes Leben und somit auch für Zeitmanagement sind.

Ziele können begeistern! Gute und qualitativ hochwertige Ziele entfalten eine Dynamik, die durch nichts zu ersetzen ist! Doch wie finde ich die richtigen Ziele? Wie sieht Selbstmanagement anhand von Zielen aus? Was sind die Sackgassen, in die ein falscher Umgang mit Zielen führt? Ziele sind ein Werkzeug, das wie jedes andere Werkzeug eingesetzt werden kann – entweder zum Segen oder zum Fluch des Menschen! Beide Erfahrungen haben wir in den letzten Jahrzehnten häufig gemacht. Mit Zielen zu arbeiten ist wie das Erlernen eines Berufes. Sie beginnen als Lehrling. Nach einiger Zeit, wenn Sie mehr Fertigkeit haben, werden Sie zum Gesellen. Wenn Sie viel üben und sich nicht zu früh zur Ruhe setzen, werden Sie im Laufe der Jahre ein Meister Ihrer Kunst. Und wenn Sie weiter dabeibleiben und ein Lebenskünstler werden, inspirieren Sie sogar irgendwann Ihr gesamtes Umfeld.

Der falsche Umgang mit Zielen führte bald zu einer weiteren wichtigen Erkenntnis: Auch mit den besten Zielen vor Augen ist es unmöglich, aus einem Spatzen einen Kanarienvogel zu machen. Die Zeit für eine neue Generation war gekommen.

3. Generation: Potenzialorientierung

Jeder Mensch hat Stärken und jeder Mensch hat Schwächen! Jeder hat Begabungen und eindeutige Defizite. Ziele sollten so weit wie möglich auf den Stärken beziehungsweise auf dem Potenzial eines Menschen aufbauen. So wichtig es ist, an Schwachstellen zu arbeiten, ist es doch ungleich wichtiger, sich auf die eigenen Stärken zu besinnen, diese einzusetzen und auszubauen! Es sind lobenswerte Ausnahmen, dass es Menschen durch ausdauerndes Training geschafft haben, aus einer Schwäche oder einem Begabungsdefizit eine Stärke zu machen. Der viel verheißungsvollere Weg ist es jedoch, sich auf die eigene Begabung zu konzentrieren und diese auszubauen. Normalerweise können Sie durch harte Arbeit an den eigenen Schwächen maximal durchschnittlich werden – durch ein Training Ihrer Stärken werden Sie jedoch überdurchschnittlich, wenn nicht sogar einzigartig, und können weitaus mehr bewegen.

Zudem ist eine Tätigkeit entsprechend dem persönlichen Potenzial eine der maßgeblichen Quellen und Fundamente der (Mitarbeiter-)Motivation von innen. Durch kein Lob, keine Motivierung, keine Drohung oder Belohnung können Sie ersetzen, was sich ein Mensch selbst geben kann, wenn er entsprechend seinem Potenzial handelt, seine Begabung spürt und entwickelt! Dass Menschen ihr eigenes Potenzial gar nicht kennen, es aus Unwissenheit, Gewohnheit oder Angst nicht entfalten, geschweige denn einsetzen, ist ein großes Hindernis auf dem Weg zum persönlichen Glück.

Zeitmanagement muss typ- und potenzialorientiert sein. Es muss zu einem Menschen passen. Die persönlichen Ziele und der Arbeitsstil müssen auf die Einzigartigkeit eines Individuums abgestimmt werden. Natürlich gibt es Prinzipien, die für jeden Menschen gültig sind. Aber schon die Umsetzung dieser Prinzipien kann für den einzelnen Menschen ganz anders aussehen.

Welches sind diese Prinzipien? Was ist mein Potenzial? Wie kann ich sie herausfinden? Wer sich diese Fragen stellt und an ihnen arbeitet, sich selbst entdeckt und weiterentwickelt, wird mit Weisheit und Reife belohnt.

Doch wenn Sie jetzt meinen, Sie könnten alles erreichen, wenn Sie es nur wollten, liegen Sie falsch! Zum Beispiel werden Sie nicht so einfach eine Oper von der Güte von Mozarts *Zauberflöte* schreiben können. Nun werden Sie vielleicht einwerfen: Ja, aber der eine oder andere Job ist doch für jeden erlernbar, wenn er nur will. Damit haben Sie auch nur bedingt Recht! Denn es gibt individuelle Grenzen, die zu beachten es sich lohnt. Ebenso hilft es, seine Zeit vor allem in solchen Bereichen zu verbringen, die dem eigenen Typ entsprechen. Deshalb war und ist die Entdeckung dieser dritten Generation so wichtig.

Jeder Mensch muss besonders angesichts der derzeitigen wirtschaftlichen Situation bereit sein, sich auf vielerlei Art und Weise zu engagieren, auch in Bereichen, die vielleicht nicht seine erste Priorität sind. Aber langfristig gesehen bringt es für alle Beteiligten den größten Nutzen, wenn ein Mensch sein Potenzial erkennt, entsprechend seine Ziele setzt und sein Leben danach gestaltet.

Das Bewusstsein für diese Generation des Zeitmanagements nimmt stetig zu. In Studien wird der Zusammenhang zwischen ausgelebter Begabung und Lebensqualität deutlich und die Auswirkungen, die dieses Verhalten auf Zeitempfinden und Zeitmanagement hat, sind offensichtlich.

Zusammenfassend zu dieser dritten Generation des »Potenzial-orientierten Zeitmanagements« halten wir fest: Nur wer erkennt, was »sein Ding« ist, wer sein Potenzial kennt und entwickelt und sich auch deshalb mit seinen Zielen identifiziert, lebt langfristig motiviert, ausgeglichen und gesund. Wie man zu solchen Zielen kommt und diese typspezifisch pflegt und entwickelt, haben wir in unserem Buch *Dem Leben Richtung geben* eingehend und anhand vieler Workshops behandelt. Wir werden deshalb in diesem Buch nur auf einige spezielle Aspekte im Zusammenhang mit Zeitmanagement genauer eingehen.

4. Generation: Work-Life-Balance

Bislang stand vorwiegend der Berufsalltag im Fokus des Zeitmanagements:

- Wie kann ich meinen Job besser machen?
- Wie kann ich in weniger Zeit mehr Geld verdienen?
- Wie kann ich qualitativ und quantitativ mehr leisten?

Diese Fragen bleiben weiterhin wichtig, und die drei Generationen helfen bei der Beantwortung weiter. Doch übersehen sie eine banale Erkenntnis: Unser Leben ist mehr als Arbeit. Wer Mitte 40 aus Stress bereits den ersten Herzinfarkt erleidet, kommt automatisch ins Grübeln: War es die Arbeit wert, meine Gesundheit zu ruinieren? Wer das Zerbrechen seiner

Ehe und die Entfremdung von seinen Kindern erlebt, kommt häufig nicht um die Frage herum, ob er möglicherweise seine Familie für den beruflichen Erfolg geopfert hat. Deshalb wurde das Modell der Work-Life-Balance, der Ausgewogenheit von Arbeit und Leben, entwickelt. Es bedeutet: Wer mit Zeit optimal umgehen will, muss sein ganzes Leben unter die Lupe nehmen. Das macht Zeitmanagement einerseits etwas komplizierter, andererseits aber unendlich viel beglückender.

Work-Life-Balance mündet in der Forderung, für alle Lebensbereiche Ziele zu formulieren und an ihnen zu arbeiten. Für den Bereich Arbeit ist dieser Prozess vertraut, für die anderen Bereiche nicht (und teilweise auch deutlich schwieriger). – Wir kommen an anderer Stelle in diesem Buch noch darauf zurück. – Jedenfalls muss ein effektiver Arbeitsstil mit allen anderen Lebensbereichen in Einklang gebracht werden; andernfalls leidet die Effektivität. Die Bedürfnisse des Körpers, des sozialen Umfelds, auch die Bedürfnisse der Seele auf ihrer Suche nach Sinn müssen beim Zeitmanagement berücksichtigt werden. Das gipfelt in den Themen Glück, Entschleunigung und Vereinfachung.

Unser Leben ist nicht eindimensional, sondern vielschichtig und hoch komplex. Das eigene Leben nur auf einen Bereich zu reduzieren, mag in dem einen oder anderen Fall für eine bestimmte Lebensphase oder einen begrenzten Zeitraum durchaus angebracht sein. Es aber langfristig auf einen Bereich zu reduzieren, ist einfach nur »Dummheit« und zudem lebensgefährlich! Wenn Sie aufmerksam die Literatur der letzten 10 bis 15 Jahre

zum Thema Zeitmanagement studieren, merken Sie, dass gerade dieser Punkt, zumindest in der Theorie, Allgemeingut geworden ist. Nur wer sich ausgewogen, also in unterschiedlichen Lebensbereichen, auf die wichtigen Ziele konzentriert, entwickelt sich langfristig gesund und zufrieden weiter.

Wir freuen uns, dass gerade dieser wichtige Punkt in den letzten Jahren solch eine Renaissance erlebt hat. »Leben in Balance« ist in aller Munde. Es lässt sich auch statistisch zeigen, dass in Zentraleuropa noch nie so vielen Menschen die Notwendigkeit von Ausgewogenheit zwischen unterschiedlichen Lebensbereichen bewusst war. Vor kurzem war in einem Magazin zu lesen, dass Deutschlands Manager noch nie körperlich so fit waren wie heute. Selbst diejenigen, die sich vielleicht nicht gerne sportlich betätigen, merken, dass leichtes Training ihnen sehr guttut.

Das Bewusstsein für Ausgewogenheit, das Ineinanderwirken unterschiedlicher Lebensbereiche und die Notwendigkeit von Investitionen in diese Bereiche ist zweifellos gewachsen, führt aber zugleich auch wieder zu der bangen Frage: Wie soll ich das alles in meinen Tag, meine Woche, mein Leben integrieren?

Balance tut gut, aber falsch gehegt und gepflegt kann dieses Konzept leicht in eine »Diktatur der Balance« abgleiten. Wir sind so sehr damit beschäftigt, alles richtig zu machen, dass wir auch hierbei wieder dazu tendieren, nicht das Richtige zu machen. Natürlich geht es bei Balance nicht darum, gleich viel Zeit in alle Lebensbereiche zu investieren, sondern vielmehr darum, in alle wichtigen Bereiche angemessen zu investieren.

Auch diese vierte Generation des Zeitmanagements hat

ihre Berechtigung und wird sie immer behalten. Sie hat wie keine andere das Bewusstsein für den Reichtum und die Vielfalt des Lebens neu geweckt und so einer gefährlichen Verarmung entgegengewirkt. Diesen Reichtum gilt es zu entdecken und zu vermehren.

Die 5. Generation: »Shared-Life-Balance«

Wer die ersten vier Generationen kritisch analysiert, kommt um eine Entdeckung nicht herum: Sie sind sehr »ego-lastig«. Das wollen wir gar nicht kritisieren. Es liegt fast in der Natur der Sache: Das »Ich« steht im Mittelpunkt. Wie kann *ich* besser werden? Wie kann *ich* heute mehr schaffen? Wie kann *ich* Balance halten? Wie kann *ich* mich selbst verwirklichen, *mein* Glück erlangen? Das ist zunächst unproblematisch: Es geht um das Leben jedes Einzelnen, um die individuelle Zeit. Wer wollte einem Menschen das Recht bestreiten, daraus das Beste für sich zu machen?

Vielleicht kennen Sie den Spruch: Ich, meiner, mich, mir – Gott segne uns vier! Oder in einer profaneren Variante: Alle denken an sich – nur ich denke an mich. Nun ist nichts dagegen einzuwenden, ja vielmehr ist es sogar notwendig, sich selbst besser kennenzulernen und Verantwortung für Leben und Handeln zu übernehmen. Bleibt man aber darin stecken, denkt man nur noch an sich und verliert den anderen Menschen, den Mitmenschen, den Mitarbeiter aus den Augen, dann hat das katastrophale Auswirkungen auf Leben und Zeit und verursacht übrigens auch Kosten. Misstrauen, heimliche Kündigung, innerer Rückzug der Menschen im persönlichen Umfeld sind das Ergebnis. Beobachten Sie ein-

mal, wie viel Zeit und Lebensenergie durch solche Dynamiken verlorengehen.

Stellen Sie sich vor, Sie hätten einen Chef, der nur an sich selbst denkt, nur seinen Vorteil sucht und alle anderen benutzt und dann mit Füßen tritt, nur um sein Ego zu stärken. Nehmen Sie an, er täte nur Dinge, die ausschließlich ihm nutzten, koste es, was es wolle. Welche Auswirkungen hätte dies (vielleicht auch nur die Vermutung, dass es so ist) langfristig auf Sie und Ihre Arbeit? Jeder denkt nur an sich, also denke ich auch nur an mich! Wie wirkt sich das auf Arbeitsstil, Kommunikation, Kosten, Lebensqualität, Zeitverhalten aus?

In einer Zeit, in der in vielen Branchen die Margen immer dünner werden, wird man sich auf einmal ganz neuer und sehr hoher Kostenfaktoren bewusst. Da geht es nicht mehr nur um preiswertes Material im Einkauf oder die Verlängerung der Wochenarbeitszeit. Wir bekamen gerade in den letzten Monaten verstärkt Anfragen aus dem Management, wie sich das Miteinander in einem Unternehmen stärken ließe. Die »Ich-AG« mag im günstigsten Fall einen Arbeitslosen in die Selbstständigkeit führen – in einem Team kann sie tödlich sein, weil sie das Denken in gemeinsamen Bezügen untergräbt.

Managern wird wieder deutlich bewusst, wie wichtig werteorientiertes Handeln, ein aufrechter Charakter, klassische Tugenden, sinnvolles Verhalten und vertrauensvolle Kooperation sind. Das alles hat mit zwischenmenschlicher Beziehung zu tun, es führt weg vom reinen Ego-Denken. Wir haben in den vergangenen Jahren rationalisiert, verschlankt, Prozesse optimiert, ... – und dabei einen großen Zeit- und Effektivitätsdieb übersehen: Charakterschwäche und Misstrauen.

Wir sind überzeugt, dass noch riesige Zeit- und Kostenreserven in Beziehungen und Organisationen schlummern. Neben all den anderen Hausaufgaben, an die sich Manager bereits gemacht haben, warten die Bedeutung von Charakter, Werten, Sinn, Miteinander und damit eng zusammenhängend auch das Thema Vertrauen darauf, wiederentdeckt zu werden. Wir glauben zum Beispiel, dass der Aufbau und die Pflege von Vertrauen einer der wichtigsten Prozessbeschleuniger der nahen Zukunft sein können. Alles kann noch so perfekt organisiert sein – wenn Sie nicht auch das Vertrauen Ihrer Mitmenschen haben, beziehungsweise Menschen um sich haben, denen Sie vertrauen können (oder wollen!?), wird das dramatische Auswirkungen auf Ihre Zeitbudgets haben und möglicherweise Ihr Projekt zum Scheitern bringen.

Das Beste aus allen Generationen

Dies ist und bleibt ein Buch über Zeitmanagement. Wir haben uns jedoch entschieden, dass dies kein Buch ausschließlich über die fünfte Generation des Zeitmanagements sein wird, so sehr uns dies gereizt hätte. Aus den unterschiedlichsten Epochen haben wir nach sorgfältiger Überlegung wichtige Schritte herausgesucht, um Ihnen konkrete Werkzeuge an die Hand zu geben, Ihre Zeit besser zu managen. In 4 mal 7 Schritten möchten wir Sie ermutigen, den Nutzen aller Entwicklungsstufen für Ihr Leben praktisch zu erschließen! Wir begleiten Sie auf einer Reise zu mehr Effizienz, Effektivität und von einer stimmigen *Work-Life-Balance* zu einer *Shared-Life-Balance*, in der charakterliche Reife und wachsendes Vertrauen zum Segen nicht nur für Ihr eigenes Leben werden!

Wir wissen alle, dass ein egozentrisches Leben schnell ein einsames Leben werden kann – und dass der Mensch auf Gemeinschaft mit anderen Menschen ausgerichtet ist. Die Glücksforschung belegt auf eindrucksvolle Weise, welche zentrale Rolle gute Beziehungen für unser Wohlbefinden spielen. Diese Erkenntnis gilt es im Zeitmanagement umzusetzen. Zu einem erfüllten Leben und Zeitmanagement gehört es, Mehrwert für andere zu schaffen. Ausbalanciert ist mein Leben erst, wenn andere Menschen darin einen angemessenen Platz gefunden haben. Man lebt glücklicher, wenn man weiß, dass man durch seinen Einsatz auch andere glücklich gemacht hat. Von Work-Life-Balance zu Shared-Life-Balance – mit diesem Lebenskonzept gewinnen alle. Wir erläutern dieses Konzept im vierten Teil des Buches und machen deutlich, wie sich unsere Zeit durch verschiedene Formen der Beziehungsarbeit veredeln lässt.

Zeit veredeln lässt sich auch durch ein neues Denken, das bei jeder Entscheidung fragt, wie von einer Angelegenheit möglichst viele profitieren. Wir nennen dieses Denken »Multiple Win« und gehen damit über das klassische (und sehr wichtige) Win-Win-Denken hinaus. Ein weiterer Bereich ist das Engagement für andere: Zeit und Geld in Menschen investieren, denen wir damit in ihrer Entwicklung helfen – das kann zu den beglückendsten Erfahrungen gehören. Planen wir so etwas in unser Zeitbudget ein?

Lassen Sie uns zusammenfassen, warum wir beanspruchen, mit diesem Buch die fünfte Generation des Zeitmanagements einzuläuten. Zeitmanagement der fünften Generation ist vor allem Beziehungsmanagement:

- Die ersten vier Generationen sind (vernünftigerweise) sehr egozentrisch.
- Zeit ist aber fast immer auch Zeit mit anderen.
- Daraus folgt: Effektives Zeitmanagement muss einen effektiven Umgang mit anderen Menschen in den Blick nehmen.
- Verbesserungen im persönlichen Umfeld, in Charakter, Vertrauen und Kommunikation könnten sich in den nächsten Jahren als die stärksten Prozessbeschleuniger überhaupt erweisen. Sie schaffen mehr Frei(zeit)räume.
- Zeitmanagement ohne Beziehungsmanagement ist wie Stabhochsprung ohne Stab.

Wir alle neigen dazu, aus Gedankenlosigkeit oder Faulheit unter unseren Möglichkeiten zu leben. Um in dem Bild vom »Meer an Zeit« zu bleiben: Wie viele von uns fahren auf diesem Meer im Kreis oder wagen sich nur wenige hundert

Generation des Zeitmanagement	Fragestellung
1. Effizienz »Die Dinge richtig tun.«	Wie kann ich meinen Tag/mein Leben/ eine Aufgabe »effizienter« im Sinne von »schneller, höher, weiter« gestalten?
2. Effektivität »Die richtigen Dinge tun.«	Was will ich überhaupt erreichen? Welche Ziele habe ich?
3. Potenzialorientierung	Was sind Ziele, die auch langfristig für mich stimmig sind?
4. Work-Life-Balance	Wie kann ich ausgewogen leben?
5. Shared-Life-Balance	Wie gestalte ich meine Zeit im Zusammenspiel mit anderen? Wie schaffe ich es, dass aus 1+1 mehr als 2 werden? Was ist der Nutzen meiner Zeitgestaltung auch für andere?

Beispiele für typische Inhalte/Schwerpunkte

- Techniken, Tipps und Tricks für ein effizienteres Zeitmanagement
  (Was für ein System nutze ich?
  Wie plane ich den Tag?
  Wie erreiche ich mehr in der gleichen Zeit?)
- Fertigkeiten im Umgang mit E-Mails
- Schnell-Lesen

- Suchen, Erarbeiten und Umsetzen der richtigen Ziele
- Langfristigkeit im Auge behalten
- dringend und wichtig unterscheiden
- Prioritäten setzen

- persönliches Potenzial entdecken und entfalten
- Zusammenhang zwischen Persönlichkeit und Zeit entschlüsseln
- den individuellen Zeitmanagementstil finden
- Lebensplanung
- persönliches Glück

- Balance zwischen unterschiedlichen Lebensbereichen finden
- Entschleunigung
- Ziele für alle Lebensbereiche setzen

- Vertrauen
- »Multiple Win« (Viele sollen Nutzen haben)
- Charakter/Werte
- soziale Verantwortung
- mein Beitrag zum »Größeren«
- emotionale Intelligenz
- soziale Kompetenz

Meter vom Ufer weg? Damit verpassen sie die Chance, das Optimum aus ihrer Zeit herauszuholen.

Lernen Sie, liebe Leserin, lieber Leser, die neue Generation des Zeitmanagements kennen. Veredeln Sie Ihre Zeit. Nutzen Sie alle Chancen, damit Sie am Ende Ihres Lebens sagen können: »Ich habe das ›Meer an Zeit‹ durchkreuzt und dabei das beste Leben gelebt, das ich mir vorstellen kann.«

Wir wünschen Ihnen dabei viel Erfolg.

M wie Meeresblick

Der versperrte Blick

Ein Buchautor wurde zu einer Vortragsreise nach Südafrika eingeladen. Spät am Abend holte ihn sein Gastgeber am Flughafen von Kapstadt ab. Die ganze Zeit über schwärmte der Mann am Steuer von der wunderbaren Landschaft seiner Heimatstadt, beschrieb die schöne Küstenstraße, die einmalige Kulisse des Kapstädter Tafelberges und den Blick auf das weite Meer. Doch der Gast sah so gut wie nichts. Es war dunkel und zudem versperrten viel zu viele Häuser den Blick. Als er am nächsten Morgen aufwachte und aus dem Fenster schaute, traute er seinen Augen nicht. Da war Kapstadt in seiner ganzen Schönheit – sein Gastgeber hatte nicht übertrieben.

Wir sind überzeugt: Vielen geht es beim Umgang mit der Zeit genauso wie unserem Gast in Südafrika. Sie sehen zunächst nur Dunkelheit, Begrenzungen, Enge, während andere ihnen von der Schönheit des Lebens vorschwärmen. Knappheit – das ist das Paradigma, in dem wir leben. Indiz dafür ist die sogenannte Hetzkrankheit, die sich in Industriestaaten ausbreitet. Menschen sehen nur noch Termine, die sie verpassen könnten, und erleben kaum eine ruhige Minute mehr.

Zeitmanagement ist deshalb nach Lesen und Schreiben eine der wichtigsten Kulturtechniken des 21. Jahrhunderts. Glücklicherweise hat sich diese Kulturtechnik weiterentwickelt. Und vieles davon hilft uns, nicht nur unsere Zeit besser zu gestalten, sondern insgesamt ein erfüllteres Leben zu führen. Ohne die richtige Grundhaltung, eine klare Sicht auf Ihre Zeitressourcen, werden Sie sich allerdings schnell in Details des Zeitmanagements verlieren.

Die sieben Abschnitte unseres ersten Kapitels widmen sich deshalb Ihrer Grundhaltung im Blick auf die Zeit. Wir wünschen Ihnen, dass Sie dieselbe Erfahrung wie unser Südafrika-Besucher machen: Sie sollen nach einer dunklen Nacht die Vorhänge Ihres Zimmers aufreißen können und einen hellen Blick auf die Weite des »Meers an Zeit« genießen. Deshalb haben wir dieses Kapitel mit »Meeresblick« überschrieben. Wir möchten Sie an unseren Vorschlag erinnern, einen Abschnitt pro Tag durchzuarbeiten – dann sind Sie mit diesem Kapitel in einer Woche durch.

Entlarven Sie die Lügen, die Ihren Blick in die falsche Richtung lenken, die Sie im Dunkeln halten wollen. Schöpfen Sie neue Kraft aus der Ruhe. Entdecken Sie eine andere Grundhaltung, die Ihnen hilft, sich die Fülle des Lebens zu erschließen. Tauchen Sie ein in den *Flow-Kanal*, der Ihnen ein ganz anderes Zeitgefühl beschert. Wir sind überzeugt: Sie werden an diesem »Meeresblick« Ihre helle Freude haben und dabei mehr Zeitsouveränität erlangen. Leinen los, die Fahrt beginnt!

1. Tag
Sieben Lügen zum Thema Zeit

»Wir nehmen die Dinge nicht wahr, wie sie sind, sondern wie wir meinen, dass sie sind.«

Verfasser unbekannt

Was machen Sie eigentlich mit der Masse an Zeit, die Sie haben? Sie tun skurrile Dinge, wenn man folgender Statistik glauben darf: Ein Mensch schluckt in seinem ganzen Leben während des Schlafens durchschnittlich 12 Spinnen und 70 Insekten. Mit anderen, relativ normalen, Tätigkeiten verbringt man laut Statistik auch einige Zeit seines Lebens: Ein Baby legt krabbelnd am Tag ca. 200 Meter zurück. Rund 150 Kilometer krabbelt es, bevor es mit eineinhalb Jahren das Laufen erlernt hat. Ein Mensch verdaut im Lauf seines Lebens durchschnittlich 30 Tonnen Nahrung, produziert 40 000 Liter Urin und verbringt über 9 Monate seines kostbaren Lebens nur auf der Toilette. Zwei Wochen lang geküsst (es gibt auch statistische Ausreißer), 3,5 Jahre lang gegessen und zwölf Jahre lang geredet – das ist die durchschnittliche Bilanz eines Menschenlebens nach 80 Jahren. Mindestens 23 Jahre haben Sie am Lebensende nur geschlafen, 1,5 bis 2 Jahre vor dem Fernseher zugebracht, und wenn Ihnen jetzt zum Weinen zumute ist: Knapp 65 Liter Tränen kommen im Laufe eines Lebens zusammen.

Schöne Statistik – aber sie sagt noch gar nichts darüber aus, wie Sie Ihre Zeit erleben. War zum Beispiel Ihre Lebensarbeitszeit fruchtbar oder furchtbar für Sie? Im Umgang mit Zeit hat jeder von uns seine persönliche Geschichte und Erfahrungen – und das wiederum prägt entscheidend den Umstand, wie wir überhaupt Zeit wahrnehmen. Das Wort »Zeit« zählt mit zu den meist verwendeten deutschen Hauptwörtern. »Ich hab keine Zeit« ist eine der häufigsten Floskeln nach Begrüßungsformeln wie: »Wie geht es Ihnen?«

Zum Thema Zeit hat jeder seine persönlichen Ansichten – und erstaunlich viele dieser Ansichten sind falsch. Es gibt viele Lügen zum Thema Zeit, die wir immer wieder hören und vielleicht sogar gerne glauben möchten. Sieben davon werden wir Ihnen im Folgenden präsentieren.

Lüge 1: Wir haben von Jahr zu Jahr weniger Zeit

Als wir einem Freund von der Idee zu diesem Buch erzählten, von unserem Anliegen Menschen zu helfen, das »Meer an Zeit« wieder bewusst wahrzunehmen – da lächelte er zweideutig und sagte: »Das mit dem ›Meer an Zeit‹ ist ein guter PR-Gag.« – Nein, es ist kein PR-Gag! Wir verfügen heute über so viel Lebenszeit wie nie zuvor. Die Anzahl der Zeit-Millionäre – das sind Menschen, die im hohen Alter von 114 Lebensjahren knapp eine Million Lebensstunden hinter sich haben – nimmt zu. Unsere Lebenserwartung steigt. Wir verfügen, wie am Anfang dieses Buches ausgeführt, über die tollsten Helfer und Maschinen, um immer weniger Zeit mit sekundären Dingen zu verbringen und mehr Zeit für die wesentlichen Dinge zu haben. Sie selbst bestimmen, ob Sie an Zeitmangel leiden oder Zeit im Überfluss genießen können!

Lüge 2: Würden mir andere nicht so viel aufhalsen, hätte ich viel mehr Zeit

Viele Menschen haben keine Ahnung, welchen Einfluss jeder persönlich auf die Wahrnehmung seiner Zeit hat. Durch welche »Zeit-Brille« sehen Sie gerade? Der durch seine Radioansprachen in den USA bekanntgewordene Charles Swindoll schreibt:

Worauf es ankommt

»Je länger ich lebe, desto mehr begreife ich die Wirkung, die unsere persönliche Einstellung auf das Leben hat. Persönliche Einstellung ist wichtiger als Tatsachen. Sie ist wichtiger als Vergangenheit, Erziehung, Geld, Umstände oder Erfolge, als das, was andere Menschen sagen oder tun. Sie ist wichtiger als Aussehen, Begabungen oder Können. Persönliche Einstellung ist das A und O für eine Organisation, eine Gemeinde, eine Familie. Bemerkenswert ist, dass wir uns jeden Tag bewusstwerden können und neu entscheiden können, mit welcher Einstellung wir durch unsere Lebenszeit gehen. Die Vergangenheit können Sie nicht ändern. Es gibt auch keine Garantie, dass bestimmte Menschen heute in einer bestimmten Weise handeln werden. Wir können nur eines tun: Auf der einzigen Saite zu spielen, die wir haben, und das ist, unsere persönliche Einstellung zu wählen.

Ich bin davon überzeugt, dass mein Leben zu 10 Prozent aus dem besteht, was mit mir geschieht und zu 90 Prozent aus dem, wie ich darauf reagiere.«

Erkennen Sie die Provokation dieser Aussage? Aufs Zeitmanagement bezogen heißt das: Chronischer Zeitmangel ist eine Illusion, die Sie selbst aufgebaut haben, indem Sie sich beispielsweise zu viele Aufgaben aufhalsen oder sich permanent als Opfer von Umständen betrachten, in die andere Sie hineingetrieben haben. Es ist eben alles eine Frage der Wahrnehmung.

Lüge 3: Sind die Kinder erst einmal aus dem Haus, beginnt das wahre Leben

Wann beginnt das Leben?

Ein katholischer und ein evangelischer Theologe sowie ein jüdischer Rabbi diskutierten einmal die Frage, wann menschliches Leben beginne. Der Katholik sagte: »Bei der Empfängnis, der Verschmelzung von Ei- und Samenzelle.« Der Protestant sagte: »Vor der Geburt ist das alles sehr unsicher, aber die Geburt ist sicher der Beginn menschlichen Lebens.« Darauf der Rabbi ganz trocken: »Wenn die Kinder aus dem Haus sind, und der Hund tot ist – dann beginnt das Leben.«

Eine witzige Geschichte, die aber einen tragischen Irrtum enthält. Wer das »wahre Leben« immer auf später verschiebt, wird es vielleicht nie erreichen. Wie oft hören Eltern mit kleinen Kindern, dass ja bald die Zeit kommen werde, in der sie »aus dem Gröbsten raus« seien. Vergleichbares kennen Sie bestimmt auch aus anderen Lebensbereichen: »Wenn dieses oder jenes Projekt abgeschlossen ist, dann beginnt wieder das normale Leben.« Aber kaum ist das Eine abgeschlossen, steckt man schon in der nächsten Herausforderung. So vertröstet man sich auf den Zeitpunkt, wenn

der neue Kollege da sein wird, wenn die Firma verkauft ist, wenn man in Rente geht …

»Irgendwann in der Zukunft wird bestimmt alles von alleine besser.« Was nützt so eine Aussage? Entscheidend ist doch: In diesem Augenblick findet unser Leben statt. Kein Moment ist so nahe und so wichtig wie das »Jetzt«. Es ist ein Goldstück, ein kleiner, fast unmerklicher Schatz. Doch wofür möchte ich ihn geben? Genau diese Frage ist für uns eines der wesentlichen Fundamente für das Konzept des »Meers an Zeit«. Begreifen Sie Zeit neu. Begreifen Sie sie als Ihre kostbare Lebenszeit, die Sie verwalten dürfen. Genau hier setzen wir zuerst an. Das andere kommt nach: Tipps und Tricks für Effektivität, Effizienz und die Gestaltung Ihrer Horizonte. Doch in den ersten Abschnitten geht es vor allem darum, dass Sie sich Ihrer Grundeinstellung bewusstwerden. Die Tatsache, wie Sie über Zeit denken, wird Ihr Zeitmanagement entscheidend beeinflussen.

Lüge 4: Wenn ich viel arbeite, bin ich ein besserer Mensch

Nichts gegen hartes Arbeiten. Eine Gesellschaft lebt gerade auch von denen, die Überstunden machen und die Hände nicht zu früh in den Schoß legen. Problematisch wird die Sache, wenn wir daraus unseren Wert ableiten. Was tun eigentlich Menschen, die keine Höchstleistungen mehr bringen, wenn sie den Zenit der Leistungskraft überschritten haben? Werden sie dadurch schlechtere Menschen? Wer die oben genannte Lüge zu Ende denkt, kommt sogar in die Gefahr, das Lebensrecht unproduktiver Menschen (Kranke, Behinderte) infrage zu stellen. Beunruhigt sehen wir, dass in den Niederlanden jährlich rund 1000 Menschen durch Euthanasie getötet werden, ohne explizit in die Sterbehilfe eingewilligt zu haben. Deshalb gibt es inzwischen sogar eine Abwanderungsbewegung alter Holländer in andere europäische Staaten, zum Beispiel in die Schweiz. Es ist schön, wenn ein Mensch viel leisten kann. Aber ein Mensch ist immer mehr als seine Leistung.

Lüge 5: Zeitplanung ist eine Illusion – es kommt sowieso alles immer anders

Natürlich kommt vieles anders, als man denkt. Ist das ein Argument, auf Zeitplanung zu verzichten? Aus zwei Gründen nicht:

1. Es kommt vieles genau so, wie man es geplant hat. Beispiel: Zahlreiche Vertriebsmitarbeiter planen eine Reise-

route für die Woche und arbeiten die Termine dann nacheinander ab – und es funktioniert!

2. Selbstverständlich gibt es Abweichungen. Natürlich können Schneefall und Staus den Plan für einen Tag vermasseln. Deshalb war die Planung für diesen Tag keineswegs sinnlos, denn: Mit einem Plan arbeiten heißt, Abweichungen zu managen. Im Stau kann der Vertriebsmitarbeiter entscheiden, ob er den nächsten Termin absagt und neu festlegt oder ihn mit Verspätung wahrnimmt. Erst durch den Zeitplan kann er vernünftig beurteilen, wie er mit der Abweichung am besten umgeht.

Lüge 6: Ich habe keine Zeit

Die Formulierung »Ich habe keine Zeit« ist falsch. Selbstverständlich haben wir Zeit. Wir treffen lediglich Entscheidungen, womit wir diese Zeit verbringen wollen. Die Aussage »Dafür habe ich keine Zeit« bedeutet im Klartext: »Das ist mir nicht wichtig genug, ich nutze meine Zeit lieber für andere Dinge.« Wer sagt, er habe keine Zeit für Sport, hat sich häufig stattdessen für Fernsehkonsum und Diskothek entschieden. Zeit für etwas zu haben, ist also eine Entscheidungsfrage. Keine Zeit heißt oft in Wahrheit: kein Interesse.

Lüge 7: Wer seine Zeit plant, ist nicht offen für Ungeplantes

Diese Aussage wäre richtig, wenn Zeitmanagement bedeutete, jede Minute zu verplanen. Wer Zeitmanagement betreibt, weiß, dass maximal 60 Prozent der Zeit zu verplanen sind. Der Rest wird offengehalten für Tagesgeschäft, Telefonate, Post- und E-Mail-Bearbeitung sowie unangemeldete Besucher. Hier findet ohnehin viel Unvorhergesehenes statt. Wer kein Zeitmanagement betreibt, lebt ständig in der Angst, Dinge zu versäumen, oder in der Ungewissheit, Termine aus Versehen doppelt belegt zu haben. Wer dagegen plant, macht die Erfahrung, dass alles seinen Platz hat. Wo Ungeplantes in sein Leben tritt, kann er souverän entscheiden, ob und wie er das in seinen Zeitplan integriert. An dem Tag, an dem man beginnt, seine Zeit bewusst zu gestalten, geschieht der »Aufbruch zur Gelassenheit«.

Workshop: Wie ist mein Zeitempfinden?

Im Folgenden stellen wir Ihnen ein paar Fragen zu Ihrem Zeitempfinden. Bitte versuchen Sie, diese Fragen nicht theoretisch zu beantworten, sondern Ihr tatsächliches Lebensgefühl wiederzugeben.

Je mehr Kreuze Sie in der linken »Stimmt«-Spalte gemacht haben, desto notwendiger ist es, an Ihrer Einstellung zu arbeiten.

	Stimmt	Stimmt nicht
In meinem Leben kommen häufig Stress und Hektik auf.	○	○
Zeitmanagement und bewusste Zeitgestaltung ist nur etwas für den Beruf.	○	○
Die Aussage »Ich habe keine Zeit« gehört zu meinen Standardsätzen.	○	○
Ich habe zu wenig Zeit für Privates beziehungsweise mich selbst.	○	○
Meine Zeitnot ist nur ein Spiegel unserer Zeit.	○	○
Ich fühle mich oft total überlastet.	○	○
Ich arbeite immer auf den letzten Drücker.	○	○
Ich kann mein Zeitmanagement nur begrenzt beeinflussen.	○	○
Mir läuft hinten und vorne die Zeit davon!	○	○
Das Leben ist hart und ungerecht.	○	○
Die derzeitige wirtschaftliche Situation lässt keine andere Wahl.	○	○
Andere verfügen über meine Zeit!	○	○
Summe	____	____

0–3 Ihre Einstellung stimmt, überprüfen Sie sich regelmäßig.

4–8 Sie haben in den beschriebenen Feldern einige Schwächen, an denen Sie dringend arbeiten sollten.

9–12 Sie sollten grundlegend an Ihrer Einstellung arbeiten.

Aufgabe für die Praxis

Jeder hat in seinem Leben Bereiche, in denen er sich über den tatsächlichen Zeitbedarf bewusst oder unbewusst falsche Vorstellungen macht. In welchen Bereichen Ihres Lebens machen Sie sich falsche Vorstellungen?

Beispiele

- *Ich komme häufig zu spät zu Meetings, weil ich fünf Minuten vor dem Termin »noch kurz« ein Telefonat erledigen will – und die Länge solcher Telefonate permanent unterschätze.*

  Maßnahme: 10 Minuten vor einem Termin kein Telefonat mehr beginnen

- *Ich räume nur selten meinen Schreibtisch auf, weil mir die Papierstapel buchstäblich ein zu großer »Berg« sind, an den ich mich nicht heranwage.*

  Maßnahme: Ich nehme mir einmal 15 Minuten Zeit und sortiere so viel in die Kategorien »Vernichten – Ablegen – Erledigen«, wie ich wegkriege – Anregungen dazu im Kapitel »Informationsflut bewältigen« (Seite 141). Wenn man mal anfängt, geht manches auch schneller, als man denkt.

Jetzt sind Sie dran: Schreiben Sie alles auf, bei dem Sie merken, dass Sie sich selbst immer wieder täuschen – sei es über den tatsächlichen Zeitbedarf alltäglicher Aktivitäten, sei es über Ihre grundsätzliche Haltung zum Thema Zeit.

Welche »Lügen«, Sichtweisen und unrealistischen Vorstellungen kommen Ihnen in den Sinn?

1. ______________________________

2. ______________________________

3. ______________________________

2. Tag
In der Ruhe liegt die Kraft

»Still sein ist eine wunderbare Macht der Klärung, Reinigung und Sammlung.«

Dietrich Bonhoeffer (1906–1945),
evangelischer Theologe

Es gibt in der Bibel einen wundervollen Psalm, den schon Generationen von Konfirmanden auswendig lernen mussten: den Psalm des Guten Hirten (Psalm 23,5). Darin heißt es, eine der Eigenschaften des Guten Hirten sei, dass er uns »den Tisch im Angesicht unserer Feinde« decke.

Vielleicht haben Sie einen dieser monumentalen Filme über Troja, König Arthur oder Alexander den Großen gesehen. Stellen Sie sich vor, Sie wissen, dass eine Schlacht auf Sie zukommt, und jemand deckt Ihnen den Tisch, damit Sie zur Ruhe kommen und sich für den bevorstehenden Kampf stärken können. Das ist ein Gedanke, den wir auch in unserer Zeit brauchen: Um in der Hektik und Betriebsamkeit des Alltags die richtigen Entscheidungen treffen zu können, ist es sehr wichtig, zur Ruhe zu kommen. Sich regelmäßig Zeiten der Ruhe und der Besinnung zu nehmen, scheint eine der Schlüsselqualifikationen weiser und erfolgreicher Führungskräfte zu sein. Bitte vergleichen Sie sich nicht mit gerade jenen drei aus einer Million Führungskräften, die ohne Ruhephasen stets die richtige Entscheidung treffen, damit auch berühmt und erfolgreich geworden sind und alles nötig zu haben scheinen außer Ruhe! Der normale Mensch schafft das nicht! Es ist eine fatale Lüge, ein Märchen, eine Illusion!

In der Ruhe liegt die Kraft, sagt schon ein altes Sprichwort. Aber wo kann ich heute zur Ruhe kommen? Und wenn wir hier von Ruhe reden, meinen wir nicht Schlaf. Wenn wir hier über Ruhe reden, dann bedeutet dies ein Aussteigen aus dem Rhythmus des Alltags. Erst aus der notwendigen Ruhe heraus können wir die Richtung bestimmen, in der wir über das Meer an Zeit segeln wollen.

Gesunder Stress?

Stellen Sie sich vor, Sie sind in der afrikanischen Savanne unterwegs. Auf einmal steht ein hungriger Löwe vor Ihnen. Woran denken Sie in diesem Augenblick? Gehen Sie in Gedanken nochmals Ihren Tagesplan durch? Denken Sie daran, was Sie noch alles unternehmen wollten? An die Wäsche, die Sie noch bügeln wollten? Sie müssten auch noch kurz zur Bank? Unsinn! Ihre Gedanken konzentrieren sich einzig auf eine Sache. Wie entkomme ich jetzt dieser lebensbedrohlichen Situation? Der Adrenalinausstoß in Ihrem Körper bewirkt Konzentration und macht Sie fähig zu Höchstleistungen, um Ihr Leben zu retten. Natürlich begegnen Sie heute in Ihrem Büro keinem Löwen. Aber der Stress – es sei einmal dahingestellt, ob gesunder oder ungesunder Stress – hat nahezu dieselbe Wirkung.

Stress kann gesund sein – und uns die Energie geben, um Dinge zu erledigen, die erledigt werden müssen. Das Problem ist doch aber, dass in der Hektik des Alltags zu wenig Zeit zur Unterscheidung bleibt: Bedroht uns wirklich ein Löwe oder ergreifen wir lediglich vor einem Papp-Imitat die Flucht? Um zu unterscheiden, was wichtig und was unwichtig ist, bedarf es aber der Ruhe und Reflexion. Eine Führungskraft meinte bei einem unserer Seminare: »Ich beschäftige meine Mitarbeiter gerade immer so sehr, dass sie nicht zum Nachdenken kommen, und gleichzeitig so, dass sie immer am Laufen bleiben. So machen sie mir am wenigsten Probleme.« Auf die kritische Frage eines anderen Seminarteilnehmers, ob er sich nicht manchmal über die Fehlerhäufigkeit seiner Mitarbeiter ärgere, meinte er: »Bei allem, was von Standardprozessen abweicht, passieren die dümmsten Fehler.« Es scheint, als ob die Mitarbeiter am Morgen beim Betreten der Firma ihr Gehirn abschalten müssten.

Ruhe am Sankt-Nimmerleins-Tag

Viele verschieben diese Zeiten notwendiger Ruhe auf irgendeinen fernen Augenblick in der Zukunft. Man will sie sich dann gönnen, wenn man ein Ziel erreicht hat – ohne zu merken, dass, sobald das eine Ziel endlich am Horizont auftaucht, das Dahinterliegende schon wieder neu zu schnellerem und intensiverem Arbeiten anspornt. Wer die Ruhepause auf irgendwann verschiebt, wird sie vermutlich nie erleben.

Ruhelosigkeit ist einer der gefährlichsten Killer im vernünftigen Umgang mit der eigenen Zeit. Anselm Grün schreibt: »Der Mensch leidet an der Unruhe unserer Zeit, am Lärm, der ihn umgibt, an der Hektik, die ihn zu Tode hetzt. Aber in seiner Sehnsucht nach wirklicher Ruhe leidet der Mensch zugleich an seiner Unfähigkeit, wirklich ruhig zu werden. Die wenigen Augenblicke, die er sich gönnt, um einmal von allem abzuschalten, führen ihn nicht zur Ruhe, sondern konfrontieren ihn mit dem inneren Lärm, mit seinen lauten Gedanken, seinen Sorgen, seinen Ängsten, seinen Schuldgefühlen, seinen Ahnungen, dass sein Leben wohl doch nicht so läuft, wie er es sich einmal erträumt hat. Und so läuft er vor diesen unangenehmen Augenblicken der Stille davon und betäubt sich wieder mit dem Lärm, der von allen Seiten auf ihn einströmt. Er flieht wieder in die Beschäftigung, um seiner so unbequemen Wahrheit aus dem Weg zu gehen.«

Dabei brauchen wir so dringend Ruhe, um auch Distanz von den Dingen zu haben und das, was wir erleben, richtig einordnen zu können.

Herzinfarkt

Herr Müller war ein ehrgeiziger junger Manager in der Automobilindustrie, der nur ein Ziel vor Augen hatte: seine Karriere. Er hatte das Glück gehabt, es schnell bis fast ganz nach oben zu schaffen. Sein Leben war voll von Stress, Hektik und wichtigen Projekten. Herr Müller sagte sich, bald wäre er am Ziel angekommen. Und irgendwann, wenn er es ganz erreicht hätte, würde er ein anderes Leben führen und langsamer treten (müssen). Eines Tages auf dem Flug nach Ungarn spürte er einen stechenden Schmerz in der Brust: Herzinfarkt. Das Einzige, was ihm in diesem Augenblick in den Sinn kam, war zu beten: »Gott, wenn ich hier lebend rauskomme, mache ich anders weiter.« Er überlebte und – er machte anders weiter.

Er ist übrigens immer noch ein sehr guter Manager, aber sein Lebensstil hat sich entscheidend verändert. Ruhe ist zu einer Säule seiner Lebensgestaltung geworden. Er will nie mehr so wie früher leben!

Rödeln ohne Rast – diese Gefahr droht nicht nur dem Businessmanager. Auch für Familienmanager ist es eine harte Leistung, sich Augenblicke der Ruhe zu erkämpfen. Zwischen Kindern, Haushalt, Hausaufgaben, Taxidiensten und sonstigen Verpflichtungen scheint es schier unmöglich, zur Ruhe zu kommen, aufzutanken und neue Kraft zu schöpfen. Aber wer dieses Prinzip erst einmal in sein Leben integriert hat, möchte nicht mehr ohne es leben.

Ruhe schafft Erfolg!

Imponiert Ihnen nicht auch ein Mensch, der Ruhe ausstrahlt? Eine der Schlüssel-Charaktereigenschaften souveräner Zeitmanager ist es, sich in geradezu eiserner Disziplin immer wieder Augenblicke der Ruhe zu reservieren. Warum sind wir Menschen heute so ruhelos? Es gibt äußere Ursachen, wie die politische Großwetterlage oder unser persönliches Umfeld. Und es gibt psychische Ursachen, die den Menschen ihre Ruhe rauben. Psychologen sprechen sogar von neurotischer Ruhelosigkeit. Bei manchen Menschen sind es wirklich traumatische Erfahrungen, die sie nicht zur Ruhe kommen lassen. Was krankhafte Ruhelosigkeit betrifft, sollten Sie dringend einen Arzt oder Psychiater aufsuchen. Meist ist die chronische Ruhelosigkeit aber nur unsere Unfähigkeit,

auf Druck von außen richtig zu reagieren. Da ist zum einen der ernorme wirtschaftliche Druck, unter dem heute viele Menschen stehen. Dies betrifft vor allem Verantwortungsträger und Entscheider, die ahnen, welche Konsequenz Fehlentscheidungen haben könnten. Kaum ist ein Auftrag in der Tasche, wächst schon wieder die Sorge: Wie wird es danach weitergehen? Man muss auf der Hut sein, keine wichtigen Entscheidungen zu verschlafen, die Mitarbeiter anzuspornen und zu ermutigen, die Finanzplanung muss stimmen, man muss richtig auf die Märkte reagieren, ... Die Geschwindigkeit, mit der Informationen heute zur Verfügung stehen, wirkt sich natürlich ungeheuer beschleunigend auf viele Prozesse aus.

»Leere treibt zur Eile«

Es besteht eine große Gefahr, dass wir den Mangel an Ruhe mit noch mehr Geschäftigkeit verdecken. Der Medienkritiker Paul Virilio sagt: »Geschwindigkeit ruft die Leere hervor, und Leere treibt zur Eile.«

Das Thema Ruhe muss jeden beschäftigen, der sich mit Zeitmanagement befasst. Nicht zuletzt aus diesem Bewusstsein heraus hat sich in den letzten Jahren eine neue Mode entwickelt (die eigentlich etwas Altes aufgreift): die sogenannten »Dreamdays« oder »Klostertage«. Das bedeutet, dass man sich mehrmals im Jahr bewusst Zeit nimmt, um zur Ruhe zu kommen; Zeit zum Nachdenken. Für viele ist gerade die Zeit um den Jahreswechsel, am Ende der Sommerpause oder um den Geburtstag herum ein hilfreicher äußerer Anlass, sich eine Auszeit zu nehmen. Zum Nachdenken, Spazierengehen und Sich-Klar-Werden über eigene Wünsche, Bedürfnisse, Sehnsüchte. Und für eine bewusste, planerische Ausrichtung auf die kommende Periode. Für ein vernünftiges Zeitmanagement sind Ruhe-, Besinnungs- und Planungszeiten unabdingbar. Nehmen Sie sich diese geschützten Zeiten der Ruhe. Sie sind eine Quelle für Inspiration und Kraft und helfen Ihnen, die Größe und Weite des »Meers an Zeit« zu sehen – und zu genießen!

Besitzen Sie »Ruhe-Kompetenz«? Das herauszufinden ist Ziel des folgenden Workshops.

Workshop: Meine persönliche Ruhe-Kompetenz

	Ja	Nein
Fühle ich mich ruhig?	○	○
Gibt es in meinem Jahresablauf bewusste Tage beziehungsweise Zeiten der Ruhe?	○	○
Nehme ich mir monatlich oder zweimonatlich Zeit, um bewusst meine Ziele zu überdenken und zur Ruhe und zum Nachdenken zu kommen?	○	○
Gibt es jede Woche einen Ruhetag, einen »Sabbat« oder eine Ruhezeit, in der ich Altes auswerte und mir Gedanken über das Neue mache?	○	○
Habe ich täglich zumindest eine kurze Ruhezeit oder Pausen, ruhige Planungszeiten?	○	○
Summe	___	___

Wenn Sie mehr als zweimal »Nein« angekreuzt haben, besteht ganz offensichtlich Handlungsbedarf.

Nutzen Sie die Fragen als Anregungen, wie Sie Ihr Leben besser gestalten können. Genießen Sie Ruhe als Quelle der Kraft. Der eine meditiert auf seinem Schemel, der Nächste geht gerne in eine Kirche in der Nähe seines Arbeitsplatzes und setzt sich dort in die letzte Reihe. Ein anderer kommt am besten zur Ruhe, wenn er 30 Minuten stramm durch den Tag spaziert.

Eine Gefahr besteht jedoch darin, dass Sie sich etwas vornehmen, das noch in zu weiter Zukunft liegt oder wozu Sie vorher noch zu große Anschaffungen tätigen müssen. Ihre Aussage könnte dann etwa lauten: »Wenn ich in einem Jahr mein Haus mit einem offenen Kamin fertig gebaut habe, dann werde ich jeden Abend davor entspannen, …« Vergessen Sie es! Fangen Sie jetzt an! Richten Sie jetzt in Ihrem Alltag Orte der Ruhe ein.

Aufgabe für die Praxis

Entwickeln Sie Ihren persönlichen Ruhe- und Gewohnheitsplan: Wie könnten für Sie täglich, wöchentlich, monatlich, jährlich Ihre Ruhezeiten aussehen?

Zum Beispiel

jeden Tag: *15 Minuten den Tag ausklingen lassen, im Winter vor dem Kaminfeuer, im Sommer auf dem Balkon*

jede Woche:	*sonntags einen langen Waldspaziergang machen*
monatlich:	*regelmäßig einen Wellness-Tag einlegen*
jährlich:	*ein Schweige-Wochenende in einem Kloster verbringen*

3. Tag
Arbeitest du noch oder lebst du schon?

»Leben ist das, was uns zustößt, während wir uns etwas ganz anderes vorgenommen haben.«

Henry Miller (1891–1980),
amerikanischer Schriftsteller

Kennen Sie den? Im Himmel gibt es drei Eingänge: einen Eingang für Frauen, einen zweiten Eingang für Männer, die von ihren Frauen unterdrückt wurden – an diesem befindet sich eine sehr, sehr lange Schlange von wartenden Männern – und einen dritten Eingang für Männer, die während ihres Lebens nicht von ihren Ehefrauen unterdrückt wurden. Nach langer Zeit geht ein Mann auf diesen letzten Eingang zu. Petrus ist tief beeindruckt, begrüßt ihn, schüttelt ihm die Hand und sagt: »Guter Mann, wie haben Sie das geschafft?« Worauf der Mann antwortet: »Keine Ahnung. Meine Frau hat mir gesagt, ich soll mich hier anstellen!«

Wollen Sie, was Sie tun?

Bitte ziehen Sie jetzt keine Rückschlüsse auf das Männer- beziehungsweise Frauenbild der Autoren. Wir haben die Geschichte ausgewählt, weil sie ganz gut veranschaulicht, aus welchen Motiven heraus einige Menschen Entscheidungen treffen. Nicht weil sie selbst von etwas überzeugt wären und es für die richtige Lösung hielten. Sondern weil es »von anderen gelebt wird«.

Eine der Schlüsselqualifikationen für einen glücklichen und zufriedenen Umgang mit der eigenen Zeit ist es, bewusst hinter der eigenen Zeitgestaltung zu stehen. Will ich das tun, was ich tue? Oder werde ich beeinflusst von den Wünschen und Erwartungen anderer Menschen? Warum tun Sie, was Sie tun? – Keine Frage, es gibt eine Vielzahl von Zwängen und Verpflichtungen. Manche davon sind auch sehr schwerwiegend, etwa die Pflege eines Angehörigen, der überraschend krank geworden ist. Zu einem guten Zeitmanagement gehört es, bewusst »Ja« zu sagen zu dem, was man tut. Andernfalls bekommt dieses Vorhaben auf einmal eine »halblebige« Priorität. Wenn Sie etwas nur tun, weil Sie es von jemand anderem »aufgedrückt« bekommen haben, verhalten Sie sich wie beim Autofahren mit angezogener Handbremse: Sie kommen nicht wirklich gut und schnell vorwärts. Die Bereitschaft, sich ablenken zu lassen, ist automatisch größer, das Arbeitstempo niedriger. Fühlt man sich fremdbestimmt, gerät man ins Fahrwasser einer negativen Dynamik, die letztlich die Kräfte raubt. Das führt natürlich zu der Frage: Was treibt Sie an? Nach welchen Maßstäben treffen Sie Ihre Entscheidungen? Warum treffen Sie gerade diese Entscheidung?

Im vorherigen Kapitel haben wir Sie aufgefordert, mehr Ruhe und Besinnung in Ihr Leben zu bringen. Aber gerade, wenn man sich diese Ruhezeit nimmt, wird einem oft umso schmerzlicher bewusst, wer alles Wünsche und Erwartungen an einen hat. Vielleicht merken Sie auch, dass es unmöglich ist, es allen recht zu machen! Aber was wollen Sie tun? Hier stellt sich sehr schnell die Frage nach Ihren persönlichen Werten. Damit sind keine Werte im moralischen Sinn gemeint, sondern einfach die Dinge und Beschäftigungen, die Ihnen wertvoll und wichtig sind. Allerdings geht es auch darum, ob diese Werte langfristig Bestand haben. Machen Sie sich bewusst: Zeitmanagement ist immer auch Wertemanagement. Oder anders formuliert: Sage mir, womit du deine Zeit verbringst, und ich sage dir, welche Werte du hast.

Verantwortlich leben

Menschen, die von äußeren beziehungsweise inneren Zwängen und Verpflichtungen bestimmt werden, sind getriebene und nicht gestaltende Menschen. Für einen erfolgreichen Zeitmanager ist es notwendig, dass er seine Selbstverantwortung erkennt und die Verantwortung für seine eigenen Entscheidungen übernimmt. Wie schwierig das sein kann, zeigt folgendes Beispiel aus unserer Beratungspraxis.

Der Unternehmer

Wir hatten mit einem Unternehmer zu tun, der finanziell unglaublich unter Druck stand. Die Arbeitsanforderungen, die an ihn gestellt wurden – vonseiten der Kunden, der Mitarbeiter, der Banken – waren schlicht nicht mehr zu bewältigen. Zusätzlich musste seine Frau mitarbeiten, die beiden hatten ein behindertes Kind und zusätzlich die pflegebedürftigen Eltern im Haus. Aus Liebe zu den Eltern, moralischer Verpflichtung und auch um Geld zu sparen hatten er und seine Frau die Pflege übernommen. Was sollte man einem so fleißigen Mittelständler raten?

Um nach Brasilien abzutauchen, fehlte ihm das Geld, obwohl er regelmäßig von dieser Option träumte (der Traum von der Flucht, die alle Probleme löst). Die Not war schließlich so groß, dass er sich trotz der vielen Arbeit an eine tragfähige Problemlösung machte und sich endlich die Zeit nahm, sein unüberschaubares Leben zu ordnen. Die erste Frage an seinem schwer erkämpften »Dreamday« war: Was will ich eigentlich? So manches, was er im ersten Anflug verneinte, erschien am Ende doch auf seiner Liste. So brachte er Stück für Stück Ordnung und Struktur in sein Leben.

Zuerst stellte er fest, dass er nicht Opfer der Umstände seines Lebens sein wollte, sondern der Gestalter dieser Umstände (so klein die Gestaltungsräume auch im Augenblick auszusehen schienen). Als zweite Maßnahme zur Ordnung seines Lebens integrierte er Ruhe- und Planungszeiten in seinen Alltag, in denen er unter fachkundiger Anleitung und Begleitung versuchte, sein Leben in Absprache mit seiner Frau pro-aktiv zu planen. Das Dritte war, dass er bewusst Verantwortung übernahm für die Umsetzung dieser Pläne.

Losgelöst von den Erwartungen seines Vaters und des Gründers des Unternehmens beschloss er außerdem, eine klare und strategisch auf seine Person zugeschnittene Sanierung der Firma durchzuführen. Seine Frau und er wollten weiter das behinderte Kind im eigenen Haushalt behalten. Die Bereicherung, die sie durch ihr Kind erfuhren, war für sie größer als die Beeinträchtigung durch die Behinderung. Für die Eltern fanden sie nach einiger Zeit in der Nähe einen finanzierbaren Platz in einer Senioren-Wohnanlage mit betreutem Wohnen. Auf die Frage, was den Unterschied zwischen seinem früheren Leben und jetzt ausmache, sagte der Unternehmer: »Früher wurde ich gelebt – jetzt lebe ich!«

»Armes Schwein«, »Verfolgter und Ankläger« und »Macher«

Viele Menschen reagieren auf die inneren oder äußeren Zwänge, denen sie ausgesetzt sind, lediglich damit, dass sie sich als Opfer des Lebens fühlen. Sie sind das arme Schwein, dem das Leben einfach nur übel mitgespielt hat. Sie fügen sich in ihr Schicksal, jammern dabei und bemitleiden sich selbst. Sie klammern sich an die Illusion, in ihrem nächsten Leben als Glühwürmchen wieder auf die Welt zu kommen, weil es ihnen dann vielleicht etwas besserginge. Sie treten eine Flucht nach innen an und versuchen, ihre Motivation aus dem Selbstmitleid zu ziehen und sich damit abzufinden, dass sie halt die Verliererkarte gezogen haben. Der Rückzug soll gleichzeitig das Mitleid in anderen Menschen wecken – aber das funktioniert nach kürzester Zeit nicht mehr.

Eine andere Reaktion auf das Leben ist die: Es gibt Menschen, die mit unwahrscheinlich viel Aggressivität auf das Gefühl der Fremdbestimmung reagieren – und schimpfen und jammern. Während im ersten Fall das Opfer die Schuld immer bei sich selber sucht, versucht der »Verfolgte und Ankläger« die Situation meist dadurch zu lösen, dass er andere für sein Schicksal verantwortlich macht. Wenn die anderen nicht so wären, dann wäre bei mir alles besser! Alle anderen sind verantwortlich, nur nicht ich selber. Er macht einzig und allein sein Umfeld verantwortlich für sein Leben. »An mir liegt es ja nicht …«

Nun fehlt noch ein Dritter im Bunde, der »Macher«: Er versucht einfach, seiner Situation zu entkommen, indem er so fleißig arbeitet, wie nur irgend möglich. Unbewusst steht der Gedanke dahinter: Vielleicht löst ja mein Fleiß irgendwann einmal die Probleme dieser Situation. Er arbeitet seine Unzufriedenheit zu Tode, versucht aber Entscheidungen und Ungewohntem auszuweichen, indem er sich in Aktionen flüchtet. Besonders edel wirkt es, wenn das Aktionen sind, die auf der Not anderer aufbauen. Er weiß, er müsste nachdenken und planen, aber angesichts des vielen, was zu tun ist, bleibt einfach keine Zeit! Er fühlt sich verantwortlich, versucht allerdings einzig und allein über Aktionismus eine Lösung herbeizuführen.

Klar ist, dass die beschriebenen Typen fast nie in Reinform vorkommen, sondern in unterschiedlich zusammengesetzten Mischungen aus allen dreien. Aber haben Sie vielleicht eine Lieblingsrolle? Vielleicht auch pro Lebensbereich eine andere?

Alle drei sind reaktive Verhaltensmuster, die eine Situation nicht zum Besseren verändern können. Es sind Handlungsweisen, die das »Meer an Zeit« langfristig trockenlegen! Wie wollen Sie gelassen die Segel setzen, um Ihre Lebensziele zu erreichen, wenn Sie das Gefühl haben, dass Sie ständig Orkane vom Kurs abbringen? Weder sich bemitleiden, noch das Andere-verantwortlich-Machen noch das gedankenlos »die Zähne zusammenbeißen und fleißig arbeiten« sind Lösungen. Vielmehr geht es darum, zum proaktiven Gestalter des eigenen Lebens zu werden. Um im Bild zu bleiben: Sie müssen von den Seglern lernen, auf dem »Meer an Zeit« gegen den Wind zu kreuzen. Dazu braucht es Übung und Geschick – aber dann schaffen Sie es sogar, sich trotz Gegenwind in die richtige Richtung fortzubewegen. Der nachfolgende Workshop soll Ihnen helfen, mehr Klarheit über die Dinge zu gewinnen, die Sie antreiben.

Workshop: Getrieben oder berufen?

Was setzt mich unter Druck?	**Was sind die Folgen für mich und meine Zeit?**	**Was kann ich tun, um dies zu verändern? Gibt es Alternativen?**	**Wie stark belastet mich das Ganze?**
Ansprüche von »Außen«			
Druck von meinen Eltern und von meiner Frau (der Spagat gelingt nicht)	Meine Eltern sagen, ich kümmere mich zu wenig um sie («Wir haben doch früher auch unser letztes Hemd für dich gegeben.«) → viel Zeit bei Mama → Gaby sauer («Warum hast du nicht deine Eltern geheiratet?«) → zu wenig Zeit für Familie	Einen festen Besuch pro Woche vereinbaren; die Geschwister bitten, sich auch um die Eltern zu kümmern.	0 % 100 %
			0 % 100 %
			0 % 100 %
			0 % 100 %
			0 % 100 %
Ansprüche von »Innen« an mich selbst			
			0 % 100 %
			0 % 100 %
			0 % 100 %
			0 % 100 %

Überlegen Sie, was konkret Druck auf Sie ausübt: Druck von anderen Menschen, dem Sie nachgeben, oder Druck, den Sie sich selbst machen (Chef, Eltern, Sorge um den Lebensunterhalt, Schulden, die Sorge, gut bei anderen anzukommen, sich ständig mit anderen zu vergleichen und so weiter).

Welches sind die »belastendsten Brocken«? Wie könnte man sie analysieren? Was wären Lösungsmöglichkeiten?

Aufgabe für die Praxis

Schauen Sie sich die Liste aus dem Workshop noch einmal an. Welchen Punkt wollen Sie zuerst umsetzen? Geben Sie diesem Punkt einen Termin:

Bis zum ________ (Datum) werde ich mich durch folgende Aktivität von Druck befreien:

______________________________________ (Aktivität)

4. Tag
Saat und Ernte

»Was der Mensch sät, das wird er ernten.«

Die Bibel

Haben Sie schon einmal erlebt, dass ein Bauer sich beschwert, er habe doch im Juli ausgesät und jetzt bringe das Feld im August nicht die versprochene Ernte? Und dies, obwohl er sogar den modernsten Dünger einsetze, aktuellste Ackerbaumethoden betreibe und den teuersten Berater habe.

Was für so viele Lebensbereiche gilt, gilt genauso im Bereich Zeitmanagement. Was Sie säen, werden Sie ernten! Was säen Sie? Oder ist Ihnen im Moment die Frage lieber: Was ernten Sie? Wir haben keinen Zweifel, dass ein Mensch, der pro-aktiv in sein Leben investiert, im Normalfall auch die entsprechenden Früchte davontragen wird!

In Beziehungen investieren

Lassen Sie uns dies an einigen Beispielen durchspielen. Jemand, der keine Zeit in die Beziehung zu seinen Kindern investiert, wird zwangsläufig Entfremdung ernten. Ein Manager meinte vor kurzem in einem Gespräch: »Frauen sind heute auch nicht mehr das, was sie einmal waren.« Auf die Frage nach einer Begründung antwortete er, früher habe man Menschen wie ihn noch wertgeschätzt. Jetzt sei schon die dritte Ehefrau mit einem anderen abgezogen.

Der Auslandsjob

Ein junger Mann geht für ein Jahr ins Ausland, um dort zu arbeiten. Seine Verlobte lässt er zurück, verspricht aber, täglich zu schreiben. Er schreibt ihr auch jeden Tag eine Postkarte. Als er nach einem Jahr zurückkehrt und an ihrer Haustüre klingelt, öffnet ihm die Mutter. Erschrocken fragt sie ihn, ob er denn nicht wisse, dass die Tochter nicht mehr hier wohne. Auf seine Frage nach dem Warum antwortet sie, die Tochter habe geheiratet. »Und wen?«, fragt der junge Mann erstaunt. »Den Briefträger«, antwortet die Mutter. »Er hat täglich geklingelt und ihr persönlich die Post gebracht.«

Gerade bei Beziehungen wird es sehr deutlich: Man muss intensiv säen, um Gutes zu ernten. Wer regelmäßig Gutes in eine Beziehung investiert, erhält mit hoher Wahrscheinlichkeit eine qualitativ gute Beziehung. Das gilt für Freundschaften genauso wie für Kundenbeziehungen. Natürlich kann ein Sommergewitter einem gründlich die rechtzeitig gepflanzte und gut gepflegte Ernte verhageln. Aber die

Wahrscheinlichkeit, zu einer guten Ernte zu kommen, ohne vorher den richtigen Einsatz gebracht zu haben, ist sehr gering.

Leben im Jetzt

Das Glück, das Sie im Jetzt verpassen, kann Ihnen keine Zukunft zurückgeben. Ihre Investitionen bestimmen Ihre Ergebnisse. Gerade deshalb lohnt es sich, den jeweiligen Augenblick bewusst zu leben. Der Augenblick, der mit über Ihre Zukunft entscheidet, ist das Jetzt. Ihr Leben findet jetzt statt!

Manche leben nur in der Vergangenheit und trauern verpassten Chancen hinterher. Andere leben in ihren Tagträumen ausschließlich in der Zukunft. Es gibt ein wunderschönes kleines Büchlein von Spencer Johnson, der in einer kurzen Geschichte mit dem Titel *Das Geschenk* bewusstmacht, wie kostbar der jeweilige Augenblick ist. Um diesen Augenblick bestens zu nutzen, beschreibt er drei Aspekte:

- Lebe in der Gegenwart!
- Lerne aus der Vergangenheit!
- Plane die Zukunft!

Sie können die Vergangenheit nicht mehr ändern, nur aus ihr lernen. Das, worauf es ankommt, ist das Heute, das Jetzt. Jetzt gilt es zu säen, was Sie in Zukunft ernten wollen.

Die Frage ist: Was wollen Sie eigentlich ernten?

Opfer bringen für die Ernte

An dieser Stelle kommt ein weiterer wichtiger Aspekt von Zeitplanung mit hinein. Sie investieren leichter in Unangenehmes, wenn Ihnen klarwird, was Ihnen das für die Zukunft bringt. Niemand geht gerne zum Zahnarzt. Und doch gehen wir. Weil wir wissen: Wer heute kleine Schäden reparieren lässt, muss morgen nicht eine Großbaustelle sanieren lassen. Die Ernte eines gesunden Gebisses entschädigt für die »Saat« des unangenehmen Zahnarztbesuches.

Sie sind der Bewirtschafter Ihres Lebens. Was wollen Sie ernten? Was müssen Sie heute säen, um diese Dinge einmal ernten zu können? Und bedenken Sie: Jetzt ist der wichtigste Augenblick Ihres Lebens. Im Jetzt entscheiden Sie, was Sie säen.

Kreative Ignoranz

Bewusst im Jetzt zu leben, wird umso wichtiger, je mehr Dinge es gibt, die von uns wahrgenommen werden sollen. Denken Sie nur einmal daran, von wie viel Werbung Sie umgeben sind, die Ihre Aufmerksamkeit auf sich lenken möchte. Als eine der beiden Basiskompetenzen, um in unserer Zeit der »installierten Gleichzeitigkeit« überleben zu können, nennt Karl-Heinz Geißler die Fähigkeit zur »kreativen Ignoranz«. Wir sollen also erfinderisch darin sein, Dinge *nicht* zur Kenntnis zu nehmen. Zum Beispiel durch selektives Lesen, Weghören, Wegsehen. Wer alles, was um ihn herum geschieht, aufnehmen und wahrnehmen will, erreicht rasch die Belastungsgrenze.

Burn-out verhindern

Es gibt eine Art von Müdigkeit, gegen die hilft kein Ausschlafen und kein Urlaub auf Mallorca mehr. Diese seelische Müdigkeit ist nicht mit Stress zu verwechseln. Den Unterschied zwischen Stress und seelischer Müdigkeit (Burn-out; englisch für *ausgebrannt sein*) kann man wie folgt beschreiben:

Stress	Burn-out
• in erster Linie körperliche Überlastung	• in erster Linie seelische Überlastung
• charakterisiert durch Überengagement	• charakterisiert durch ein völliges sich Herausziehen aus jeder Art von Engagement
• Erschöpfung der körperlichen Kräfte	• Fehlen von Motivation und Lust
• kann zum Tode führen (Herzinfarkt)	• ist nie tödlich, lässt aber das Leben wertlos erscheinen

Die Ursache von Burn-out ist also nicht schwere körperliche Arbeit, sondern eine seelische Überbeanspruchung. Wer sich permanent selbst überfordert, erntet, was er gesät hat: das K.o. seiner Seele. Kommt man diesem seelischen Problem auf die Spur, so ist die Müdigkeit schnell behoben.

Workshop: Die Bedeutung von Saat und Ernte

Als Gestalter Ihres Lebens haben Sie hier die Chance zu überprüfen, was das Prinzip von Saat und Ernte für Sie bedeutet:

Im Hinblick auf mein Leben: Was sind für mich wirklich wichtige Lebensfelder?	Was will ich in diesen Lebensfeldern ernten?	Was säe ich heute?	Was muss ich investieren, um die erhoffte Ernte einfahren zu können?
Beispiel: Paarbeziehung	Mein Partner/meine Partnerin soll mein bester Freund/meine beste Freundin sein. Ich möchte in einer funktionierenden guten Beziehung mit ihm/ihr alt werden.	Mein Partner/meine Partnerin beklagt sich immer wieder zu Recht über meine Unaufmerksamkeit und Zerstreutheit beim Gespräch und schlechtes Zuhören.	Zeiten, in denen ich bewusst und regelmäßig jeden Tag meine ungeteilte Aufmerksamkeit für 10 Minuten meinem Partner/meiner Partnerin widme.

Aufgabe für die Praxis

Wer nur Hektik sät, kann nicht mehr genießen; er erntet im Gegenzug Unruhe und Stress, er verpasst das Leben im Jetzt. Wir laden Sie deshalb ein, »Entschleunigung« zu säen. Dies ist der Versuch, in einer Welt mit hoher Taktung bewusst den Gegenpol im eigenen Leben zu säen und zu verankern.

Schnellimbissketten sind ja nicht deshalb so beliebt, weil ihre Speisen so unvergleichlich lecker wären, sondern weil der Hunger sofort gestillt wird. Produkte wie das Shampoo, in dem Haarwaschmittel und Spülung kombiniert sind, erfreuen sich aus Zeitspargründen großer Beliebtheit. Inzwischen gehen sogar Autohäuser dazu über, den Service innerhalb von 24 Stunden zu versprechen. Früher musste man dort ähnlich lange auf einen Termin warten wie beim Zahnarzt …

In dieser Situation wirkt Entschleunigung etwas widersinnig. Denn in einer auf Effizienz getrimmten Atmosphäre scheint es kaum nachvollziehbar, dass man Dinge einmal bewusst langsam macht. Wer aber mit Entschleunigung experimentiert, spürt sehr schnell, wie hier ein angenehmer Gegenpol zu der Atemlosigkeit unserer Zeit aufgebaut wird. Im Folgenden ein paar nützliche Anregungen, wie Sie Entschleunigung in Ihr Leben bringen können.

Üben Sie das Genießen. Wer lernt, den Augenblick zu genießen, erntet Lebensqualität. Wählen Sie sich hier Situationen des Alltags aus, in denen Sie sich bewusst die Zeit nehmen, etwas in Ruhe zu genießen.

- Feiern Sie eine Mahlzeit. Decken Sie sich schön den Tisch. Besorgen Sie sich feine Kleinigkeiten und feiern Sie das Leben. Es braucht nicht viel sein, aber genießen Sie es ...

- Fahren Sie an einen Ort, an dem Sie sich wohlfühlen, ein nettes Café zum Beispiel, und beobachten Sie dort in Ruhe die Menschen. Versuchen Sie, in Gesichtern zu lesen. Bevorzugen Sie einen Ausflug ins Grüne? Hören Sie den Vögeln zu, beobachten Sie das Gras im Wind, die Wellen im Dorfbach, ... Vielleicht lieben Sie auch den Flughafen. Faszinierend, wie majestätisch sich eine Masse Stahl in die Luft erhebt.
- Wenn Sie vor der Supermarktkasse oder am Flughafen in einer Schlange stehen, regen Sie sich nicht auf, sondern sagen Sie sich: »Das ist geschenkte Zeit, die mir etwas Ruhe verschafft, in der ich über meine derzeitige Situation nachdenken kann.«

Damit dieser Workshop nicht in Unverbindlichkeit versandet, tragen Sie hier bitte ein:

Als Entschleunigungsübung wähle ich: ____________________

Ich werde damit am ______ (Datum) beginnen.

5. Tag
Was für ein Zeittyp sind Sie?

»Es gibt nichts Ungerechteres, als ungleiche Menschen gleich zu behandeln.«

Verfasser unbekannt

Das alte Ehepaar

Ein erfahrener älterer Ehemann meinte einmal: »Je länger meine Frau und ich verheiratet sind, desto mehr merken wir, wie katastrophal genial unterschiedlich wir beide sind.« (Eine interessante Formulierung!) »Wenn es darum geht, eine Aufgabe anzugehen, ziehe ich mich gerne alleine zurück, denke am liebsten in Ruhe und ohne Druck nach. Ich sammle meine Ideen, strukturiere, plane, zeichne, überlege mir alternative Lösungsmöglichkeiten, habe schließlich einen schriftlichen Plan, mit Zeit- und Finanzbudget und bin mir sicher, dass dies so der beste Weg ist. Meine Frau plant am liebsten laut denkend mit mir zusammen, sie hasst es alles aufzuschreiben, vergisst Dinge, hat tausend Ideen und kommt dabei aber dummerweise auf kreative Lösungen, die mir nie gekommen wären.«

Dass jeder Mensch einzigartig ist, merkt man meist erst dann, wenn man sich darüber wundert, dass alle anderen anders sind als man selbst. Zwei Söhne eines der Autoren sind ein eineiiges Zwillingspärchen. Die Brüder waren für viele ihrer Lehrer kaum auseinanderzuhalten. Für ihre Fa-

milie war dies jedoch überhaupt kein Problem, da sich die Zwillinge sowohl vom Aussehen wie auch charakterlich eindeutig unterschieden.

Jeder Mensch ist ein Original: seine Augen sind einmalig, seine Ohren, Form und Größe seiner Nase, sein Fingerabdruck, auch der genetische Fingerabdruck, alles ist einzigartig, genauso wie die Kombination all dieser Merkmale. Hier handelt es sich jedoch nur um äußere Merkmale. Um wie viel mehr gilt dies dann für das Innere eines Menschen und sein Verhalten. Wir alle sind von sehr unterschiedlicher Herkunft, haben unterschiedliche Begabungen, eine Lebensgeschichte voll unterschiedlichster Erfahrungen, unterschiedliche Charaktere, verschiedene Werte, Interessen und Wünsche.

Diese Unterschiedlichkeit äußert sich besonders auch darin, wie wir mit unserer Zeit umgehen.

Individualität und Arbeitsleistung

Ihre Arbeitsleistung hängt sehr stark davon ab, ob Sie ihrem Potenzial entsprechend, das heißt auf eine für Sie persönlich stimmige Art und Weise tätig sind. Menschen, die im für sie passenden Umfeld tätig sind, sind fähig, ein Vielfaches mehr zu bewegen, sind viel zufriedener mit ihren Leistungen, als solche, die sich bei ihrer Arbeit unsicher oder gelangweilt fühlen, und haben obendrein noch Spaß bei dem, was sie tun.

Ein Beispiel: Ein Traktor und ein Rennwagen haben zwar beide einen Motor, ein Getriebe, vier Räder etc., wurden aber für völlig unterschiedliche Anforderungen geschaffen. Beide haben typische Eigenschaften, beide weisen spezifische Stärken und Schwächen auf. Und beide brauchen ein passendes Umfeld, um ihre Leistungsfähigkeit richtig ausspielen zu können. Ein Traktor, der sich auf den Nürburgring begibt, wird für die gut 5 Kilometer lange Strecke eine Ewigkeit brauchen. Bei der Formel 1 wäre die langsame Zugmaschine ein gefährliches Hindernis. Auf verregnetem Ackerboden kommt der Traktor mit seinen großen Rädern dafür prima voran – während jeder Rennwagen schon nach wenigen Metern stecken bliebe …

Es geht also um eine doppelte Herausforderung: Prinzipien beachten und persönlich stimmig umsetzen!

Wenn Sie Ihren Arbeitsstil Ihrer Persönlichkeitsstruktur anpassen, können Sie Erstaunliches bewirken. Wenn Sie dagegen gegen Ihre Natur ankämpfen, wird das Ganze extrem anstrengend, und Ihre Produktivität geht nach unten. Wenn Sie Ihren Arbeitsstil Ihrem Temperament anpassen, können Sie Erstaunliches bewirken. Wenn Sie dagegen gegen Ihre Veranlagung kämpfen, geht Ihre Produktivität bald schon gegen null. Es gibt eine Vielzahl von Modellen, die helfen, diese Unterschiede zum Ausdruck zu bringen.

Das DISG®-Modell

So verschieden Menschen sind, so unterschiedlich sind auch ihre Wege zum Erfolg. Die Frage, was Menschen erfolgreich macht, ist so alt wie die Menschheit; ihre Persönlichkeit scheint aber eine entscheidende Rolle zu spielen. Erfolgreiche Menschen haben es geschafft, ihr inneres Potenzial und ihr äußeres Verhalten in Einklang zu bringen. Sie sind ganz sie selbst und versuchen nicht Rollen zu spielen, die gar nicht zu ihnen passen.

Jeder Mensch hat »Stärken« und »Schwächen«. Diese hängen mit seiner Persönlichkeit zusammen. Stärken sind Eigenschaften der Persönlichkeit, die einen Menschen in besonderer Weise auszeichnen, wie zum Beispiel Dinge, die er überdurchschnittlich gut kann oder Verhaltensweisen, die ihn gegenüber anderen Menschen hervorheben. Schwächen haben wir da, wo wir nicht in der Lage sind, mit einer Situation fertigzuwerden.

Erfolgreiche Menschen kennen ihre Stärken ebenso wie ihre Grenzen und wissen damit so umzugehen, dass sie auch kritische Situationen souverän meistern. Wir halten das von Dr. John G. Geier auf der Basis der Arbeiten des amerikanischen Psychologen William Moulten Marsten entwickelte DISG®-Modell (30 Millionen Anwender weltweit) für sehr gut geeignet, um diese Dynamiken darzustellen. Es beschreibt das Verhalten von Menschen und teilt dies in vier verschiedene Dimensionen ein, die nicht entweder-oder, sondern in unterschiedlich starker Ausprägung vorhanden sind. Dies ist zwar etwas komplizierter, entspricht aber mehr der Realität als die ganze Welt nur in »Erbsenzähler und Bulldozer« einzuteilen.

Die vier grundlegenden Verhaltensstile kennenlernen

Die Buchstaben D-I-S-G stehen für die vier grundlegenden Verhaltensstile: Dominanz (D), Initiative (I), Stetigkeit (S) und Gewissenhaftigkeit (G). Jeder Mensch entwickelt seinen eigenen Stil, der geprägt ist von seinen Erwartungen, Erfahrungen und seiner Persönlichkeit.

Diese vier Stile ergeben sich aus zwei Grundfragen:

1. Wie nehme ich mein Umfeld wahr – eher anstrengend oder eher angenehm?

		Wahrnehmung des Umfeldes	
		anstrengend/stressig	**angenehm/nicht stressig**
Reaktion auf das Umfeld	**bestimmt**	**Dominanz**	**Intitiative**
	zurückhaltend	**Gewissenhaftigkeit**	**Stetigkeit**

Typische Verhaltensstile beim Umgang mit Zeit

Kategorie	dominant	initiativ
Charakteristika		
Schwerpunkt	• will Ergebnisse • möchte etwas bewegen • liebt Herausforderung	• sucht Kontakte & Anerkennung • will Menschen für oder gegen etwas gewinnen • will beeinflussen
Stärken	• analysiert schnell • erkennt Wesentliches • ist ergebnisorientiert • sagt »Nein«, wenn Ziele & Situation nicht passen • ist schnell, will alles sofort • geht Aufgaben zügig an • kann viel bewältigen • macht am liebsten vieles gleichzeitig • erledigt Dinge nebenbei	• reagiert spontan auf Menschen • liebt Abwechslung • ist eine sprudelnde »Person« • ist ein optimistischer Planer • gewinnt und überzeugt • liebt es, unter Menschen zu sein • delegiert schnell und leicht • hat viele Ideen
Schriftform	• ungern und nur das Nötigste	• sehr ungern, am liebsten delegiert
Pläne	• macht er nur skizzenhaft	• macht er nur mündlich
Tempo	• schnell, manchmal zu schnell	• schnell
Genauigkeit	• nur das Nötigste	• ist in Detailfragen nachsichtig mit sich und anderen

stetig	gewissenhaft
• liebt ein harmonisches, persönliches Miteinander • möchte ein stabiles Umfeld	• liebt Genauigkeit, Details • bevorzugt logisches und nachvollziehbares Vorgehen
• schätzt harmonische Zusammenarbeit • ist zuverlässig • pflegt Bewährtes • zeigt sich ruhig und menschenfreundlich in persönlichen Beziehungen • organisiert sich Stück für Stück • pflegt Beziehungen	• liebt sachliche Auseinandersetzung ohne Druck • analysiert genau • liebt Planung • dokumentiert gern • arbeitet effizient • hält Zusagen ein
• macht es, wenn klar ist, wie	• ist sehr genau
• macht er nach Muster	• macht er detailliert
• ist langsam bei Neuem, zügig bei Routinearbeiten	• langsam und gründlich bis eher zu langsam
• ist bei Gewohntem genau, bei Neuem abhängig von Erwartungen	• ist sehr detailliert, führt dazu, dass manchmal die Zeit für andere Details fehlt

Kategorie	dominant	initiativ
Schwächen		
Zeitengpässe weil	• nimmt sich zu viel vor • übersieht Details • bewertet Menschliches zu gering • ungeduldig mit sich und anderen • hasst Routine und Unterforderung	• ist ein zu optimistischer Planer • ist zu spontan • hat viele Ideen, ist aber zu schwach in der Umsetzung • unterschätzt eigene Sachaufgaben • verspätet sich häufig • bei übernommenen Aufgaben ist er nicht zuverlässig • lässt sich gerne unterbrechen • möchte eher zu viel auf einmal
Tipps		
	• sich Zeit nehmen, Ziele bewusst auszuwählen und schriftlich zu formulieren	• sicherstellen, dass Ziele realistisch sind. Ziele aufschreiben

2. Wie reagiere ich auf mein Umfeld – eher stark und bestimmend oder eher zurückhaltend?

Die dominante Person reagiert bestimmt auf ihr Umfeld und nimmt dies eher als anstrengend war. Sie zielt auf sofortige Ergebnisse. Sie übernimmt gerne das Kommando und trifft schnelle Entscheidungen. Generell hat sie eher ein hohes Tempo, »schnell und viel« ist ihr wichtig. Sie interessiert sich vor allem dafür, »was« getan werden soll.

Die initiative Person reagiert ebenfalls bestimmt auf ihr Umfeld. Sie nimmt dies aber als angenehm, nicht stressig

stetig	gewissenhaft
• hat Probleme bei Druck oder Konflikten • lässt sich von Menschen ablenken • hat Angst vor Konfrontation • kann nicht »Nein« sagen • ist manchmal ohne »Biss« • Gewohntes kommt vor Ergebnissen	• hasst Unordnung und Chaos • reagiert sehr kritisch auf »Unsachliches« • hat Probleme in der Teamarbeit • verliert sich in Einzelheiten • arbeitet zu detailliert • braucht deshalb für manche Aufgaben viel Zeit
• Mut zu neuen und herausfordernden Zielen haben	• Ziele müssen zu Ergebnissen und nicht zu Perfektion führen

wahr. Sie knüpft gerne Kontakte, versprüht Optimismus und Begeisterung, arbeitet bevorzugt in Gruppen und ist mitteilsam. Ein Mensch mit einer primär initiativen Verhaltensdimension interessiert sich, »wer« etwas tun soll.

Die stetige Person nimmt ihr Umfeld auch als angenehm/nicht stressig wahr, reagiert aber zurückhaltend darauf. Sie schafft durch ihr Verhalten ein stabiles, beständiges Umfeld, hält sich an akzeptierte Arbeitsabläufe, ist sehr entgegenkommend und meidet Konfliktsituationen. Sie interessiert sich vor allem dafür, »wie« etwas getan werden soll.

Die gewissenhafte Person reagiert zurückhaltend auf das

Umfeld und nimmt es eher als stressig/anstrengend wahr. Sie ist gerne präzise, reflektiert mehr als andere, bevorzugt geregelte Beziehungen, ist reserviert, konzentriert sich auf wichtige Details und geht eher diplomatisch mit Menschen um. Sie muss erfahren, »warum« etwas getan werden soll.
Es gibt keinen Menschen, dessen Verhalten ausschließlich von einer *einzigen* Verhaltensdimension geprägt ist. Jeder Mensch zeigt Tendenzen aus jedem der vier Verhaltensstile. Jeder neigt jedoch auch dazu, je nach Situation beziehungsweise nach beruflichem Umfeld, einen dieser Stile öfter an den Tag zu legen als die übrigen drei.

In der folgenden Tabelle finden Sie eine Übersicht zu den Auswirkungen der vier Verhaltensstile auf den Umgang mit der Zeit – und natürlich entsprechende Tipps.

Workshop: Welcher Verhaltenstyp bin ich?

Um einen ersten Eindruck vom DISG®-Modell zu bekommen, können Sie den folgenden Schnell-Check zur Selbsteinschätzung durcharbeiten. Sie werden dabei erfahren, welche Verhaltensdimension bei Ihnen in einem bestimmten Umfeld vorherrscht. Für einen wissenschaftlich abgesicherten Fragebogen mit differenzierteren Auswertungen sei auf das DISG®-Persönlichkeitsprofil verwiesen, das bei den autorisierten Trainern sowie im Buchhandel erhältlich ist.

Wenn Sie den Schnell-Check bearbeiten, beachten Sie, dass Sie – abhängig von der jeweiligen Situation und den beteiligten Personen – unterschiedlich agieren und reagieren. Deshalb müssen Sie zunächst festlegen, für welches Umfeld bzw. für welche Rolle oder welche konkrete Situation Sie den Schnell-Check erstellen. Prinzipiell ist es möglich, das DISG®-Persönlichkeitsprofil jeweils mit Blick auf ein anderes Umfeld mehrfach anzufertigen.

Legen Sie jetzt fest, für welches Umfeld Sie den Fragebogen ausfüllen: ________________

Sie finden nun zehn Gruppen mit jeweils vier Begriffen. Legen Sie eine Reihenfolge von 1 bis 4 innerhalb jeder dieser Gruppen fest. Beim Ausfüllen sollten Sie sich in jeder Wortgruppe für das Wort entscheiden, das Ihnen »am ehesten« entspricht (4 Punkte), dann für das, das Ihnen »am wenigsten« entspricht (1 Punkt). Geben Sie anschließend 3 Punkte für »am zweitehesten« und 2 Punkte für »am zweitwenigsten«. Tragen Sie die Punkte jeweils in die Felder ein.

1. ☐ begeistert
   ☐ entschlossen
   ☐ gewissenhaft
   ☐ loyal

2. ☐ konkurrierend
   ☐ ausgleichend
   ☐ gesellig
   ☐ gründlich

3. ☐ reserviert
   ☐ gewinnend
   ☐ gutmütig
   ☐ ruhelos

4. ☐ freundlich
   ☐ aggressiv
   ☐ logisch
   ☐ entspannt

5. ☐ einsichtig
   ☐ kontaktfreudig
   ☐ anspruchsvoll
   ☐ vorsichtig

6. ☐ beherrscht
   ☐ nett
   ☐ aufmerksam
   ☐ stur

7. ☐ willensstark
☐ taktvoll
☐ mitfühlend
☐ verspielt

8. ☐ inspirierend
☐ hartnäckig
☐ beständig
☐ akkurat

9. ☐ verbindlich
☐ einsichtig
☐ gesprächig
☐ herausfordernd

10. ☐ direkt
☐ fröhlich
☐ diplomatisch
☐ rücksichtsvoll

Auf der folgenden Seite sehen Sie, welche Verhaltensdimension dem jeweiligen Begriff zugeordnet ist. Addieren Sie die Punkte für alle vier Buchstaben. Die Gesamtsumme muss dabei 100 ergeben.

D: ___ I: ___ S: ___ G: ___ (D+I+S+G=100)

Der Buchstabe mit der höchsten Punktzahl repräsentiert Ihre am stärksten ausgeprägte Verhaltensdimension; die Summen der anderen Buchstaben zeigen die Ausprägung Ihrer drei anderen Verhaltenstendenzen. Sie werden feststellen, dass Sie Anteile von allen Verhaltenstendenzen besitzen. Es gibt also weder »den« Dominanten noch »den« Gewissenhaften in Reinkultur, sondern zahlreiche Kombinationsmöglichkeiten aus allen Bereichen.

Dominanz (D): Menschen mit ausgeprägt dominanter Verhaltensdimension betrachten das Umfeld als herausfordernd und anstrengend (stressig). Sie wollen andere besiegen. Sie versuchen, Hindernisse durch Zielstrebigkeit

- **I** begeistert
- **D** entschlossen
- **G** gewissenhaft
- **S** loyal
- **G** reserviert
- **I** gewinnend
- **S** gutmütig
- **D** ruhelos
- **S** einsichtig
- **I** kontaktfreudig
- **D** anspruchsvoll
- **G** vorsichtig
- **D** willensstark
- **G** taktvoll
- **S** mitfühlend
- **I** verspielt
- **S** verbindlich
- **G** einsichtig
- **I** gesprächig
- **D** herausfordernd

- **D** konkurierend
- **S** ausgleichend
- **I** gesellig
- **G** gründlich
- **I** freundlich
- **D** aggressiv
- **G** logisch
- **S** entspannt
- **G** beherrscht
- **I** nett
- **S** aufmerksam
- **D** stur
- **I** inspirierend
- **S** beständig
- **D** hartnäckig
- **G** akkurat
- **D** direkt
- **I** fröhlich
- **G** diplomatisch
- **S** rücksichtsvoll

zu überwinden. Oft arbeiten sie unabhängig von anderen. Menschen mit ausgeprägt dominanter Verhaltensdimension lassen sich als aktiv und entschlossen charakterisieren.

Initiative (I): Menschen mit ausgeprägt initiativer Verhaltensdimension betrachten das Umfeld als angenehm (nicht stressig). In ihren Augen besteht es hauptsächlich aus Menschen, die ermutigt und angespornt werden müssen. Sie sind aufgeschlossen, freundlich und überzeugend. Menschen mit ausgeprägt initiativer Verhaltensdimension lassen sich als gesprächig und offen charakterisieren.

Stetigkeit (S): Menschen mit ausgeprägt stetiger Verhaltensdimension betrachten ihr Umfeld als angenehm (nicht stressig), wenn alle zusammenarbeiten, um Ziele zu erreichen. Sie sind berechenbar, verlässlich und kooperativ. Menschen mit ausgeprägt stetiger Verhaltensdimension lassen sich als verlässlich und kooperativ charakterisieren.

Gewissenhaftigkeit (G): Menschen mit ausgeprägt gewissenhafter Verhaltensdimension betrachten ihr Umfeld als anstrengend (stressig) und wirken häufig konfus. Sie versuchen, Schwierigkeiten aus dem Weg zu gehen und möglichst Ordnung zu bewahren. Ihre Sorgfalt und Genauigkeit sind für andere beispielhaft. Menschen mit ausgeprägt gewissenhafter Verhaltensdimension lassen sich als diszipliniert und besorgt charakterisieren.

Sie können Ihre Werte in ein Flächendiagramm einzeichnen – so wie in diesem Beispiel (D: 15, I: 15, S: 30, G: 40):

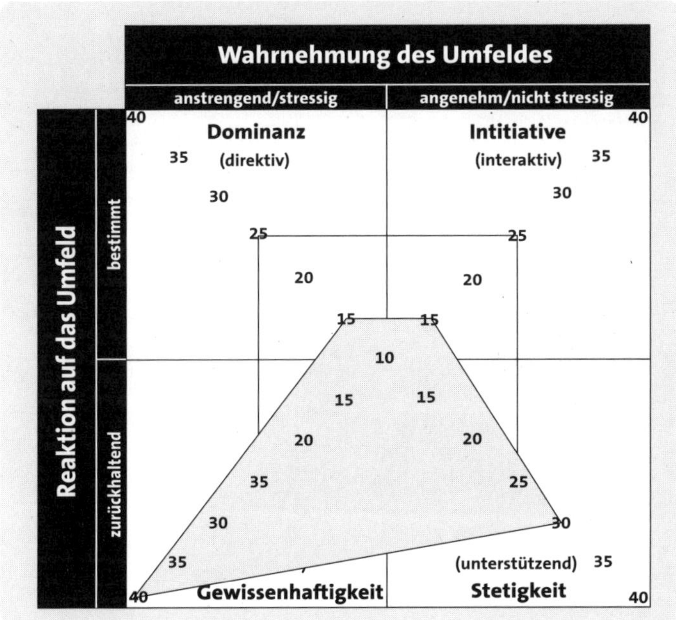

Da das Verhalten eines jeden Menschen Anteile aller vier Verhaltensdimensionen aufweist, enthält das Diagramm auch Flächenanteile aus allen vier Quadranten. Es gibt niemanden, der sich ausschließlich dominant, initiativ, stetig oder gewissenhaft verhält.

Die Visualisierung des Ergebnisses zeigt, wie stark die einzelnen Dimensionen Ihres Verhaltens in Ihrem ausgewählten Umfeld zur Geltung kommen. Als Faustregel gilt: Verhaltensdimensionen, deren Flächenanteil über das innere Quadrat herausragen, sind nach außen gut sichtbar.

Tragen Sie nun Ihre Punktwerte für D, I, S und G in das Flächendiagramm ein und verbinden Sie die Punkte zu einem Viereck.

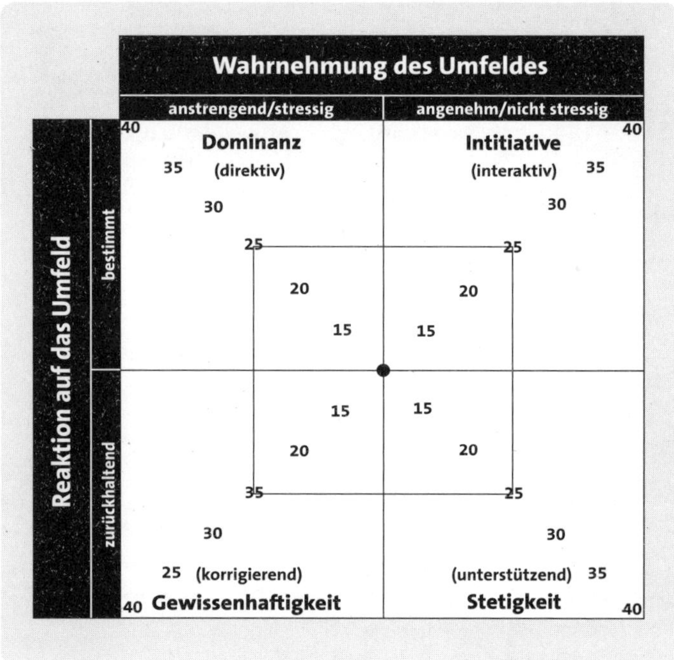

Sie können das Flächendiagramm nicht nur nutzen, um über das eigene Verhalten nachzudenken. Die vergleichende Analyse mehrerer Teilnehmer ist eine weitere Anwendungsmöglichkeit. Tragen Sie dazu die Ergebnisse mehrerer Teilnehmer in das Flächendiagramm ein. Nun können Sie sehen, welche Verhaltensdimension in Ihrem Team besonders stark vertreten ist bzw. welche eventuell fehlt. Auf der Basis der visualisierten Gemeinsamkeiten und Unterschiede können Sie beispielsweise Überlegungen darüber anstellen, wie Sie sich ergänzen und wo mögliche Reibungspunkte bestehen.

Aufgabe für die Praxis

Sie haben im Selbsttest einen Eindruck davon bekommen, wo Ihre Stärken und Schwächen liegen. Wir möchten Sie nochmals darauf hinweisen, dass das wirklich nur ein erster Eindruck ist – in die notwendige Tiefe geht das erst mit dem ausführlichen DISG®-Test.

Dennoch können Sie nun einmal versuchen, Ihre Erkenntnisse auf den Umgang mit anderen Menschen zu übertragen. Denken Sie an eine Person, mit der es immer wieder zu Konflikten kommt. Was könnten Sie dieser Person gegenüber ändern, um der Persönlichkeitsstruktur Ihres Gegenübers gerecht zu werden und in Zukunft Probleme zu vermeiden und damit auch Zeit zu sparen (z. B. eine Person, die fröhlich, offen und optimistisch kommuniziert und damit wichtige Verkaufs- und Überzeugungsarbeit leisten kann, sollten Sie nicht unbedingt mit der Abwicklung von Details eines Projekts betrauen)?

Bei Person ____________________ (Name) werde ich künftig Folgendes tun: ____________________ und Folgendes lassen: ____________________

Ein herzliches Dankeschön an die Firma persolog, die uns für dieses Buch eine kurze »DISG«-Selbsteinschätzung zur Verfügung gestellt hat. Bei vielen, die erste Erfahrungen mit dem DISG®-Persönlichkeitsprofil gemacht haben, ist der Wunsch vorhanden, ihre Erkenntnisse zu vertiefen und sich intensiver mit ihrem Profil auseinanderzusetzen. Gute und hilfreiche Materialien finden Sie unter www.persolog.de

6. Tag
Flow – das neue Zeitgefühl

»Die Länge von 30 Sekunden hängt davon ab,
auf welcher Seite einer Toilettentüre man sich befindet.«

*Werner Koczwara (*1957), Kabarettist*

Frisch Verliebte können stundenlang händchenhaltend im Stadtpark sitzen und wundern sich dann beim Blick auf die Uhr, wie viel Zeit vergangen ist. Anderen kommen schon wenige Sekunden wie eine halbe Ewigkeit vor; zum Beispiel beim Warten an einer roten Ampel, wenn man auf dem Weg zum Flughafen ist und ohnehin schon Verspätung hat. Zeit lässt sich objektiv messen – in Sekunden, Stunden, Jahren. In Wahrheit nehmen wir sie aber subjektiv sehr unterschiedlich wahr.

Die Glücksforschung hat aufgedeckt, dass es einen Zusammenhang zwischen dem Zeitempfinden und der Häufigkeit von Glücksgefühlen gibt. Pionier auf diesem Forschungsgebiet ist der ungarischstämmige US-Amerikaner Mihaly Csikszentmihalyi. Der Psychologe hat nachgewiesen, dass glückliche Menschen häufiger sogenannte *Flow*-Erfahrungen haben. Dabei verlieren sie ihr Zeitgefühl, weil sie sich ganz auf eine Aufgabe oder Tätigkeit konzentrieren. Sie werden eins mit dem, was sie tun, und befinden sich im Fluss (*Flow*). Wann tauchen solche Flow-Erfahrungen am wahrscheinlichsten auf? Wenn die eigenen Fähigkeiten und die zu bewältigenden Herausforderungen in einem ausge-

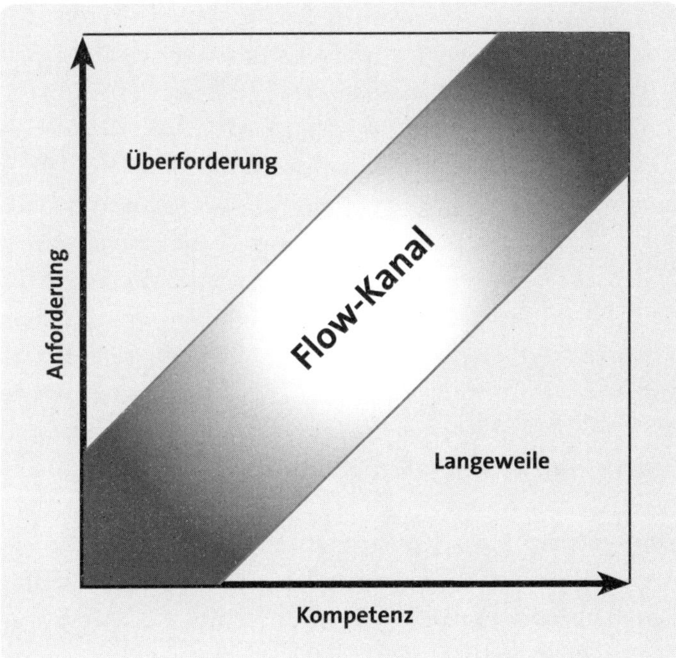

Verlauf wurde etwas anders gestaltet, OK?

wogenen Verhältnis stehen. Das verdeutlicht folgende Grafik:

Ein Beispiel aus dem Sport soll veranschaulichen, was dieser Flow-Kanal bedeutet.

Die Golfspielerin

Lisa Müller will Golfspielen lernen. Sie hat ihre erste Übungsstunde und ihr Trainer heißt – Bernhard Langer. Deutschlands erfolgreichster Profi-Golfer zeigt ihr mal eben, wie es geht. Er wirbelt die Bälle nur so über Sandbänke und Grünflächen. Lisa ist schon beim Zuschauen fix und fertig. Denn die Ansprüche des Profis an ihrer Seite sind extrem hoch und ihre Fähigkeiten (noch) sehr gering. Sie ist völlig überfordert und deshalb außerhalb des Flow-Kanals.

Nehmen wir nun an, Lisa Müller hat diese extrem hohe Anfangshürde überwunden und ist durch jahrelanges Training selbst zum Profi geworden. Und nun bekommt sie die Aufgabe, in einem Turnier gegen einen Anfänger anzutreten. Nicht sehr herausfordernd, oder? Sie schießt ein paar Bälle bewusst in den Teich, damit wenigstens noch ein wenig Spannung aufkommt. Aber insgesamt ein langweiliges Unterfangen. Ihre Fähigkeiten sind ja inzwischen sehr hoch, die Anforderung ist läppisch. Sie fühlt sich unterfordert und befindet sich wieder außerhalb des Flow-Kanals.

Flow entsteht, wenn Kompetenz und Anforderung in einem vernünftigen Verhältnis zueinander stehen. Wer sich überfordert fühlt oder beispielsweise durch seinen Chef weit über das Limit strapaziert wird, gerät in Stress und bekommt Motivationsprobleme. Wer unterfordert ist und keine herausfordernde Aufgabe hat, schaltet ebenfalls bald ab.

Welche Konsequenzen haben diese Erkenntnisse für das Zeitmanagement? Eine ganze Menge – vorausgesetzt, wir wollen unsere Zeit besser managen, um insgesamt ein glücklicheres Leben zu führen. Zu einem erfolgreichen Zeitmanagement gehört es, möglichst viel Zeit innerhalb des Flow-Kanals zu verbringen, wo man sich weder überfordert noch unterfordert fühlt. Das ist leichter gesagt als getan. Wenn uns ein berufliches Projekt mächtig unter Zeitdruck setzt und in der entscheidenden Phase ein Mitarbeiter ausfällt – dann fühlen wir uns überfordert. Als Dauerzustand kann so etwas zu Magengeschwüren und Herzinfarkt führen. Unterfordert fühlen sich viele bei Hausarbeiten wie Staubsaugen oder Geschirrspülen. Jeder weiß, wie wichtig diese Tätigkeiten sind, aber für die wenigsten sind damit Flow-Gefühle verbunden.

Für ein Zeitmanagement mit *Flow* sollten Sie auf folgenden Gebieten arbeiten:

1. Suchen Sie Herausforderungen

Ein Leben ohne Herausforderungen bedeutet Stillstand. Gerade unter Arbeitslosen und Pensionierten ist das häufig zu beobachten, dass ihnen die Aufgaben fehlen, die sie reizen. Es ist geradezu eine Lebenskunst, sich die richtigen Herausforderungen zu suchen.

Csikszentmihalyi hat entdeckt, dass sogar Fließbandarbeiter ihre Arbeit so tun können, dass sie Flow erleben. Wo keine echte Herausforderung besteht, schaffen sich diese Menschen eine. Sie tüfteln aus, ob es effektiver ist, das zu bearbeitende Teil erst mit der linken Hand zu greifen und

dann rechts weiterzuziehen, oder ob es besser ist, mit rechts loszulegen und erst dann die linke Hand dazuzunehmen. Damit können sogar monotone Arbeiten eine spannende Seite bekommen.

Nutzen Sie diese Erkenntnis für die langweiligen Tätigkeiten, um die Sie nicht herumkommen. Viele zählen Arbeiten im Haus dazu. Den Fußboden zu saugen oder das Bad zu putzen, gehört nun mal nicht zu den intellektuell faszinierendsten Handlungen. Und dennoch müssen sie getan werden. Machen Sie einen Sport daraus. Messen Sie die Zeit, die Sie zum Saugen eines Stockwerks benötigen und nehmen Sie sich vor, diese Zeit das nächste Mal zu unterbieten. Allein dieser Wettkampf gegen sich selbst verändert das Bewusstsein, in dem Sie etwas tun. Das schafft Flow – und in unserem Beispiel spart es auch noch Zeit!

2. *Verschaffen Sie sich Rückmeldung für Ihre Ziele*

Für das Erleben von Flow-Gefühlen ist es wichtig, klare Ziele zu haben und überprüfen zu können, ob man diese Ziele erreicht hat. Wie man gute Ziele setzt, erläutern wir in einem eigenen Kapitel (ab Seite 119). Unterschätzen Sie aber nicht die Bedeutung der Rückmeldungen. Zwei können das Gleiche tun – doch hat Probleme mit dem Flow, wer nicht weiß, ob seine Tätigkeit zum Ziel führt. Deshalb schätzt es beispielsweise unter Lehrern eine Mehrheit als befriedigender ein, mit Gymnasiasten zu arbeiten als mit Sonderschülern. Bei Gymnasiasten ist schneller ein Lernerfolg zu sehen und leichter zu erkennen, ob der Unterrichtsstoff angekommen ist. Bei Sonderschülern lassen Erfolgserlebnisse bisweilen lange auf sich warten. Beide Arbeitsplätze sind sehr wichtig. Der Sonderschullehrer muss sich allerdings stärker darum kümmern, dass er »Erfolgserlebnisse« hat, die ihm zeigen, dass er seine Ziele erreicht.

Falls Sie keinen Partner haben, der Sie dabei unterstützt, kann diese Aufgabe auch ein Mentor oder Coach übernehmen. Den sollten Sie allerdings häufiger treffen, damit die Abstände zwischen den Rückmeldungen nicht zu groß werden.

3. Schaffen Sie Konzentration

Flow-Gefühle sind deshalb so beglückend, weil sie gegen die innere »Unordnung« eines Menschen wirken. Ein Mensch, der untätig sich selbst überlassen ist, gerät häufig in quälerisches Grübeln und entwickelt nicht selten Zukunftsängste. Deshalb gilt Isolationshaft, die jeden Kontakt zu anderen Menschen und jede Konzentration – zum Beispiel durch Bücher – verhindert, sogar als eine Form der Folter!

Ein weniger geeignetes Mittel gegen die innere Unordnung ist Ablenkung. Das dazu am häufigsten genutzte Instrument ist das Fernsehgerät. Allerdings hinterlässt längerer TV-Genuss meistens ein unbefriedigendes Gefühl. Anders sieht es bei aktiveren Tätigkeiten aus. Lesen, Malen, ein Musikinstrument spielen, ein Museumsbesuch – solches Tun verspricht Flow-Gefühle.

Workshop: Was kann ich gegen Überforderung/ Unterforderung tun?

Notieren Sie zwei Tätigkeiten, bei denen Sie sich regelmäßig *überfordert* fühlen. Schreiben Sie zu jeder dieser Tätigkeiten einen Schritt auf, mit dem Sie diese Überforderung beenden könnten (zum Beispiel Delegation, Weiterbildung):

1. Tätigkeit ______________________________

   Gegenmaßnahme ______________________________

2. Tätigkeit ______________________________

   Gegenmaßnahme ______________________________

Notieren Sie nun zwei Tätigkeiten, bei denen Sie sich regelmäßig *unterfordert* fühlen. Suchen Sie auch hier mindestens einen Ausweg, wie Sie diese Unterforderung beenden könnten (zum Beispiel, die Aufgabe jemand anderem übertragen; in den Wettbewerb gegen sich selbst treten, um der Sache noch etwas abzugewinnen):

1. Tätigkeit ______________________________

   Gegenmaßnahme ______________________________

2. Tätigkeit ______________________________

   Gegenmaßnahme ______________________________

Aufgabe für die Praxis

Finden Sie heraus, bei welchen Tätigkeiten an Ihrem Arbeitsplatz die Zeit für Sie »wie im Flug« vergeht. Können Sie künftig noch mehr in diesem Bereich tätig sein?

7. Tag
Die Zeit – das Maß aller Dinge?

»Alle Dinge sind ein Gift und nichts ist ohne Gift;
nur die Dosis bewirkt, dass ein Ding kein Gift ist.«

Paracelsus (1493–1541), Arzt und Chemiker

Die übereifrigen Ingenieure

Eine Führungskraft rief uns an und erzählte, sie sei verantwortlich für eine Gruppe von 40 hart arbeitenden Ingenieuren, jeder für sich ein fleißiger Mensch und loyaler Mitarbeiter. Nun fiel ihr aber auf, dass die Stimmung im Team immer schlechter wurde. Obwohl die Mitarbeiter Tag und Nacht schufteten und auch gute Ergebnisse brachten, hatte sie das Gefühl: »Meine Leute werden von Tag zu Tag unzufriedener.«

Ein Besuch vor Ort hinterließ bei uns ein zwiespältiges Bild. Einerseits war es eine reine Freude für uns, die hoch entwickelten Arbeitstechniken und den enormen Fleiß in diesem disziplinierten Team zu beobachten. Andererseits sahen wir auch: Die Mitarbeiter machten einen schwerwiegenden Fehler. Sie nahmen sich schlicht und ergreifend stets viel zu viel vor. Sie engagierten sich leidenschaftlich im Projekt, waren häufig sogar kurz vor dem Termin fertig. Sie investierten in Forschung und Entwicklung, suchten häufig den Konsens in langen und intensiven Team-Meetings. Die Hilfsbereitschaft den Kollegen gegenüber war enorm und trotz dieser vielen Pluspunkte machte sich das Gefühl breit, es einfach nicht mehr zu schaffen.

In diesem Abschnitt betrachten wir drei weitere wichtige Grundhaltungen, die einen zufriedenen Zeitmanager ausmachen:

- auf das richtige Maß zu achten,
- Mut zur Konzentration zu finden,
- gesunde Grenzen zu erkennen und zu setzen.

Die richtige Dosis macht den entscheidenden Unterschied zwischen Medizin und Gift. Manchmal übersehen wir einfach, wie leicht eine gute Sache, im Übermaß vollzogen, zum »Killer« werden kann. Heute strömt nachweisbar in der gleichen Zeit immer mehr auf uns ein als noch vor Jahren. Dieser Umstand verlangt nach den verwandten Fähigkeiten: Mut zur Konzentration, die eigenen Grenzen erkennen und maßhalten – sonst ertrinkt man im Strom der Einflüsse und Ansprüche von außen.

Das rechte Maß finden

Die Fähigkeit, das rechte Maß zu finden, unterscheidet den reifen Profi vom unreifen »Möchtegern«. Wenn es um Zeitmanagement geht, ist die Fähigkeit die »richtige Dosis« einschätzen zu können, ein elementarer Schlüssel zu einer erfüllten Zeitgestaltung. In der christlichen Tradition wurden früher vier Kardinaltugenden gelehrt. Das Wort Kardinal kommt von dem lateinischen Wort »Eckpfeiler, Grundpfeiler«. Man sagte, dass folgende Eigenschaften langfristig ein erfolgreicheres und zufriedeneres Leben garantieren: Klugheit, Gerechtigkeit, Tapferkeit und – das rechte Maß der Dinge.

In der Beratungsarbeit werden wir immer häufiger mit Menschen konfrontiert, die nie gelernt haben, selbst das rechte Maß zu bestimmen. Ihnen ist diese Dimension überhaupt nicht bewusst. Ohne das Bewusstsein, dass man selbst das Maß vieler Dinge in seinem Leben bestimmen kann und sogar muss, wird man zum Spielball der »Maß-Vorstellungen« anderer.

Der Maß-Korridor

Wir gewöhnen uns viel zu schnell an unangemessene Dinge, wie sich zu viel vorzunehmen, oder auch an das Gegenteil, zu wenig beziehungsweise gar nichts anzupacken. Das geschieht meist aus Angst und führt in vielen Organisationen zu einer frustrierenden Situation. Die einen sind »wie gelähmt«, haben zu wenig zu tun – und andere sind stets überfordert, sie haben zu viel zu tun. Die Dosierung muss stimmen, sowohl innerhalb eines Lebensbereiches als auch zwischen verschiedenen Lebensbereichen. Zu viel Planung kann genauso schädlich sein, wie sich überhaupt keine Zeit für Planung zu reservieren. Sich zu viel aufzuhalsen ist langfristig genauso frustrierend wie Unterforderung. Wer immer nur arbeitet, wird ebenso wenig glücklich wie der, der immer nur »nichts tut«.

Natürlich gibt es nicht ein genaues Maß, nach dem man sich richten kann, sondern eher einen Wohlfühlkorridor, über den wir im Zusammenhang mit Flow bereits gesprochen haben.

Wenn wir es schaffen, den überwiegenden Teil unserer Zeit in diesem »Maß-Korridor« zu bewegen, sind wir glücklichere und zufriedenere Menschen. Wie aber können wir dieses rechte Maß herausfinden? Hier helfen nur Probieren, reflektiertes Beobachten anderer Zeitgenossen und kritische Selbstbetrachtung. Vielleicht könnten Sie sich mehr zutrauen, sind jedoch einfach zu ängstlich (oder zu bequem?). Auf der anderen Seite besteht die Gefahr, Warnsignale und die Ermahnungen anderer Zeitgenossen bei einem Zuviel zu übersehen. Hier helfen vor allem zwei Dinge, über die wir bereits gesprochen haben: Ehrlichkeit zu sich selbst (Seite 46) und regelmäßige Ruhe und Besinnung (Seite 56 ff.). Wenn Sie sich zu viel zumuten, wird die schönste Reise auf dem Meer an Zeit zu einer Tortur!

Konzentration

Mit Hilfe einer Lupe können Sie Sonnenlicht bündeln und damit ein helles Feuer entfachen. Das Gleiche gilt für die Arbeit. Erst durch Bündelung und Fokussierung gelingt es, wirklich effektiv zu arbeiten und etwas zu bewirken. Etliche Zeitgenossen leiden vor allem unter der Anforderung, zu viele Eisen gleichzeitig schmieden zu wollen. Gerechtfertigt wird dies damit, dass nie die ganze Saat aufgeht – deshalb »lieber zu viel, als zu wenig!« Aber letztendlich halten sie die vielen Eisen so in Beschlag, dass sie sich eigentlich gar nicht um eines richtig kümmern können. »Vieles ein bisschen, aber nix gescheit!«

Beeindruckend ist dagegen, mit welcher Vehemenz und Eindeutigkeit sich erfolgreiche Wirtschaftsfachleute für das Thema »Konzentration der Kräfte« einsetzen. Fredmund Malik schreibt: »Das Wesentliche ist, sich auf Weniges zu beschränken, auf eine kleine Zahl von sorgfältig ausgesuchten Schwerpunkten, wenn man an Wirkung und Erfolg interessiert ist.« Gerade heute, wo wir es mit hoch komplexen und vernetzten Aufgabenstellungen zu tun haben, ist dies um so wichtiger. Konzentration ist der Schlüssel zum Erfolg! Dies gilt für das Setzen großer Ziele wie für die Tagesplanung.

Auch im privaten Bereich ist es wichtig, sich vom »Hans Dampf in allen Gassen« zu verabschieden, um den nächsten Lebensabschnitt konzentrierter zu gestalten. Leben ist dann befriedigend, wenn zwischen den verschiedenen Lebensbereichen eine Balance herrscht. Außerdem erfordert es eine klare Konzentration innerhalb dieser Lebensbereiche. In der Konzentration ist der durchschnittlich Begabte dem unkonzentrierten Genie haushoch überlegen!

Fragen Sie sich einmal ganz ehrlich: Wo tanze ich auf zu vielen Hochzeiten? Wo muss und kann ich reduzieren? Wohlüberlegte Konzentration heißt das Zauberwort! Konzentration beruht auf zwei wesentlichen Aspekten:

Bewusst ein klares Ziel aus einer Vielzahl von Möglichkeiten herausarbeiten und sich von Störungen abschirmen.

Störungen können von innen und von außen kommen. Typische innere Ablenkungen sind Unsicherheit, Grübeln, Sorgen, Abschweifen, Hängenbleiben an Details. Die Äußeren kennen Sie nur zu gut (Telefon, »Sie haben Post«, die gelangweilte Kollegin).

Realisieren Sie, welche Dinge es sind, die Sie stören. Notieren Sie sich doch einmal eine Woche jede Störung, die Ihnen auffällt. Welche häufen sich dramatisch? Beobachten

Sie Ihre Lieblingsablenkungen. Entwickeln Sie konsequente Gegenstrategien.

Grenzen erkennen und setzen

Menschen in unseren Breitengraden haben eine interessante Einrichtung geschaffen, um ihr Grundeigentum von dem anderer zu unterscheiden: den Gartenzaun. Dieser grenzt ihr Grundstück von dem ihres Nachbarn ab, macht sofort klar, wer auf der betreffenden Seite der Boss ist, aber auch, wer die Verantwortung trägt. Eine Grenze schenkt Klarheit. Grenzen waren für Menschen immer heilig. Erst die Übereinkunft über Grenzen ermöglicht ein friedliches Miteinander von Nationen, Völkern und Menschen. Schon die Griechen kannten klare Vorschriften über Grenzabstände, die man beim Bau eines Hauses, beim Pflanzen von Ölbäumen, beim Graben eines Brunnens und beim Aufstellen eines Bienenkorbes beachten musste. Die Römer hatten sogar ein eigenes Fest zur Festlegung der Grenzen, die »Terminalia«. Termini waren die Grenzsteine, die unter dem Schutz der Götter standen. Der Begriff »Termin« stammt von diesem römischen Wort. Wenn wir also mit einem anderen Menschen einen Termin ausmachen, setzen wir gleichsam einen Grenzstein, an den beide sich halten und den beide achten. Eine Grenze zeigt mir an, was mir zugemessen wurde, was mein Maß ist, mein »Limit«. Wenn jemand in Ihr Haus einbricht, Ihre Grenze verletzt, erschüttert Sie dies stärker als nur auf der Sachebene.

Die Einhaltung äußerer Grenzen ist auch für den inneren Menschen sehr wichtig. Damit ein Mensch nicht innerlich zerfließt, sondern seine Identität wahren kann, braucht er den Schutz der Grenze. Hier sind wir heute besonders gefordert. Junge Ehepaare, die noch im Haus der Eltern wohnen, leiden oft unter der zu großen Nähe der Eltern. Sich innerlich abzugrenzen, ist weit schwerer, als äußere Grenzen zu setzen – und doch ist es genauso wichtig für Ihr Lebensgefühl und Ihre Zeit.

Es gibt Menschen, die kein Gespür haben für ihre eigenen Grenzen und die anderer Menschen. Wird eine Grenze überschritten, hat dies immer Auswirkungen, es kostet überdimensional viel Zeit- und Lebensqualität. Das Sitzungsende, das offiziell für 17 Uhr angesetzt ist, permanent zu missachten, Mitarbeiter ohne triftigen Grund um 23 Uhr anzurufen, das »Nein« einer Person nicht zu beachten, sind nur ein paar von unzähligen Möglichkeiten, Grenzen zu verletzen.

Fangen Sie an, Ihre eigenen Grenzen bewusst wahrzunehmen. Stehen Sie dazu. Lassen Sie niemanden diese Grenzen verletzen. Beachten Sie jedoch auch die Grenzen anderer Menschen. Grenzenlosigkeit zerstört, gesunde Grenzen bauen auf und ermöglichen Beziehung und Wachstum. Stehen Sie zu Ihren Grenzen, zum Beispiel indem Sie auch lernen, ohne Schuldgefühle »Nein« zu sagen. Der gesunde Umgang mit den eigenen Grenzen und den Grenzen anderer ist eine Kunst, die erlernt sein will.

Workshop: Wie finde ich das »gute« Maß?

Welche Bereiche fallen Ihnen ein, in denen Sie auf das Maß, die Konzentration und die Grenzen Acht geben müssen? Zum Beispiel Arbeitszeit, Arbeitsmenge, Geschwindigkeit, die Arbeitsleistung, die Sie von anderen fordern, Alkohol, Schokolade, Schlaf, Sport et cetera.

Bitte genießen Sie Ihr Leben, aber in der richtigen Dosis!

Bereich	»Gutes Maß«	Maßnahme

Aufgabe für die Praxis

Wo liegen meine Grenzen (körperlich, psychisch, finanziell, Umfeld etc.) und wie heißen sie?

1. ______________________________

2. ______________________________

3. ______________________________

____

E wie Effektivität

Um im Meer an Zeit zu tauchen, zu schnorcheln, zu schwimmen oder zu segeln, gibt es einige Grundfertigkeiten, die Sie einfach beherrschen müssen. Es ist wie beim Golf oder Tennis. Sind Sie erst einmal Profi, sieht das alles sehr einfach aus. Der Weg dorthin ist allerdings nicht so einfach. Zuerst einmal geht es um das Erlernen von Grundfertigkeiten. Erst wenn man diese beinahe spielerisch beherrscht, macht die Ausübung eines Sports Freude.

Ein kleiner Junge hatte keinen sehnlicheren Wunsch, als Teil einer Fußballmannschaft zu sein, die kämpft und Tore schießt. Endlich war es dann so weit: Der erste Nachmittag im Fußballverein war da. Zur Überraschung seiner Eltern kam der Knabe weinend nach Hause: »Vati, ich will nie wieder in den Fußballverein.«

Was war geschehen? Offensichtlich wurde an diesem Nachmittag Dribbeln geübt, es gab jede Menge Konditionstraining, es wurde sogar auf das Tor geschossen. Dem Sohn war aber nur sehr schwer zu vermitteln, dass das alles, was er an diesem Nachmittag gemacht hatte, tatsächlich etwas mit »Fußball« zu tun hat – was er nicht glauben wollte. Er dachte nur an das eigentliche Spiel.

Wenn es in diesem Kapitel um Themen wie den Unterschied von dringend und wichtig, das Pareto-Prinzip, Ziele setzen und dergleichen geht, dann ist dies noch nicht Zeitmanagement für Fortgeschrittene. In diesem zweiten Teil geht es ganz einfach um Übungen und Grundfertigkeiten.

Im dritten Kapitel widmen wir uns dann der Gestaltung von Tag, Woche und Monat. Das wird die Anwendung dessen sein, was Sie in den folgenden sieben Abschnitten lernen.

Es ist also wie beim Fußball: Erst wenn Sie die einzelnen Disziplinen beherrschen, beherrschen Sie das Gesamtspiel. Wenn wir von Einzeldisziplinen reden, geht es dabei um folgende Fragen:

- Was macht ein Ziel zum Ziel?
- Wie erkenne ich, was mich im Leben erfolgreich macht?
- Womit beginne ich den Tag?
- Wie macht die Work-Life-Balance mein Leben rund?
- Wie mache ich mir die Macht von Gewohnheiten zunutze?
- Wie kann man die Informationsflut bewältigen?
- Welches Zeitmanagementsystem funktioniert für mich besser – Papier oder Elektronik?

Wenn Sie glauben, mit diesen Einzeldisziplinen und Grundfertigkeiten bereits bestens vertraut zu sein (nicht nur in der Theorie, sondern auch in der Praxis!), dann gehen Sie einfach zu Kapitel III, wo es unter anderem um die Planung von Tag, Woche und Monat geht. Wenn Sie sich bei den Grundfertigkeiten nicht ganz so sicher fühlen, arbeiten Sie die folgenden sieben Abschnitte hellwach durch. Und für alle Leser – die routinierten wie die unroutinierten – gilt: Wiederholung ist die Mutter der Weisheit.

8. Tag
Zeitmanagement mit dem Ziel im Blick

»Wenn ein Kapitän nicht weiß, welches Ufer er ansteuern soll, dann ist kein Wind der richtige.«

Lucius Annaeus Seneca (ca. 4 v. Chr – 65 n. Chr.), römischer Politiker, Rhetor, Philosoph und Schriftsteller

Wir haben stapelweise halbfertige Buchmanuskripte gesehen, die niemals einen Verlag erreichten. Wir kennen Doktorarbeiten, die nie abgegeben wurden, und jede Menge Ideen, die einfach in der Schublade vor sich hin schlummern. Dies alles passiert angeblich aus Zeitmangel. Das Tagesgeschäft nimmt uns gefangen. Wir alle haben Wünsche, viele Wünsche. Wir alle wissen aber auch, dass es vom Wunsch bis zur Realisierung, also zum Ziel, ein langer und weiter Weg ist.

Zeitmanagement ist kein Selbstzweck. Es soll helfen, ein glücklicheres und erfolgreicheres Leben zu führen. Es gilt aber: Erfolg bedingt Umsetzung; Umsetzung bedingt Ziele; Ziele bedingen Wünsche. Die wichtigen Dinge kommen also in dem Moment in Schwung, wo man aus Wünschen Ziele macht. Manchmal ist es auch nur ein bevorstehender Prüfungstermin, ein Vortrag, der zu halten ist, der plötzlich alle Kräfte mobilisiert und scheinbar Unmögliches möglich macht. Und nun die spannende Frage: Was macht ein Ziel zum Ziel? Eine eher wissenschaftliche Definition, die man uns irgendwann einmal beigebracht hat, lautet: »Ein Ziel ist ein Zustand in der Zukunft, der vom Entscheidungsträger angestrebt wird.« Bitte machen Sie sich keine Mühe, sich dies zu merken. Es muss auch einfacher gehen. Folgende Definition finden wir schon viel eingängiger: »Ziele sind nichts anderes als Wünsche, die mit einer Deadline (Zeitgrenze) versehen sind.«

Überfliegen Sie einfach einmal die folgenden Formeln, die die gängige Zeitmanagementliteratur zum Thema Ziele hervorgebracht hat:

1. SMART-Formel

Specific	(Klar formuliert)
Measurable	(Messbar)
Attainable	(Erreichbar)
Realistic	(Realistisch)
Time phased	(Terminiert)

2. PURE-Formel

Positively stated	(Positiv formuliert)
Understood	(Verstanden)
Realistic	(Realistisch)
Ethical	(Moralisch)

3. CLEAR-Formel

Challenging	(Herausfordernd)
Legal	(Rechtmäßig)
Environmental sound	(Umweltverträglich)
Agreed	(Einverstanden)
Recorded	(Schriftlich)

Getreu unserem Motto »Entweder es geht einfach, oder es geht einfach nicht« haben wir das Ganze noch einmal vereinfacht. Unsere Zieldefinition hat nur zwei Kriterien:

- messbar
- machbar

Messbar heißt, dass Sie präzise sagen können, wann ein Ziel erreicht ist. Dazu müssen die »Polizeifragen« (das sind die berühmten Fragen, die mit »W« anfangen, also wer, was, wann, wo, wie viel, wozu) beantwortet werden können. Machbar heißt, dass das Ziel auch wirklich erreichbar ist.

Ihr Ziel könnte zum Beispiel heißen: Ich möchte meinen Terminkalender entrümpeln, damit er wieder einen ordentlichen Eindruck macht und ich die Dinge wieder schneller finde. Ein Ziel? Möglicherweise auf den ersten Blick. Auf den zweiten Blick werden Sie feststellen, dass das zwar machbar ist (»misten statt mästen« ist immer machbar), dass es aber nur schwer messbar ist. Was heißt schon »entrümpeln« und was heißt »ordentlicher Eindruck«?

Um das Ganze messbar zu machen, könnte man sich zum Beispiel auf Folgendes einigen:

- 50 Seiten weniger,
- nichts mehr lose eingelegt, sondern nur noch eingeheftete Blätter,
- die Rückseite des ersten Blattes ordentlich mit Adresse und eventuellem Finderlohn versehen.

Schriftlichkeit

Messbarkeit setzt allerdings Schriftlichkeit voraus. Wir begegnen ständig Menschen, die sagen, sie hätten ihre Ziele im Kopf. Wir glauben ihnen nicht. Erfahrungsgemäß wird ein Gedanke vom nächsten Gedanken einfach weggewischt. Schon der Volksmund sagt: »Nur wer schreibt, der bleibt.« Im richtigen Leben gilt häufig: Nur was auf Papier steht, wird auch umgesetzt. Die Vorteile schriftlicher Planung liegen auf der Hand:

- Schriftliches entlastet das Gedächtnis. Der Kopf bleibt frei für andere Dinge.
- Ein fixierter Plan hat den psychologischen Effekt der Selbstmotivation.
- Er leitet zur Disziplin und Konzentration an, weniger Ablenkung ist möglich.
- Regelmäßige, schnelle Kontrolle, langfristige Erfolgskontrolle sind möglich.
- Unerledigtes geht nicht verloren (Übertragung auf einen anderen Tag).
- Schriftlichkeit zwingt zu gedanklicher Klarheit.
- Sie hilft auch bei komplizierten Dingen, den Überblick zu behalten.
- Sie hilft, die eigenen Träume nicht aus dem Blick zu verlieren.
- Man kann sich dabei weniger in die Tasche lügen.

Selbst die meisten Kunstwerke haben einen »schriftlichen Vorlauf«. Haben Sie schon einmal gesehen, wie viele Skizzen einem schönen Gemälde vorausgehen? Ziele helfen uns,

Konturen sehr viel genauer zu erkennen. Sie zeigen uns, was zu viel ist und damit verzichtbar. Genies wie Michelangelo können so etwas offenbar im Kopf leisten. Ihm gelang intuitiv das Außergewöhnliche. Bei uns Normalbürgern setzt das Erreichen besonderer Ziele hingegen sorgfältigste Planung voraus.

Michelangelo

Eines Tages bekam der Bildhauer Michelangelo den Auftrag, eine ganz außergewöhnliche Statue zu erstellen. Michelangelo verbrachte zunächst seine Zeit damit, nach einem geeigneten Marmorblock Ausschau zu halten.

Eines Tages entdeckte er in einer Seitenstraße einen von Unkraut und Gras überwucherten Marmorblock, der einmal in die Stadt geschafft, aber nicht verwendet worden war. Er blickte ihn eine Zeit lang an und ließ ihn dann von einigen Arbeitern in sein Atelier bringen.

Dort begann er mit der zeitaufwändigen und mühsamen Arbeit. Zwei Jahre dauerte es, ehe er die Konturen aus dem

Stein gehauen hatte. Zwei weitere Jahre benötigte er, bis er durch Schleifen, Polieren und so weiter das Wunderwerk des David endgültig fertiggestellt hatte. Bei der Enthüllung des David auf dem Marktplatz strömten die Menschen in Massen herbei und bestaunten andächtig und stumm das Meisterwerk. Michelangelo gilt seit diesem Zeitpunkt als der größte Bildhauer aller Zeiten.

Als man ihn fragte, wie er denn dieses Meisterwerk erschaffen konnte, antwortete er: »Der David war schon immer da. Ich habe ihn im Marmorblock gesehen und musste lediglich noch den überflüssigen Marmor so lange entfernen, bis der David in seiner ganzen Pracht und Einzigartigkeit übrig blieb.«

Michelangelo sah den Marmorblock und hatte das Ziel ganz klar vor Augen, die Skizze sozusagen im Kopf.

Workshop: Meine Wünsche

Um zu sinnvollen Zielen zu kommen, denen Sie künftig Ihre Zeit widmen wollen, brauchen Sie zunächst Klarheit über Ihre Wünsche. Schreiben Sie einfach einmal auf, was Sie gerne tun, schaffen, erreichen oder haben wollen. Benutzen Sie nicht nur ein Stichwort, sondern schreiben Sie durchaus emotional, was diese Wünsche für Sie bedeuten. Sie können auch Bilder malen.

Nachfolgendes Formular eignet sich für ein Brainstorming zu Ihren Wünschen. Beginnen Sie jetzt und lassen Sie Ihren Gedanken freien Lauf. Ideal wäre es, wenn Sie innerhalb der nächsten drei Minuten zehn Wünsche nennen könnten. Lassen Sie zunächst die Prioritätenspalte frei!

Meine sehnlichsten Wünsche	**Prioritäten**
In meiner Diplomprüfung möchte ich eine Note von 1,7 haben.	1
Finanzielle Unabhängigkeit	3
Mit einer kleinen Firma selbstständig werden.	2
1.	
2.	
3.	
4.	
5.	
6.	
7.	
8.	
9.	
10.	

Schreiben Sie jetzt in die Spalte neben Ihrem Wunsch eine Zahl und bringen Sie Ihre Wünsche in eine Reihenfolge. Die Nummer 1 ist Ihr wichtigster Wunsch. Mit den drei wichtigsten Wünschen werden wir weiterarbeiten.

Diese Wunschliste ist eine ganz wichtige Basis für das weitere Planen und Ziele setzen. Sie wird Ihnen helfen, in allen Lebensbereichen (Lebenspartner, Arbeitgeber, Vorstand im Verein) klarer zu sehen und bessere Entscheidungen zu treffen.

Aufgabe für die Praxis

Wie werden nun aus Wünschen Ziele? Auf der folgenden Seite sehen Sie das 1–3–5 Zielformular, zuerst als Beispiel und dann für Sie zum Ausfüllen. Für die drei wichtigsten Ziele sollten Sie je ein Formular verwenden. Einfach Seite 127 dreimal kopieren.

1–3–5 Ziel!

Finden Sie ein Ziel, nennen Sie drei gute Gründe, warum Sie dieses Ziel erreichen wollen, entwickeln Sie fünf Maßnahmen, wie Sie dieses Ziel erreichen wollen – und schon haben Sie einen funktionierenden Plan.

1 **Ziel:** Notieren Sie Ihr Ziel (messbar und machbar).
In meiner Diplomprüfung möchte ich eine Note von 1,7 haben.

1–3–5 Ziel!

1 **Ziel:** Notieren Sie Ihr Ziel (messbar und machbar).

____

3 **Warum:** Nennen Sie drei Gründe, warum Sie dieses Ziel erreichen wollen.

____

____

____

5 **Aufgaben:** Was sind die fünf Aktivitäten, damit Sie dieses Ziel erreichen?

Aktivitäten	**Datum**
1. ________________	________________
2. ________________	________________
3. ________________	________________
4. ________________	________________
5. ________________	________________

3 **Warum:** Nennen Sie drei Gründe, warum Sie dieses Ziel erreichen wollen.

1. *Die Lage auf dem Arbeitsmarkt zwingt mich dazu.*
2. *Dieses Ziel will ich für mich als Selbstbestätigung erreichen.*
3. *Nur so habe ich das Gefühl, dass sich das Studium gelohnt hat.*

5 **Aufgaben:** Was sind die fünf Aktivitäten, damit Sie dieses Ziel erreichen?

Aktivitäten	**Datum**
jedes Tutorium besuchen	*bis zur Klausur*
Mitschriften ordentlich halten	*jede Woche einmal*
einen Lernkreis gründen	24.1.2005
Diplomarbeit mit Professor besprechen	7.2.2005
Anmeldung zum zusätzlichen Kurs an der VHS	14.1.2005

9. Tag
Warum Effizienz nicht reicht

»Das Wichtigste am ersten Schritt ist nicht die Weite, sondern die Richtung!«

Verfasser unbekannt

Die Unterscheidung zwischen wichtig und dringend ist die Entscheidung zwischen Leben und gelebt werden, zwischen Wohlstand und Armut, zwischen dem Meer an Zeit oder der Pfütze an Zeit. Im vorhergegangenen Abschnitt haben wir über Ziele gesprochen und wie sie formuliert werden müssen (messbar, machbar). Betrachten wir jetzt den Umstand, wie Ziele Ihnen in Ihrer Tagesplanung helfen können.

Das Entscheidende vorneweg: Erfolgreiche Menschen bringen ihren Tag mit wichtigen Dingen zu. Weniger erfolgreiche Menschen bringen ihren Tag mit dringenden Dingen zu. Möglicherweise fragen Sie sich: Wo ist denn da der Unterschied?

Wichtig: Dinge, die Sie Ihrem Ziel näher bringen.

Dringend: Alles, was Ihre unmittelbare Aufmerksamkeit erfordert.

Das sogenannte Eisenhower-Prinzip kombiniert die Kriterien »Wichtig« und »Dringend«, so dass vier Prioritätsklassen entstehen. Es macht Sinn, für Ihre Planung alle anstehenden Aufgaben zu analysieren und einzuordnen. So bekommen Sie eine Rangfolge, was wie abzuarbeiten ist.

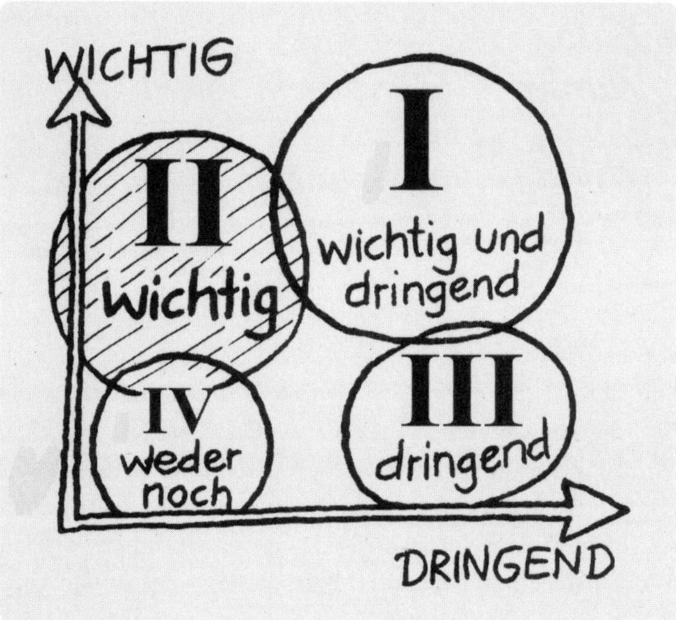

Das Eisenhower-Prinzip ist eines der wichtigsten Instrumente im Zeitmanagement.

Was mit einem Lehrer passiert, der den zweiten Quadranten nie kennengelernt hat, zeigt Ihnen die folgende Geschichte.

Folge deinem Traum

Ich habe einen Freund namens Monty Roberts, dem eine Pferderanch in San Ysidro gehört. Er ließ mich sein Haus benutzen, um Veranstaltungen zur Finanzierung von Programmen für gefährdete Jugendliche abhalten zu können.

Das letzte Mal, als ich dort war, stellte er mich vor, indem er sagte: »Ich möchte erzählen, warum ich Jack mein Haus benutzen lasse. Es geht alles auf eine Geschichte über einen jungen Mann zurück, der von Stall zu Stall zog, von Rennbahn zu Rennbahn, von Farm zu Farm und von Ranch zu Ranch, um Pferde zu dressieren. So wurde die Gymnasial-Ausbildung des Jungen ständig unterbrochen. Eines Tages wurde er gebeten, eine Arbeit darüber zu schreiben, was er werden und tun wollte, wenn er älter wäre.

An diesem Abend schrieb er eine sieben Seiten lange Arbeit, die sein Ziel beschrieb, eines Tages eine Ranch zu besitzen. Er schrieb sehr ausführlich über seinen Traum und zeichnete sogar einen Plan einer zweitausend Hektar großen Pferderanch, der die Standorte aller Gebäude zeigte, der Ställe und der Bahn. Dann zeichnete er einen genauen Grundriss für ein vierhundert Quadratmeter großes Haus, das auf der Traumranch stehen sollte.

Er hängte sein Herz an das Projekt, und am nächsten Tag gab er die Arbeit seinem Lehrer ab. Zwei Tage später erhielt er sie zurück. Auf der Vorderseite war eine dicke, fette Sechs mit einer Notiz, die lautete ›Komm bitte nach der Stunde zu mir‹.

Der Junge mit dem Traum ging nach der Stunde zu dem Lehrer und fragte: ›Warum habe ich eine Sechs bekommen?‹

Der Lehrer sagte: ›Dies ist ein unrealistischer Traum für einen Jungen wie dich. Du hast kein Geld. Du stammst aus einer Wanderarbeiterfamilie. Du hast keine Reserven. Der Besitz einer Ranch kostet viel Geld. Du musst das Land kaufen. Du musst den anfänglichen Zuchtstamm bezahlen und später musst du hohe Zuchtgebühren bezahlen. Es gibt keine Möglichkeit, dass du das jemals schaffen könntest.‹ Dann fügte der Lehrer hinzu: ›Wenn du diese Arbeit mit einem realistischeren Ziel neu schreibst, werde ich die Note noch einmal überdenken.‹

Der Junge ging nach Hause und dachte darüber lange und angestrengt nach. Er fragte seinen Vater, was er tun solle. Sein Vater sagte: ›Sieh mal, Sohn, du musst das selbst entscheiden. Ich glaube aber, es ist eine sehr wichtige Entscheidung für dich.‹

Schließlich, nachdem er eine Woche damit zugebracht hatte, reichte der Junge dieselbe Arbeit ein, ohne überhaupt irgendetwas geändert zu haben. Er erklärte: ›Sie können die 6 stehen lassen, und ich kann meinen Traum behalten.‹

Monty wandte sich dann an die versammelte Gruppe und sagte: ›Ich erzähle Ihnen diese Geschichte, weil Sie in meinem Vierhundert-Quadratmeter-Haus mitten in meiner Zweitausend-Hektar-Ranch sitzen. Ich habe diese Arbeit noch immer gerahmt über meinem Kamin hängen.‹ Er fügte hinzu: ›Der beste Teil der Geschichte ist, dass vor zwei Jahren im Sommer derselbe Lehrer 30 Schulkinder für eine Woche zum Zelten auf meine Ranch brachte. Als der Lehrer ging, sagte er: ›Schau, Monty, ich sage dir jetzt etwas. Als ich dein Lehrer war, war ich so etwas wie ein Träumedieb. Während dieser Jahre habe ich vielen Kindern ihren Traum gestohlen. Glücklicherweise hattest du genug Grips, deinen nicht aufzugeben.‹

Lassen Sie niemanden Ihren Traum stehlen. Folgen Sie Ihrem Herzen, was auch geschieht.«

Der nachfolgende kleine Test soll Ihnen helfen, dringend und wichtig zu unterscheiden.

Workshop: Was ist wichtig – was ist dringend?

Ordnen Sie die Aufgaben einem der vier Quadranten der nachstehenden Matrix zu und bestimmen Sie, ob sie wichtig, dringend oder beides sind.

1. Auf meinem Tisch liegt eine Kundenreklamation, die es zu bearbeiten gilt. Das ist wichtig/dringend?
2. Im Briefkasten sind heute die neuesten Werbeangebote eingetroffen. Die Angebote gleich zu lesen, ist wichtig/dringend?
3. Ich möchte eine nahe Verwandte besuchen. Das ist wichtig/dringend?
4. Obwohl ich erst vor einer Stunde meine Mails angesehen haben, sehe ich gerade, dass schon wieder drei neue Mails in meinem Posteingang sind. Diese Mails jetzt anzuschauen, ist wichtig/dringend?
5. Meine Homepage zu überarbeiten, ist wichtig/dringend?

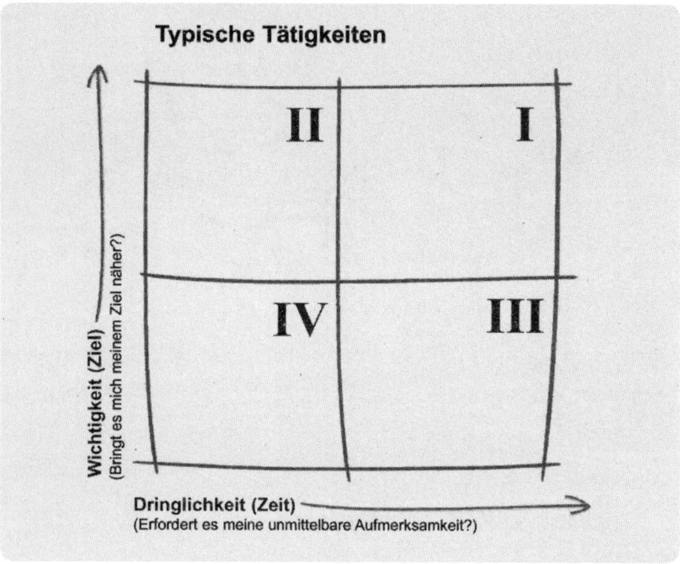

6. Bei Zahnschmerzen ist es wichtig/dringend, zum Zahnarzt zu gehen?
7. Ist es wichtig/dringend, den neuesten Film im Kino anzusehen?

Lösungsvorschläge

1. *Wichtig und dringend. Wann immer das Wort Kunde vorkommt, ist es wichtig, weil er der Einzige ist, der Rechnungen zahlt und Ihr Unternehmen am Leben erhält. Hat dieser Kunde eine Reklamation, dann ist es zusätzlich auch noch dringend.*
2. *Weder noch. (Was in der Werbung steht, bringt Sie nicht wirklich weiter.)*
3. *Wichtig. Freundschaften und Beziehungen müssen gepflegt werden, aber auf einen Tag hin oder her kommt es dabei nicht an.*

4. *Wichtig aber nicht dringend. Es reicht im Normalfall durchaus, wenn Sie einmal am Tag Ihre Mails bearbeiten.*
5. *Wichtig. Die Homepage von Zeit zu Zeit zu aktualisieren und zu überarbeiten ist wichtig, dringend ist dies jedoch nicht.*
6. *Wichtig und dringend. Wer Zahnschmerzen hat, wird nicht an seinen Zielen arbeiten – insofern ist es wichtig. Dass es dringend ist, versteht sich von selbst.*
7. *Weder noch. Wenn Sie nicht gerade Regisseur oder Filmemacher sind, bringt Sie der neueste Spielfilm nicht weiter, somit ist dies nicht wichtig und nicht dringend.*

Und so sieht die Lösung in grafischer Form aus:

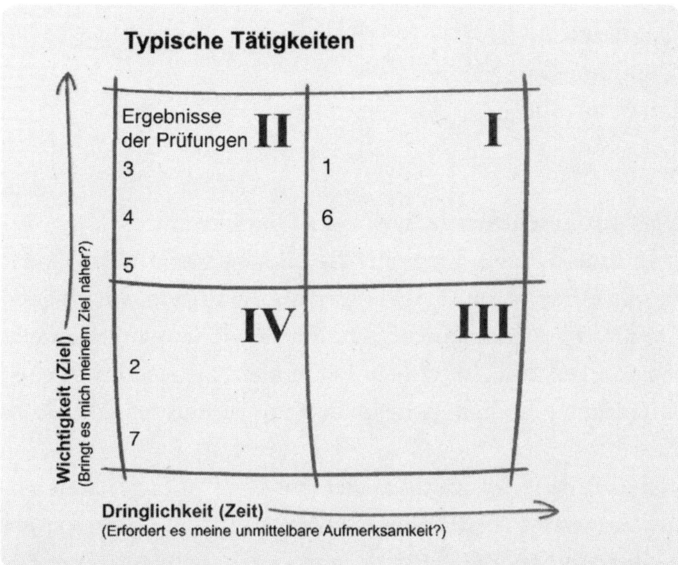

Folgende fünf Tätigkeiten aus meinem eigenen Umfeld werde ich mir für den heutigen Tag vornehmen (zum Beispiel Getränke kaufen, auf Prüfungen lernen, und so weiter):

a. ____________________

b. ____________________

c. ____________________

d. ____________________

e. ____________________

Tragen Sie diese Tätigkeiten in die vorstehende Matrix ein.

Und jetzt die entscheidende Frage: Wie viel Prozent Ihrer Zeit verbringen Sie ungefähr in welchem Quadranten?

Quadrant I: ____ %
Quadrant II: ____ %
Quadrant III: ____ %
Quadrant IV: ____ %

Was vermuten Sie: In welchem Quadranten wird der Erfolg Ihres Lebens gemacht? Es gibt hier kein richtig oder falsch. Aber: Wenn Sie weniger als 10 Prozent im zweiten Quadranten sind, leben Sie möglicherweise operative Hektik und gedankliche Windstille. Je mehr Sie sich im zweiten Quadranten aufhalten, desto geordneter und schneller läuft es.

Ein Prinzip im Zeitmanagement ist: Planungszeiten vergrößern heißt Ausführungszeiten verkürzen. Oder wie der Volksmund sagt: Gefahr erkannt, Gefahr gebannt. Also: Die

Dinge gedanklich vorwegnehmen, dann wird alles Nachfolgende einfacher.

Wahrscheinlich ist Ihnen längst bewusst, wie wichtig der zweite Quadrant ist. Dass Sie trotzdem so wenig Zeit im zweiten Quadranten (hoch wichtig und wenig dringend) zubringen, hat vielleicht mit den folgenden Ausreden zu tun:

Ich will ja eigentlich etwas ändern, aber ich kann nicht, denn …

- ich möchte mir verschiedene Möglichkeiten offenhalten.
  (Im zweiten Quadranten geht es darum, zu planen und sich festzulegen.)
- man kann sowieso nichts mehr daran ändern.
  (Im zweiten Quadranten geht es darum, verschiedenste Szenarien durchzuchecken.)
- wenn ich die momentane stressige Phase erst mal hinter mir habe, nehme ich mir Zeit, mit mir selbst ins Reine zu kommen.
  (Aha, offensichtlich keine Zeit für den zweiten Quadranten.)
- ich bin dafür zu alt.
  (Gerade der Ruhestand will sorgfältig geplant und durchdacht sein.)
- das ist mir viel zu anstrengend.
  (Ja, es ist anstrengend, aber danach werden die Dinge sehr einfach und unkompliziert. Vieles ordnet sich.)
- es ist langweilig zu wissen, wohin man geht und was als Nächstes passiert.
  (Das Leben gewinnt an Geschwindigkeit und es passieren ganz neue und aufregende Dinge.)
- wenn ich mich auf ein bestimmtes Ziel fixiere, verpasse

ich andere spannende Gelegenheiten, die vielleicht auftauchen.
(Sie haben sich auf dieses Ziel fixiert, weil es das spannendste und aufregendste ist.)

Überprüfen Sie nun selbst: Welche Entschuldigung haben Sie in den letzten Tagen benutzt?

____

____

Aufgabe für die Praxis

Gehen Sie noch einmal zurück zu den vier Quadranten, in die Sie Ihre eigenen Aktivitäten eingetragen haben. An Quadrant I können Sie wahrscheinlich wenig ändern. Mit den Aktivitäten in diesem Quadranten verdienen Sie Ihr Geld. Dies sind Ihre beruflichen und sonstigen Aktivitäten.

Den Quadranten II sollten Sie ausbauen. Einige Prozentpunkte mehr können Ihr Leben radikal verändern.

Die Quadranten III und IV sollten Sie kritisch unter die Lupe nehmen. Dort müssen die Prozente herkommen, mit denen Sie künftig Quadrant II stärken werden. Niemand sagt, dass Sie nicht fernsehen oder die Zeitung lesen dürfen. Trotzdem stellt sich die Frage: Ist es zumutbar, den Medienkonsum wenigstens ein bisschen zu reduzieren? Wenn Sie aus diesen beiden Quadranten täglich auch nur eine halbe Stunde herauslösen können, um sie in Quadrant II zu verbringen (wo Sie strategisch planen, sich weiterbilden und so weiter), gewinnt Ihr Leben entscheidend an Fahrt in die richtige Richtung. Plötzlich sitzen Sie nicht mehr auf dem Beifahrersitz, sondern haben Ihr Leben in die Hand genommen – und außerdem machen Sie die Erfahrung: Selten ist Wichtiges dringend, und selten ist Dringendes wichtig.

Folgende Tätigkeiten aus dem dritten und vierten Quadranten (siehe Übung auf Seite 136) werde ich reduzieren oder einstellen:

____

____

Folgende Tätigkeiten im zweiten Quadranten werde ich ausbauen oder neu hinzunehmen:

____

____

____

10. Tag
Prioritäten – was kommt in meiner Zeitplanung zuerst?

»Die meisten Manager wissen aus Erfahrung, dass man etwas, das man zurückstellt, damit schon aufgibt. Der zeitliche Ablauf ist ein wesentliches Element für den Erfolg jeder Anstrengung. Etwas fünf Jahre später zu machen, das man schon vor fünf Jahren hätte machen sollen, ist ein sicheres Rezept für Frustration und Misserfolg.«

Peter F. Drucker (1909), Autor, Management-Consultant und Universitätsprofessor*

Unsere Zeit ist dadurch gekennzeichnet, dass wir mehr Alternativen haben als jede Generation vor uns. Billigflieger eröffnen uns täglich neue Urlaubsziele, das virtuelle Auktionshaus eBay vergrößert die Auswahl ins Unermessliche und das Internet bringt uns die gesamte globale Vielfalt auf den Schreibtisch. Ohne Ordnungsprinzipien sind wir im Meer von Alternativen verloren, denn wenn alles gleich gültig ist, dann ist irgendwann einmal alles gleichgültig.

Seien wir realistisch: Die meisten Menschen haben keine Chance, die Fülle ihrer Aufgaben zu erledigen. Es bleibt immer etwas übrig, ein »Bodensatz« an Aktivitäten, für die die Zeit nicht mehr reicht. In diesem Kapitel möchten wir Sie mit verschiedenen Theorien bekanntmachen, die Ihnen helfen, eine Schneise zu schlagen, um Ihre Arbeit schneller und einfacher zu erledigen und damit mehr Zeit für das Wesentliche zu haben.

ABC-Analyse

Das Obstplantagen-Prinzip

Stellen Sie sich vor, Sie haben drei Obstplantagen:

- *eine, in der die Äpfel hoch hängen und grün sind,*
- *eine, in der die Äpfel reif sind und hoch hängen,*
- *eine, in der die Äpfel reif sind und niedrig hängen*

In welcher Obstplantage würden Sie zuerst ernten? Natürlich in der dritten Plantage, in welcher die Äpfel reif sind und niedrig hängen.

Wichtiges von weniger Wichtigem zu unterscheiden, ist also für den effektiven Zeitgebrauch von entscheidender Bedeutung. Die Aufgabe mit der höchsten Priorität muss an erster Stelle stehen. Prioritätensetzung heißt, sich täglich neu

A	B	C
Aufgaben, die noch heute erledigt werden müssen, weil sie dringend und wichtig sind.	Angelegenheiten, die wichtig sind, aber heute nicht erledigt werden müssen. Terminieren!	Arbeiten, die anscheinend dringend sind, aber nicht wichtig. Bleiben Sie ruhig. Delegieren? Unerledigt liegenlassen?

für das zu entscheiden, was man vor allem anderen tun will oder muss. Dazu hilft eine Einteilung in drei Kategorien. Versenken Sie die C-Aufgaben im Meer an Zeit und vergessen Sie nicht, ein Schild aufzustellen: »Angeln verboten«. Fragen Sie sich doch einfach: Habe ich das im letzten halben Jahr gebraucht, beziehungsweise hat mich jemand daran erinnert? Werde ich das im nächsten halben Jahr brauchen? Falls nein, haben Sie eine typische C-Aufgabe identifiziert.

Das 80/20-Pareto-Prinzip

Der italienische Volkswirtschaftler Vilfredo Pareto hat im 19. Jahrhundert Erstaunliches herausgefunden. Er erkannte, dass 20 Prozent der Menschen 80 Prozent des Besitzes haben. Dieser Tatbestand wurde als das 80/20-Pareto-Prinzip bekannt.

Dieses Prinzip lässt sich interessanterweise auf so gut wie alle Lebensbereiche übertragen:

- 20 Prozent der gelesenen Bücher ergeben 80 Prozent des Weiterbildungserfolges
- 20 Prozent der Teppichfläche haben 80 Prozent des Verschleißes
- 20 Prozent aller Gäste geben 80 Prozent des Trinkgeldes
- 20 Prozent der Produkte machen 80 Prozent des Umsatzes aus
- 20 Prozent der Kleider tragen wir in 80 Prozent der Zeit

Auf das Zeitmanagement übertragen bedeutet dieses Prinzip: In 20 Prozent der aufgewendeten Zeit erzielen Sie 80 Pro-

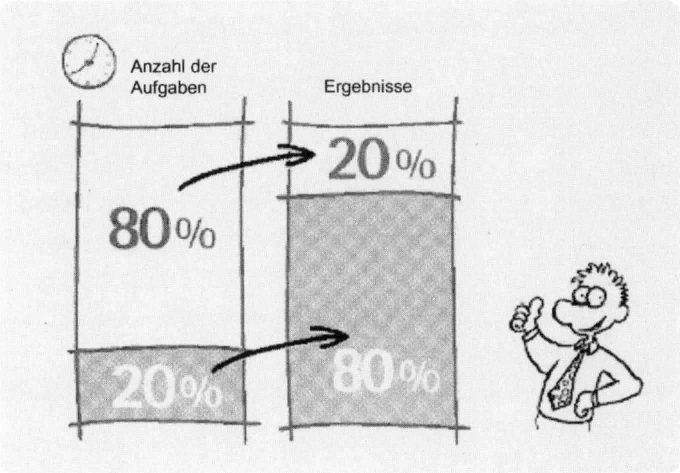

zent der Ergebnisse. Deshalb ist es so wichtig, mit der A-Aufgabe zu beginnen. Packen Sie gleich morgens den Stier bei den Hörnern (Ihre A-Aufgabe) und verschwenden Sie keine Zeit mit B- oder C-Aufgaben.

Stellen Sie sich vor: Sie haben sich zehn Aufgaben vorgenommen. Am Ende des Tages haben Sie zwei davon erledigt. Ist dies ein Grund zur Freude oder ist dies ein Grund zur Trauer? Dies ist natürlich ein Grund zur Trauer, denn Sie haben Ihr Tagesziel total verfehlt. Stellen Sie sich nun aber vor, Sie hätten sich zehn Aufgaben vorgenommen und diese der Priorität nach geordnet. Am Ende des Tages haben Sie wiederum nur zwei Aufgaben erledigt – allerdings die mit der höchsten Priorität. Ist dies ein Grund zur Freude oder ist dies ein Grund zur Trauer? Dies ist nun ein Grund zur Freude, da Sie die zwei wichtigsten A-Aufgaben an diesem Tag erledigt haben, die stellvertretend für 80 Prozent der Zielerreichung stehen.

Grundlagen der Prioritätensetzung

Im Supermarkt einkaufen, mal einen Film im Fernsehen anschauen oder Hausaufgaben betreuen – alles scheint zunächst einmal richtig und gleich wichtig. Kein Mensch kann jedoch alle ihm auferlegten Aufgaben erledigen. Deshalb hier noch einmal die Grundlagen der Prioritätensetzung:

1. Konzentration der Kräfte auf Ziele und Erfolge (80/20-Pareto-Prinzip)
   - Haupterfolgsfaktoren identifizieren (die wichtigsten 20 Prozent)

2. Aufgaben in Prioritätenklassen A, B, C einteilen.
   - die Spreu vom Weizen trennen
   - delegieren, wenn es möglich ist
   - Mut zur »Ablage P« (Papierkorb) zeigen
   - zum Beispiel: Zeitung lesen (C), Sport treiben (B)

3. Wichtigkeit und Dringlichkeit sind grundverschieden.
   Sie erinnern sich an unsere Unterscheidung? Wichtigkeit bedeutet: Es bringt mich meinem Ziel näher. Dringlichkeit bedeutet: Es erfordert meine unmittelbare Aufmerksamkeit. Wir haben beobachtet, dass Dringendes selten wichtig und das Wichtige selten dringend ist. Deshalb lautet die Vorfahrtsregel: Wichtigkeit geht vor Dringlichkeit.

4. Jeden Tag an einer langfristigen (wichtigen) Aufgabe arbeiten.
   Planen Sie neben Ihrem Tagesgeschäft (dringend und wichtig) langfristige (wichtige) Aufgaben, zum Beispiel

Bewerbung, Weiterbildung, Ausarbeiten eines Vermögensplans ein. So legen Sie bereits heute den Grundstein für Ihren Erfolg von morgen.

Pünktliche Menschen haben ihre Prioritäten im Griff. Unpünktliche Menschen sind Menschen, die sich mit B- und C-Aufgaben zumüllen lassen und oft gar nicht bemerken, dass der A-Bereich keine Chance mehr hat.

Workshop: Meine persönliche ABC-Analyse

Schauen Sie doch einmal auf Ihre To-do-Liste, die alle Tätigkeiten enthält, die Sie heute noch zu bewältigen haben. Falls Sie keine To-do-Liste führen, sammeln Sie einfach spontan auf einem Blatt Papier anstehende Aufgaben, die Ihnen einfallen. Trennen Sie nun die Spreu vom Weizen, indem Sie die Wertigkeit der einzelnen Aufgaben bestimmen und vor jede Aufgabe ein A, B oder C schreiben.

Beispiel:

A	Arztbesuch
________	______________________
________	______________________
________	______________________
________	______________________
________	______________________

Geben Sie sich mit 80-Prozent-Lösungen zufrieden

Eine andere wichtige Möglichkeit, das Pareto-Prinzip anzuwenden, sieht so aus: Die meisten von uns sind so angelegt, dass sie eine Aufgabe richtig, gründlich, sorgfältig und abschließend bearbeiten wollen. Im Prinzip nichts Falsches. Das einzige Problem: Das Ganze ist mit einem sehr hohen Zeitaufwand verbunden. Speziell, was die letzten 20 Prozent angeht.

Wenn Sie die Meinung von Herrn Pareto dazu interessiert, dann würde er wohl sagen: Erzielen Sie doch einfach mit 20 Prozent des Aufwandes 80 Prozent des Ergebnisses. Wenn Sie also mit einem 80-Prozent-Ergebnis leben können (und in den meisten Fällen ist dies völlig ausreichend), dann können Sie eine Vielzahl von Aufgaben erledigen, während andere immer noch an den letzten paar Prozent der ersten Aufgabe feilen.

Die Genauigkeitsfanatiker unter Ihnen werden sagen: Aber das ist doch nicht ausreichend. Und in vielen Fällen haben Sie Recht. Wenn es um die Bremsanlage Ihres Autos geht oder um die Reinheit des Trinkwassers, ist 100-prozentige Aufgabenerfüllung unerlässlich. Für viele andere Bereiche gilt das aber nicht. Die meisten Menschen sind doch dankbar, wenn ihre E-Mail überhaupt beantwortet wird (auch wenn die letzten 20 Prozent fehlen), wenn man mit ihnen gesprochen oder ihnen einen Termin gegeben hat, auch wenn es nicht in voller Länge sein konnte. Ist es wirklich notwendig, Unterwäsche oder Bettwäsche zu bügeln, die außer Ihnen niemand sieht? Muss beim Staubsaugen im Auto wirklich jeder Fussel entfernt werden? Selbst Herzspezia-

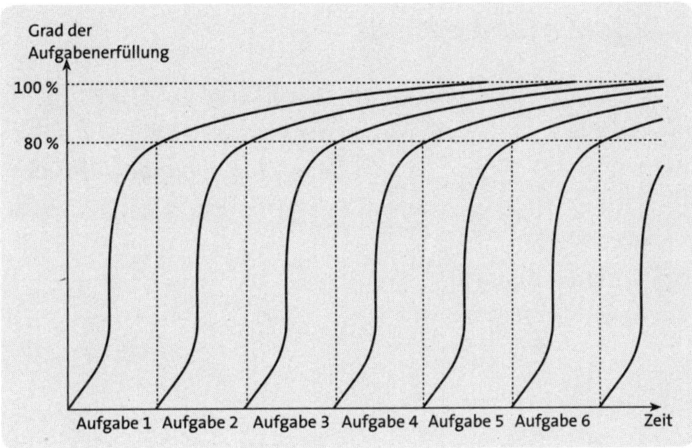

listen sagen hinter vorgehaltener Hand: Auch wir arbeiten nach Pareto. 100-Prozent-Lösungen sind vielfach gar nicht mehr finanzierbar.

Workshop: Pareto-Prinzip

Folgende zwei Aufgaben will ich zukünftig nur noch zu 80 Prozent erledigen, um Zeit zu sparen.

Beispiel:
Bettwäsche bügeln
Staubsaugen im Auto

___

___

___

Aufgabe für die Praxis

Dinge nur noch zu 80 Prozent zu erledigen, ist nicht ganz ungefährlich. Vor allem sollten Sie mit Ihrer Partnerin/Ihrem Partner vorab klären, ob sie/er damit einverstanden ist, dass bestimmte Dinge nicht mehr 100-prozentig erledigt werden.

Was will ich konkret besprechen?

11. Tag
Leben in Balance – Zeit optimal verteilen

»Der Mensch kann nicht in einem einzelnen Lebensbereich Recht tun, während er in irgendeinem anderen Unrecht tut. Das Leben ist ein unteilbares Ganzes.«

Mahatma Gandhi (1869–1948), Menschenrechts- und Unabhängigkeitskämpfer

»Work-Life-Balance« ist ein absolutes Trend-Thema – kaum eine Zeitschrift, die nicht darüber berichtet. Der Ausdruck »Work-Life-Balance« verdeutlicht die Zusammengehörigkeit von Arbeit und übrigem Leben. Wir alle wollen unsere privaten und beruflichen Ansprüche besser unter einen Hut bringen. Die aktuelle Arbeitsmarktsituation ist so, dass die

Balance von Arbeit und Leben bei vielen Menschen an Bedeutung gewinnt. Die Schere öffnet sich immer weiter: Einige Arbeitnehmer arbeiten unverhältnismäßig viel, während bei anderen der Verlust des Arbeitsplatzes die Balance empfindlich stört.

Der Verlust der Lebensbalance geschieht in der Regel schleichend und unbemerkt. Man rutscht immer mehr in eine ungesunde Verteilung hinein und stellt dann irgendwann fest, dass etwas nicht mehr stimmt. Dieses beklemmende Gefühl wird immer stärker, bis die Alarmzeichen nicht mehr zu übersehen sind: körperliche Schmerzen, emotionale Leere, Schlafstörungen und so weiter.

Nun ist jeder Mensch ein Unikat und jeder muss seine eigene Balance finden. In der Tat ist diese eigene Balance sehr stark abhängig vom Menschentyp. Während für den einen Zeitknappheit und Stress geradezu Lebenselixiere sind, sind sie für den anderen schädlich und belastend. Jeder geht mit Zeit beziehungsweise Stress anders um.

In der Literatur gibt es eine Vielzahl von Balance-Modellen. Am bekanntesten ist das von Nossrat Peseschkian, welches Körper, Familie, Beruf und Sinn kombiniert. Ein weiteres Modell von Karl Pilsl beinhaltet acht Bereiche (geistlich, geistig, körperlich, finanziell, Beruf, gesellschaftlicher Bereich, Familie und Freizeit). Auch die Individualpsychologie hat ihr eigenes Modell. Wir gehen in diesem Buch einen etwas anderen Weg.

Workshop: Mein persönliches Balance-Modell

Weil Menschen verschieden sind, bitten wir Sie, selbst zu bestimmen, welches Ihre Bereiche sind. Vielleicht sind es vier, vielleicht sind es zehn. Das nächste Schaubild gibt Ihnen einen Überblick über mögliche Bereiche.

Setzen Sie im folgenden Balance-Modell einfach ein, was für Sie richtig und wichtig ist. Sie können maximal zwölf Punkte nennen.

Nehmen Sie jetzt Ihr »Balance-Rad« und bewerten Sie die einzelnen Bereiche. Die Note 6 ist nahe an der Radnabe und steht für eine niedrige Zielerreichung. Die Note 1 ist am Ende der einzelnen Speichen und steht für eine sehr hohe Zielerreichung. Denken Sie kurz über jeden Bereich nach und setzen Sie jeweils an der Stelle einen Punkt, von der Sie glauben, dass sie Ihre gegenwärtige Zielerreichung markiert. Verbinden Sie jetzt die Punkte untereinander. Sie erhalten ein interessantes Radar-Chart, das Ihnen zeigt, ob Ihr »Lebensrad« rund oder mit einer Unwucht läuft.

Das veranschaulicht noch einmal: Sich beispielsweise auf Arbeit oder Fitness zu konzentrieren, ist im Normalfall richtig. Falsch wird es in dem Moment, wo es dazu führt, dass wir andere Dinge völlig ausblenden.

Die Zeitgutscheine

Es war einmal ein Mann, der sich durch nichts von seinen Mitmenschen unterschied. Wie die meisten lebte er mehr oder weniger gedankenlos vor sich hin. Eines Tages aber sprach ihn ein Unbekannter an und fragte, ob er »Zeitgut-

Körper/Gesundheit/Ich
- Ernährung
- Freizeit, Entspannung
- Urlaub
- Selbstmanagement
- Selbstannahme
- Fitness

Sinn
- Spiritualität
- Selbstverwirklichung
- Zukunftsfragen
- Freundschaften
- Umwelt
- Philosophie
- Kirchliches Engagement

Familie/Kontakt
- Freunde
- Zuwendung
- Ehrenamtliche Tätigkeiten
- Freundschaften
- Beziehungen
- Nachbarschaft
- Ehe und Partnerschaft
- Sexualität
- Kinder
- Eltern

Beruf
- Geld und Finanzen
- Erfolg
- Karriere
- Vermögen
- Vorgesetzte
- Mitarbeiter
- Ziele, Träume

scheine« wolle. Weil der Mann gerade nichts zu tun hatte und ohnehin eine gewisse Langeweile verspürte, ließ er sich auf ein Gespräch ein und wollte wissen, was denn diese Zeitgutscheine seien. Statt einer Antwort zog der Unbekannte ein Bündel verschieden großer Scheine hervor, die wie Banknoten und doch ganz anders aussahen: »Diese Scheine stehen für deine Lebenszeit«, erklärte der geheimnisvolle Fremde kurz. »Wenn du alle Gutscheine angelegt hast, ist es Zeit zu sterben.«

Bevor der überraschte Mann eine Frage stellen konnte, war der andere verschwunden. Neugierig und erstaunt blätterte der Alleingelassene in dem Bündel. Zuerst kam ihm der Gedanke, die genaue Dauer seines Lebens zu errechnen. Ihn schauderte, als er die Zahl der Jahre und Tage in messbarer Form vor sich hatte. Dann begann er, eine Einteilung zu überlegen, und bildete kleine Stapel von Scheinen ent-

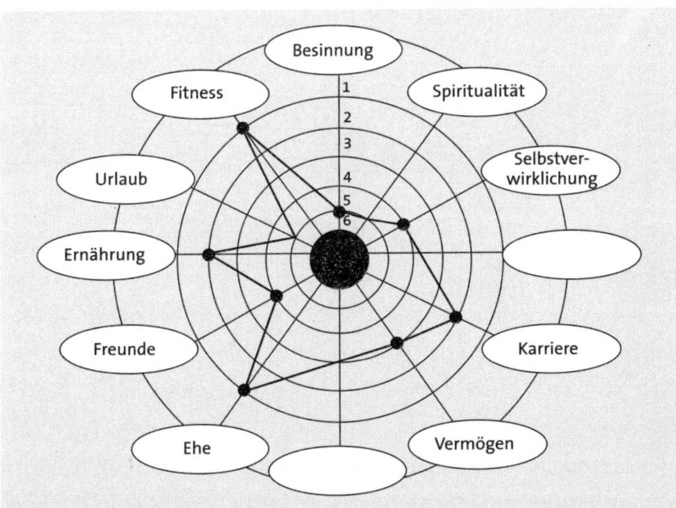

sprechend seinen Absichten. Zwar wollte er für Kegelabend und Fernsehen eine große Zahl von Stundenscheinen bereitlegen, musste aber zu seinem Bedauern bald feststellen, dass allein durch Essen und Schlafen eine unglaubliche Menge von vornherein gebunden war.

Tagelang war er damit beschäftigt, seine Zuwendungen an Lebenszeit immer neu zusammenzustellen, um sie bestmöglich zu nutzen. Jedes Mal, wenn jemand ihn dabei störte oder gar etwas von ihm wollte, sah er im Geiste einen seiner kostbaren Scheine verlorengehen und sagte »Nein«. Seine Zeit hatte er nicht zu verschenken!

So wachte er eifersüchtig und geizig über die Gutscheine. Als ihm endlich eine perfekte Widmung der Stunden, Tage und Jahre gelungen zu sein schien, war plötzlich der Unbekannte wieder da. Ob er denn von Sinnen sei, fragte er, nahm einen der Scheine, drehte ihn um und hielt ihn dem erstaunten Mann vor die Augen. Zum ersten Mal entdeckte dieser einen Hinweis auf der Rückseite, dass die Zeitgutscheine nicht nur für Vordergründiges wie Fernsehen, Filzpantoffeln, Faulenzen und Flaschenbier verwendet werden können. Sondern auch zur Lösung der Sinnfrage. Der Fremde mahnte: Wer diesen Bereich nicht berücksichtige, verspiele sein Leben. In der Tat, diesen Bereich hatte der Mann völlig vergessen. Aber da war der Fremde auch schon wieder verschwunden.

Der Mann war erneut allein mit einem erregenden Geheimnis – auf welche Weise war der begrenzte Schatz an Zeit in grenzenlose Ewigkeit zu verwandeln?

Der moderne Mensch vergisst sehr leicht den Bereich Sinn und Spiritualität. Wer sich jedoch das Meer an Zeit erschließen will, sollte gerade an dieser Stelle großzügig investieren. Die Dividende ist phänomenal. Wir kommen darauf im Abschnitt »Zeit veredeln durch Sinn« (Seite 310) zurück.

Aufgabe für die Praxis

Wie sieht Ihr persönliches Rad aus? Hat es einige robuste Speichen, sieht aber in anderen Bereich recht mager aus und zeigt Unwuchten? Sie können versuchen, diese mageren Abschnitte zu stärken, beziehungsweise Ihr Rad auszuwuchten. Markieren Sie zwei Bereiche, die Sie gerne verbessern möchten und verpflichten Sie sich:

Ich werde Folgendes tun:

1. ______________________________

2. ______________________________

Es ist sinnvoll, dieses Balance-Rad einmal im Jahr neu zu zeichnen. Verschlechtern sich die Dinge, oder sind Sie auf dem Weg der Besserung?

12. Tag
Gewohnheiten entwickeln – Zeit gewinnen

»Nicht die Vernunft ist Richtschnur des Lebens, sondern die Gewohnheit.«

David Hume (1711–1776), schottischer Philosoph, Historiker und Nationalökonom

Wer ein hohes Arbeitspensum schaffen will, braucht Gewohnheiten und Rituale. Sie suchen Beispiele für sich selber? Die Tasse Kaffee gleich morgens nach dem Aufstehen, die Art, wie Sie sich die Zähne putzen, das Radiohören auf der Fahrt zur Arbeit und die Tagesschau am Abend, all dies sind Gewohnheiten. Auch Leistungssportler wie Michael Schumacher und Schriftsteller wie Günter Grass, sie alle haben einen strukturierten Tagesplan. Gewohnheiten sind das Gerüst unseres Lebens. Deshalb haben diese Gewohnheiten Macht, ungeheure Macht. Wer also anfängt, über Gewohnheiten nachzudenken, diese zu entwickeln und einzuüben, macht sich diese Macht zunutze.

Sich neue, positive Gewohnheiten anzueignen, ist keinesfalls ein leichtes Unterfangen. Noch schwieriger ist es, alte, schlechte Gewohnheiten loszuwerden. Denn:

Gesagt ist noch nicht gehört.
Gehört ist noch nicht verstanden.
Verstanden ist noch nicht einverstanden.

Einverstanden ist noch nicht getan.
Einmal getan ist noch nicht mehrfach getan.
Und bis zur Gewohnheit ist es noch ein langer
und weiter Weg.

Gerade gute Gewohnheiten und Rituale helfen, das Meer an Zeit zu erschließen. Lassen Sie uns einige solcher Gewohnheiten aufzählen.

Gewohnheit 1: Einmal am Tag zehn Minuten Planung

Wer am Abend vorher zehn Minuten investiert, um den nächsten Tag zu planen, gewinnt eine Stunde. (Wie es exakt geht, erklären wir auf Seite 194.)

Gewohnheit 2: Rituale entwickeln

Der bekannte »Jour fixe«, also ein wiederkehrender Termin, an dem eine bestimmte Aufgabe erledigt wird, ist hilfreich und zeitsparend. Natürlich besteht immer auch die Gefahr, in Ritualen zu erstarren. Aber erst einmal geben uns Rituale die Möglichkeit, Freiräume zu schaffen.

Kennen Sie das? Täglich gegen 12.30 Uhr bekommen Sie Hunger, ohne auf die Uhr geschaut zu haben. Sie legen den Schlüssel immer an dieselbe Stelle. Einkäufe werden an einem bestimmten Wochentag und zu einer bestimmten Uhrzeit erledigt. Der allmorgendliche Griff zur Zeitung – alles hat seine feste Gewohnheit.

Neue effektive Rituale können Ihr Leben einfacher und interessanter gestalten. Nehmen Sie sich zum Beispiel jeden

Samstag von 11 Uhr bis 13 Uhr Zeit für Ihre Kinder oder gehen Sie beispielsweise jeden Donnerstagabend mit Ihrer Frau essen. Sie könnten aber auch Dienstag und Samstag für sich als Fitness-Tag einrichten.

Gewohnheit 3: Checklisten anlegen

Um Handlungen nicht immer wieder neu überlegen zu müssen, ist es sinnvoll, für wiederkehrende Tätigkeiten eine eigene Checkliste anzulegen. Mit geringem Aufwand hat man dann ein Maximum an Sicherheit, nichts zu vergessen. Zum Beispiel eine Reisecheckliste (was alles eingepackt werden muss), eine Checkliste dafür, was zu beachten ist, wenn man vor der Sommerpause das Büro verlässt, und so weiter.

Gewohnheit 4: To-do-Listen und Zeitplanbuch

Wann immer Sie warten müssen, eine Minute des Nachdenkens haben, weil etwas nicht weitergeht – setzen Sie sich nicht unter Stress, sondern nehmen Sie Ihre To-do-Liste oder Ihr Zeitplanbuch zur Hand. Schreiben Sie auf, was noch erledigt werden muss und streichen Sie, was schon getan wurde.

Gewohnheit 5: Das Schriftlichkeitsprinzip

Machen Sie eine feste Gewohnheit daraus, Dinge, die Sie denken, auch gleich schriftlich festzuhalten, dazu gehören besonders Ziele im privaten und beruflichen Bereich. Nicht nur, weil Schriftlichkeit zu gedanklicher Klarheit zwingt, sondern auch wegen der Erkenntnis: Wer seine Ziele schwarz auf weiß im Blick hat, hat bessere Chancen, sie einmal zu erreichen.

Gewohnheit 6: Bewegung

Tägliche Bewegung an der frischen Luft beugt Krankheiten und Unwohlsein vor. Der Mensch ist so geschaffen, dass er 15 km am Tag gehen sollte. De facto jedoch gehen die meisten Menschen 500 Meter bis 1 km pro Tag. Also nicht Fahrstuhl und Liegestuhl, sondern Treppensteigen und Spazierengehen. Zum Bäcker nicht mit dem Auto, sondern mit dem Fahrrad fahren. Ein Nebeneffekt: hohe Fitness und eine rege Tätigkeit bis ins hohe Alter.

Gewohnheit 7: Gezielte Mediennutzung

Es ist nicht gleichgültig, was wir denken. Gewohnheiten entwickeln heißt zuerst einmal, sich klarzumachen, welche Gedanken – sprich: Fernsehprogramme, Filme, Internetseiten – wir an uns heranlassen und welche nicht. Gezielte Mediennutzung heißt, sich vorher zu überlegen, was man lesen oder welche Sendung man sehen will. (Oder auch wo man wegsehen will.) Nach der Sendung sofort ausschalten und nicht dranbleiben, um zu sehen, was noch kommt!

Bevor neue Gewohnheiten Fuß fassen können und uns das Meer an Zeit erschließen, gilt es, sie einzuüben. Hier drei Tipps:

Drei Schlüssel zum Erwerb neuer Gewohnheiten

1. Beginnen Sie mit der neuen Gewohnheit so intensiv wie möglich. Es hilft, die Änderung öffentlich anzukündigen. Das setzt Sie unter Druck. Tun Sie alles, um der Versuchung zu widerstehen, in das alte Fahrwasser zurück zu geraten. Jeder Tag, an dem ein Rückfall vermieden werden kann, vergrößert die Chancen, dass die neue Gewohnheit Wurzeln schlägt.

2. Ergreifen Sie die erstmögliche Chance, Ihren Vorsatz durchzuführen. Also die Dinge nicht auf die lange Bank schieben. Tun Sie es gleich, tun Sie es jetzt. So haben Sie eine Chance, dass der lange Weg vom ersten Mal Tun bis zur Gewohnheit erfolgreich beschritten wird.

3. Lassen Sie nie eine Ausnahme zu, solange die Gewohnheit nicht festen Fuß gefasst hat. Der Satz »Einmal ist keinmal« ist sehr trügerisch. Man kann sich das einreden, aber letztlich zählt das eine Mal eben doch. Je öfter wir solche Ausnahmen zulassen, desto schwieriger ist es, wieder Kontrolle über die Situation zu gewinnen. »Gewohnheit« hängt nicht umsonst mit »Wohnen« zusammen.

Wie lange dauert es, neue Gewohnheiten zu entwickeln?

Einfache Gewohnheiten, an die man täglich erinnert wird, fassen in etwa vier Wochen Fuß. Hat man einmal über vier Wochen jeden Tag die Willenskraft aufgebracht, ist das neue

Verhaltensmuster erlernt. Sehr viel länger dauert es, wenn es beispielsweise darum geht, positiv, optimistisch und proaktiv zu leben. Dies einzuüben wird sicher ein Jahr dauern (eine Vielzahl von Übungen dazu gibt es in unserem Buch *Dem Leben Richtung geben. In drei Schritten zu einer selbstbestimmten Zukunft*).

Gewohnheiten durch bessere Gewohnheiten ersetzen

Die Kraft der Gewohnheiten haben wir nun ausführlich dargestellt. Richtig ist aber auch, dass man solche Gewohnheiten hin und wieder hinterfragen muss. Im betrieblichen Umfeld nennt man das den »kontinuierlichen Verbesserungsprozess (KVP)« oder den »permanenten Optimierungsprozess (POP)«. Auch eine Checkliste, die Sie benutzt haben, sollten Sie am Ende eines Prozesses wieder überarbeiten. Hinzugekommene Punkte müssen eingefügt und alte Punkte möglicherweise geändert oder weggelassen werden.

Was passieren kann, wenn man seine Gewohnheiten nicht von Zeit zu Zeit überdenkt, zeigt die folgende Geschichte:

Spurweite

Für Züge in den USA gilt die standardisierte Spurweite (Abstand der Schienen) von 4 Fuß und 8,5 Zoll. Warum wurde diese Spurweite gewählt? Weil die ersten Zuggleise in den USA von denselben Leuten gebaut wurden, die auch den Vorgänger des Zuges, die Trambahn in England bauten.

Die Menschen, die Trambahnen zusammenschraubten, benutzten dafür die Spannvorrichtungen und die Werk-

zeuge, die sie schon zum Wagenbau hatten – und der Radabstand der Wagen hatte dieses Maß.

Warum hatten die Wagen diesen besonders merkwürdigen Radabstand? Römische Kriegs-(Triumph-)Wagen formten die ersten Furchen der langen Fernstraßen in England, und weil sie für das imperiale Rom hergestellt wurden, hatten alle den gleichen Radabstand. In der Zeit danach musste man sich an diesen Radabstand halten, wenn man seine Wagenräder nicht gezielt zerstören wollte. Imperiale Römische Kriegswagen waren gerade breit genug, um die Hinterteile zweier Kriegspferde unterbringen zu können.

Und die Geschichte geht noch weiter: Wenn ein Space Shuttle auf der Startrampe steht, sehen Sie zwei große Booster-Raketen, die an den Seiten des Haupttanks befestigt sind. Die Ingenieure, die diese Raketen entworfen haben, hätten sie lieber etwas dicker gemacht – doch sie mussten mit dem Zug aus der Fabrik zur Startrampe transportiert werden. Der Zug zur Rampe muss jedoch auf seinem Weg durch die Berge einen Tunnel durchfahren. Die Raketen müssen durch diesen Tunnel passen, der ist kaum breiter als die Zuggleise und diese sind kaum breiter als die Hinterteile zweier Pferde.

Also: Die Größe eines wichtigen technischen Elements, wie des Space Shuttles, welches wohl eines der fortgeschrittensten Transportmittel der Welt ist, wurde vor über 2000 Jahren durch die Breite eines Pferdehinterns festgelegt.

nach einer Idee von Günther Perterini

Workshop: Wie kann ich meine Gewohnheiten ändern?

In diesem Workshop werden Sie sich klarmachen, wie Sie eine Gewohnheit in Ihrem Leben verändern. Die folgende Übersicht zeigt, in welchen Phasen eine solche Veränderung abläuft:

1. Phase: Ich gehe meinen alltäglichen Weg. Plötzlich kommt da ein großes Loch.

»Ahhh!« Ich bin hineingefallen. Ich tobe und gebe dem Schicksal die Schuld für das große Unglück. Ich brauche sehr lange, um aus dem Loch herauszukommen.

Zunächst nimmt man Gegebenheiten nur unbewusst wahr. Man erkennt nur langsam das Unglück und schreibt der Situation und den Mitmenschen die Schuld daran zu. Das eigene Potenzial sieht man in dieser Phase noch nicht.

2. Phase: Ich gehe den gleichen Weg entlang. Da kommt dieses große Loch.

»Ahhh!« Ich bin wieder hineingefallen. Ich tobe wieder und sehe mein Umfeld, meine Mitmenschen und die Situation als Schuldige. Diesmal dauert es jedoch nicht ganz so lange, bis ich wieder draußen bin.

3. Phase: Ich gehe den gleichen Weg entlang. Da kommt wieder dieses große Loch.

»Ahhh!« Diesmal bin ich aus Gewohnheit hineingefallen. Diesmal kenne ich den Schuldigen ganz genau. Ich bin der Verantwortliche.

4. Phase: Ich gehe den gleichen Weg entlang. Ich sehe wieder dieses große Loch.

Ich nehme mir fest vor, diesmal wird es anders laufen. Ich reiße mich zusammen und gehe mit Mühe am Loch vorbei.

Nun haben Sie verstanden, wo der Fehler liegt, und gehen dieser Situation aus dem Weg. Aber erinnern Sie sich: Einmal getan ist noch nicht mehrfach getan und mehrfach getan ist noch lange keine »Gewohnheit«.

5. Phase: Ich gehe endlich einen anderen Weg und es fällt mir nicht schwer.

Erst in der letzten Phase (das letzte Fünftel des Gesamtprozesses) gehen Sie ohne Anstrengung einen anderen Weg, den Weg zum Meer an Zeit.
Gibt es in Ihrem Leben ein großes Loch, in das Sie ständig hineinfallen? Können Sie es beschreiben?

- Um was für ein Loch handelt es sich?
- Wer ist schuld an meiner Misere?

- Was muss ich üben, um künftig an diesem Loch vorbeizugehen?
- Wo stehe ich heute? Immer noch in Phase 1 oder schon in Phase 2 oder 3?

Situation:

___

Wie könnten jetzt meine Phasen der Veränderung aussehen?

Phase 1:

___

___

Phase 2:

___

___

Phase 3:

___

___

Phase 4:

___

___

Bisher habe ich die Dinge verändert oder optimiert. Wenn ich mich jetzt einmal frage: Was will ich grundsätzlich anders machen, um Veränderung hinzukriegen, wie lautet meine Antwort?

Phase 5: Mein neuer Weg:

____

____

Aufgabe für die Praxis

Von welchen negativen Gewohnheiten will ich mich trennen?

1. ______________________________

2. ______________________________

Welche Gewohnheiten will ich mir neu zulegen?

(In diesem Kapitel wurden bereits sieben wünschenswerte Gewohnheiten genannt. Vielleicht ist es ja eine davon.)

1. ______________________________

2. ______________________________

13. Tag
Informationsflut bewältigen

»Gebraucht die Zeit, sie geht so schnell von hinnen,
doch Ordnung lehrt euch Zeit gewinnen.«

Johann Wolfgang von Goethe
(1749–1832), Dichter

Der Volksmund sagt: »Wer Ordnung hält, ist nur zu faul zum Suchen!« Ein gefährlicher Satz, denn wir alle wissen: Nur das Genie beherrscht das Chaos. Die Forschung ist an dieser Stelle glasklar: Leertischler sind erfolgreicher als Volltischler. Leertischler heißt, der Schreibtisch ist leer beziehungsweise nur die aktuell benötigten Unterlagen finden sich darauf. Volltischler haben das Motto: Im Urlaub fahr ich an die See, denn Berge habe ich das ganze Jahr auf meinem Schreibtisch.

Bevor wir uns den einzelnen Regeln und Ordnungsprinzipien zuwenden, schauen wir uns an einem Beispiel an, wie stark die Informationsflut in den vergangenen Jahren angeschwollen ist:

Kurt im Jahr 1985

Kurt sitzt an seinem Schreibtisch und muss sich Gedanken über seine Seminararbeit machen. Er entschließt sich, für die Recherche die lokale Bibliothek aufzusuchen. Dort angekommen, macht er sich umgehend auf Literatursuche. Er findet 23 Bücher in deutsch und englisch sowie 36 Fachartikel, die für seine Seminararbeit relevant sind.

Kurt im Jahr 2005

Kurt – offenbar ein ewiger Student – muss eine Seminararbeit schreiben, aber es ist draußen schönes Wetter. So entschließt er sich, kurzerhand sein Notebook einzupacken und die Recherche in den Park auf die grüne Wiese zu verlagern. Im Park angekommen, steckt Kurt seine Funkkarte in den Computer, geht drahtlos ins Internet und beginnt mit der Recherche. Er gibt das Thema seiner Arbeit bei der Suchmaschine Google ein und stößt auf 10 600 Treffer. Kurt staunt nicht schlecht und erinnert sich an 1985, wo es gerade mal 23 Bücher waren. Er fragt sich, wie er diese Informationsflut bewältigen soll.

Diese Geschichte zeigt sehr schön den Wandel der Zeit. Alles ist schneller geworden, doch auch die Komplexität hat sich erhöht.

Machen Sie sich deshalb auf den Weg, komplexe Informationssysteme wieder zu vereinfachen. Dabei helfen Ihnen die folgenden Regeln:

1. Startschuss für einen leeren Schreibtisch

Ganz egal, wie beladen Ihr Schreibtisch ist, es gibt eine Lösung, die maximal zwei bis drei Stunden in Anspruch nimmt. Die Spielregeln des Sortierens Ihrer Papiere sind einfach: Sie nehmen in schneller Folge jedes Stück einmal (!) in die Hand. Verboten ist, dass Sie sofort etwas erledigen. Jetzt wird ausschließlich entschieden und da gibt es nur drei Möglichkeiten:

a) Das Papier vernichten (Motto: Kleiner Schreibtisch, großer Papierkorb). Wenn Sie unsicher sind, ist die Entscheidung bereits gefallen: rein in den Papierkorb. Natürlich wissen wir: Es ist nicht ungewöhnlich, dass genau das, was Sie heute wegwerfen, morgen dringend von Ihnen gebraucht wird. Man nennt das Murphys Gesetz (»Wenn etwas schiefgehen kann, geht es auch schief«). Trotzdem war Ihre Entscheidung richtig! In aller Regel ist es einfacher, etwas wiederzubeschaffen oder zu organisieren. Denken Sie bitte daran, wie viele Papiere Sie am selben Tag weggeworfen haben, die Sie tatsächlich nie wieder brauchen werden.

b) Das Papier aufheben, denn Sie brauchen diese Unterlagen noch. (Zum Beispiel Rechnungen, Vertragsunterlagen, Kochrezepte oder was auch immer.) Dann kommen sie in die entsprechende Ablage. Möglicherweise können Sie das eine oder andere auch weiterdelegieren (gelbes Post-it).

c) Das Papier bearbeiten, denn es handelt sich um Dinge, die von Ihnen erledigt werden müssen. Das ist der übrig gebliebene harte Kern. Es ist aber in aller Regel eine sehr bescheidene Anzahl von Vorgängen. Diese A-Vorgänge liegen jetzt auf einem Stapel und können gezielt angegangen werden.

Was für ein Gefühl: Potenzielle Bomben sind entschärft. Nichts wird mehr unkontrolliert hochgehen und Sie möglicherweise umhauen. Sie haben jetzt alles im Griff.

2. Optimierung des Schreibtisches

a) Der Schreibtisch und die Schränke werden aufgeräumt. Sehen Sie eine Arbeit erst dann als erledigt an, wenn der Schreibtisch wieder in den alten Zustand zurückgebracht wurde.

b) Es wird ein Standard definiert. Das könnte heißen, dass nach Beendigung der Arbeit auf dem Tisch nur Tastatur, ein Briefkorb, Monitor und Schreibtischunterlage liegen dürfen. Legen Sie in Ihre unmittelbare Reichweite (greifbar ohne aufzustehen) die Sachen, welche Sie täglich verwenden müssen. Gegenstände, die Sie nur einmal im Monat oder sogar seltener verwenden, sollten außerhalb Ihrer unmittelbaren Reichweite liegen. So bleibt die Ordnung an Ihrem Schreibtisch erhalten. Checklisten, was wo hingehört, sind hier sehr hilfreich.

c) Jetzt wird der Schreibtisch weiter optimiert. Überlegen Sie sich, was besser laufen könnte. Sollte der Drucker in einem anderen Zimmer stehen oder muss er es sogar? Solche Fragen können Sie nun lösen.

Wenn Sie Ihre Arbeitsmittel (Stifte, Büroklammern) auf das reduzieren, was Sie wirklich brauchen, wird das Leben sehr viel einfacher. Wenn Sie jetzt noch Schubladen und Schranktüren öffnen und alles beseitigen, was veraltet ist oder nicht mehr funktioniert, dann dürfte da einiges zusammenkommen. Fragen Sie sich beispielsweise einmal, ob Sie die vielen verschiedenen Kugelschreiber benötigen oder ob nicht einer reicht?

3. Hilfsmittel zum Ordnung schaffen

a) Terminset mit Einstellmappen. Die großen Büroartikel-Hersteller wie Leitz und Elba bieten eine Kunststoffbox an, die 31 Papiermappen für die Tage und 12 Mappen für die Monate hat. Diese Kunststoffbox passt ideal in den Schreibtisch. Dort findet alles Aufnahme, egal ob Sitzungseinladungen, Theaterkarten, Protokolle, Anfahrtsskizzen oder was immer. Am Anfang eines Tages ziehen Sie die entsprechende Einstellmappe heraus und haben alles, was an diesem Tag benötigt wird, griffbereit. Nie wieder in unübersichtlichen Stapeln suchen.

b) Mit Sichtbüchern Ordnung halten. Ein Sichtbuch oder auch Folienordner ist eine Mappe, die 10, 20 oder 40 Aufbewahrungsfolien enthält. Auf dem Deckblatt ist Platz für ein Inhaltsverzeichnis. Mit diesem Allzweckordnungssystem können Sie nun zum Beispiel alle Ihre Listen (Telefonliste, Adressliste, Ferienplan der Kinder und so weiter) sauber ablegen.

Es kommt noch besser: Mit einem solchen Ordner bringen Sie Ordnung in das Chaos Ihrer Projekte. Jubiläumsvorbereitung, Urlaubsplanung oder was immer Sie an Projekten oder Aufgaben haben. Ob Einladungsschreiben, Restaurantreservierung, Tischschmuck und so weiter: Alles findet seinen Platz und ist mit einem Handgriff auffindbar.

c) Suchmaschinen für Dateien auf dem PC. Wenn Sie trotz guter Strukturierung auf Ihrem PC eine Datei nicht finden können, versuchen Sie es doch mal mit einer kostenlosen Suchmaschine. Diese durchsucht nach vorangegangener Indizierung den Inhalt der Dateien. Solche Programme gibt es kostenlos von verschiedenen Programmierern und sind im Internet downloadbar: Google Desktop Search, Wilbur, X-Friend oder Copernic – nie wieder mühsames Suchen einer Adresse, eines Briefes oder Ähnlichem.

4. E-Mails

Wenn Sie nur zwei bis drei E-Mails am Tag bekommen, können Sie diesen Abschnitt getrost überfliegen. Allerdings: Wenn täglich 50 E-Mails in Ihrem Eingangsordner landen, dann herrscht Handlungsbedarf. Schließlich soll die E-Post nicht zum Stressfaktor werden. Das Marktforschungsinstitut RoperASW hat bei einer Studie unter rund 600 Angestellten entdeckt, dass 68 Prozent der Mitarbeiter täglich bis zu einer Stunde Arbeitszeit mit E-Mails verbringen. Experten sagen, dass die Anzahl der E-Mail-Newsletter, die Sie heute erreichen, nur fünf Prozent dessen sind, was Sie in fünf Jahren erreichen wird. Hier einige Tipps:

a) Einmal täglich Mails lesen. Öffnen Sie Ihr Mailprogramm nur einmal am Tag, so werden Sie nicht ständig von neuen Mails abgelenkt. Wichtiges und Kleinigkeiten erledigen Sie dann. Antworten Sie knapp und nutzen Sie die automatische Signatur für eine feste Grußformel, aber auch für immer wieder auftauchende Textbausteine. Das spart Zeit.

b) Unwichtiges sofort löschen. Ihr bester Freund ist der elektronische Papierkorb: Löschen Sie alles, was laut Absender und Betreff unwichtig erscheint. Legen Sie eine Ordnerstruktur nach Sachgebieten an: Schule, Verein, Werbung.

c) Nachrichtenfilter aktivieren. So werden einkommende E-Mails automatisch in das richtige Verzeichnis gelegt. Hier ließe sich die Ordnerstruktur Ihres Regals übernehmen. Beispiel: Newsletter, Rechnungen, Schule, Betrieb und so weiter. Der Vorteil ist: So können Sie diese am Stück abarbeiten.

d) Sich vor der Spamflut schützen. Geben Sie im Internet nie Ihre offizielle Adresse an. Legen Sie sich eine zweite, kostenlose E-Mail-Adresse (wichtig: mit Spamfilter!) zu. Checken Sie alle drei Tage, ob dort versehentlich wichtige Post gelandet ist.

5. Wie man mit Zeitschriften fertigwird

Wenn Ihnen eine Zeitschrift auf den Tisch kommt, dürfen Sie einen Fehler nicht machen, nämlich anfangen, darin zu blättern. In diesem Moment haben Sie bereits verloren, weil Sie ständig auf neue, interessante Dinge stoßen und die Zeit verrinnt erbarmungslos. Ihr Meer an Zeit trocknet regelrecht aus.

Wie aber dann? Ganz einfach: Zeitschriften kommen ungelesen auf einen Stapel. Sie werden grundsätzlich am Stück durchgearbeitet. Die Abarbeitung des Stapels sieht dann so aus: Sie lesen nur die Inhaltsverzeichnisse. Erscheint Ihnen dort etwas interessant, wird der Artikel herausgerissen. Haben Sie eine Zeitschrift in der Hand, in der es keinen Artikel gibt, der es wert ist, herausgerissen zu werden, bestellen Sie die Zeitschrift ab. So optimieren Sie ständig Ihre Zeitschriftenauswahl.

Wenn Sie so systematisch lesen, können Sie sich hin und

wieder auch einmal Folgendes leisten: Gehen Sie in eine Bahnhofsbuchhandlung, wenn Sie sowieso auf einen Anschlusszug warten und kaufen Sie in 10 Minuten 10 Zeitschriften. Dabei handelt es sich um Titel, die Sie bisher noch nie gekauft haben, die aber in Ihr Interessengebiet gehören. So entdecken Sie am schnellsten, welche Zeitschriften sich für ein Abo lohnen und welche nicht.

Hier noch ein Tipp, damit der Zeitschriftenstapel nicht zu hoch wird: Definieren Sie im Schrank oder Regal eine Höhe (kann auch die Unterkante Ihres Schreibtisches sein), die Ihnen ein (unsichtbares) Signal gibt. Ist die maximale Höhe der aufzubewahrenden Unterlagen erreicht, werden unten aus dem Stapel 20 oder 30 cm vernichtet. Wenn Sie nicht mehr dazukommen, auch nur die Inhaltsverzeichnisse zu lesen, dann können Sie diese Zeitschriften ungesehen vernichten. Sie werden eh nicht mehr dazu kommen.

Herausgerissene Artikel werden in aller Regel nach Themen abgeheftet (zum Beispiel Vortragsthemen, Gesundheit, Kochrezepte). Oder man leitet sie weiter, weil sie Freunde oder Geschäftskollegen betreffen. Möglicherweise sind es Ideen zur Lebensplanung, dann gehört das Ganze in die Kiste »Dreamday« (siehe Seite 218).

6. Zeit sparen durch Speed-Reading

Vor kurzem erzählte mir ein guter Freund, dass er an einem Abend zwei Bücher durchliest. Ich war höchst erstaunt. Speed-Reading (schnelles Lesen) lautet hierbei das Zauberwort. Das menschliche Gehirn denkt ungefähr 800 bis 1000 WpM (Wörter pro Minute). Beim schulischen Lesen liest man im Durchschnitt etwa 220 WpM. Dabei schweift das Gehirn ab und es fällt schwer, sich auf den Text zu konzentrieren.

Früher gab es Regeln, die das langsame und laute Lesen befürworteten. Heute aber rät die wissenschaftliche Forschung zu schnellerem Lesen, weil es rationeller und vorteilhafter ist. Das betrifft nicht nur die Zeitersparnis. Der geübte Schnellleser versteht auch mehr als der langsame Leser.

Im Folgenden einige Punkte, die Ihnen zu schnellerem Lesen verhelfen sollen:

a) Konzentration Bitte legen Sie die Füße jetzt nicht zur Entspannung auf den Tisch, sondern lassen Sie sie bewusst beide auf dem Boden. Nehmen Sie einen Bleistift in die Hand und lesen Sie so schnell wie möglich, indem Sie Zeile für Zeile durchgehen. Treiben Sie sich selbst an. Sagen Sie immer wieder die Worte »schneller, schneller, ...« Es hilft auch, wenn Sie mit dem Fuß wie ein Metronom Zeile für Zeile den Rhythmus klopfen. Das hindert Sie daran, langsamer zu werden.

b) Sitzmöbel Schauen Sie sich nach Stühlen um, die nicht zu weich sind. Sonst werden Sie leicht müde und schläfrig.

c) Fixationspunkte Der Blickwinkel unserer Augen lässt eine Spanne von circa 15–20 Buchstaben zu. Das kann geübt werden. Bewegen Sie aber bitte beim Lesen nicht den Kopf. Die Augen können das viel schneller. Bei einer 8½ Zentimeter breiten Zeile hält ein guter Leser dreimal an (drei Fixationspunkte). Hier ein Beispiel dafür:

1 2 3
Es ist be|ispielsweise den w|enigsten Leuten m|öglich,
täglich ihre
1 2 3
Zeitung vom| Anfang bis zu|m Schluss durch|zulesen.

Selbstverständlich kann man auch hier wieder das Prinzip von Effizienz und Effektivität anwenden. Die meiste Zeit wird natürlich gespart, wenn man nur die Literatur liest, die einen dann auch wirklich weiterbringt.

7. Am Ende steht das Projekt-Fest

Betrachten Sie eine Aufgabe erst dann als abgeschlossen, wenn nicht nur die Aufgabe erledigt ist, sondern der alte Ordnungszustand wiederhergestellt ist. Am Ende eines Projektes steht dann immer das »Projekt-Fest«. Das heißt: Jetzt wird alles rigoros vernichtet, was nicht mehr benötigt wird. Idealerweise werden die Unterlagen auf eine Größenordnung von 10 bis 20 Prozent zurückgeführt. Übrig bleiben noch einige Checklisten, Musterbriefe beziehungsweise was immer Sie benötigen, um ein neues Projekt dieser Art wieder erfolgreich zu starten.

Diese sieben Regeln haben Ihnen gezeigt: Ordnung zu schaffen ist ein recht anspruchsvolles Geschäft.

Workshop: Ich optimiere meinen Schreibtisch

In vorherigen Abschnitt haben Sie zwei wichtige Regeln kennengelernt, die Ihnen am Schreibtisch ein »Meer an Zeit« erschließen. Häufig ist der Schreibtisch ein großer Zeitkiller. Wir empfehlen Ihnen, jetzt die Regel 1 anzuwenden und Ihren Schreibtisch mal richtig zu entrümpeln.

Aber vielleicht bringt Ihnen die erste Regel ja gar nichts, da Ihr Schreibtisch bereits aufgeräumt ist. Gratulation! Dann bringt Sie möglicherweise die zweite Regel weiter, bei der Sie unter anderem die Anordnung Ihrer Hilfsmittel (Büroklammern, Kugelschreiber usw.) optimieren.

Ein sauberer Schreibtisch motiviert Sie zum Arbeiten, und die Arbeit geht schneller und leichter von der Hand.

Aufgabe für die Praxis

Welche der Regeln von 1 bis 7 bedeutet für mich umgesetzt den größten Hebel? Woraus würde ich jetzt den größten Nutzen ziehen?

Diese eine Sache werde ich jetzt realisieren:

______________________ bis zum (Termin) ___________

14. Tag
Zeitmanagement mit System – Papier oder Elektronik?

»Mit Computern geht alles schneller.
Es dauert nur ein wenig länger.«

Verfasser unbekannt

Eine spannende Frage ist die: Wie erschließen Sie am besten Ihr Meer an Zeit? Ist es das Zeitplansystem aus Papier oder ist es die Elektronik, die angeblich dem Papier haushoch überlegen ist? Die Antwort ist simpel: Es gibt nicht »das System«, das für alle Menschen passt. Ein Blick auf die Statistik macht es deutlich:

- 50 Prozent arbeiten mit einem Zeitplanbuch aus Papier.
- 30 Prozent arbeiten mit Elektronik, zum Beispiel einem PDA (Personal Digital Assistant).
- 20 Prozent bevorzugen einen Mix aus Papier und Elektronik, wobei diese Gruppe stark wachsend ist.

Im Ergebnis sieht es so aus: Es kommt nicht darauf an, ob Sie Papier oder Elektronik verwenden. Sie brauchen einfach ein Instrument, das Ihnen hilft, Ihre Termine, Adressen und Ziele im Blick zu behalten. In diesem Kapitel zeigen wir die Vor- und Nachteile von elektronischen Zeitplansystemen und solchen aus Papier. Achtung: Die Länge der Argumentationsliste ist nicht entscheidend. Es kommt ausschließlich

Zeitplansysteme aus Papier

Vorteile

- Keine Batterien, kein technischer Defekt möglich, daher ausfallsicher
- Relativ unempfindlich gegen Stürze und mechanische Belastung
- Quasi keine »Bedienfehler« (versehentliches Löschen/Verschieben von Dateien ...)
- Lautloses Mitschreiben
- Keine Einarbeitungszeit
- Anpassungsfähigkeit und Individualität
- Emotionale Bindung und bessere Merkbarkeit durch große und kleine Schrift, Symbolik und Farben (spricht beide Gehirnhälften an)
- Aktuelle Infoblätter (zum Beispiel Messedaten) als Zugabe
- Elektronik erzeugt bei vielen Menschen Misstrauen
- Busfahrpläne und Ähnliches können abgelegt werden

Nachteile

- Eingeschränkte Kapazität, zum Beispiel bei der Adressenspeicherung
- Keine Datensicherheit (jeder kann reinschauen)
- Gefahr des Verlierens und damit kompletter Datenverlust
- Verfügt über keine Suchfunktion
- Eintragungen nur schwer/unsauber auszubessern (zum Beispiel mit Bleistift), falls größere Korrekturen nötig sind
- Format (Tendenz: zu groß und zu dick)

Elektronische Zeitplansysteme

Vorteile

- Großer Speicher (Organisation riesiger Datenmengen, die man immer dabeihat)
- Aktuelle Flugpläne, Zugfahrpläne können auf dem Gerät gespeichert werden
- Kein Datenverlust, da mit einem Mausklick die Daten gesichert werden (Sicherungskopie)
- Einträge lassen sich nach verschiedenen Kriterien sortieren und miteinander verknüpfen (zum Beispiel Termine mit Kontakten)
- Netzwerkfähigkeit, automatischer Abgleich und das Teilen bestimmter Daten (Termine, Berichte, Adressen) mit Kollegen
- Unbegrenzter Adressspeicher
- Verschlüsselung von Daten
- Berechnungen
- Anwendungen, die über das bloße Notieren/Nachschlagen hinausgehen (Internet, E-Mail, Word Dokumente, PowerPoint-Präsentation)
- Das Gerät kann mit einem Warnsignal an Termine erinnern.

Nachteile

- Für viele Anwender, zumindest am Anfang, recht kompliziert
- Individuelle Ergänzungen in den meisten Programmen sind oft nicht möglich (neue Spalten, farbige Markierungen und Symbole)
- Das Vergleichen von Dokumenten nebeneinander ist schwierig
- Ein leerer Akku zwingt zur Auszeit
- Wesentlich mehr Benutzerfehler sowie zusätzlich eventuell Software- und Hardware-Fehler, die zu Datenverlust führen können
- Wenn Sie nur geringere Anforderungen haben, dann schießen Sie per Elektronik quasi mit Kanonen auf Spatzen.

darauf an, was Sie brauchen und was für Sie entbehrlich ist. Am Ende des Kapitels geben wir Ihnen Entscheidungshilfen, das für Sie richtige Werkzeug zu finden.

Zeitplansysteme

Herr Müller hatte verschiedene Zeitplansysteme versucht, aber alle ohne Erfolg. Als Erstes hatte er einen magnetischen Kühlschrank-Kalender. Der hielt einige Wochen, bis seine Kinder die Magneten als neue Spielzeuge entdeckten.

Als Nächstes versuchte er es mit einem kleinen Notizbuch, das ihm in einem Supermarkt aufgefallen war. Aber die Seiten waren nicht mit Datum versehen, also begann er, das Datum von Hand einzutragen. Als er gerade erst beim Februar angelangt war, fiel ihm auf, dass er sich bereits vertan hatte. Entnervt warf er das Büchlein in den Papierkorb.

Nach diesem Fiasko kam dann seine Frau mit der Rettung: dem neuesten Handheld-Modell des Marktführers. Das könnte die Antwort sein! Dieses Gerät kann einfach alles. Er musste dazu lediglich die Informationen eingeben. Aber das Eintippen machte Herrn Müller verrückt. Er kam mit der Software nicht zurecht. Zudem war das Gerät so teuer, dass er ständig Angst hatte, es zu verlieren. Als Herr Müller unseren PDA-Berater um Hilfe bat, verwendete er noch immer Post-it-Zettel und einen Notizblock.

Für unseren PDA-Berater war der Fall klar. Herr Müller war eine Person, die Dinge visualisieren musste (Mind Map), um sie zu behalten. Also empfahl er ihm einen A5-Zeitplaner aus Papier mit einem Monatsüberblick und einem Jahresplan mit einer Seite für jeden Tag. Zuerst wehrte er sich dagegen, nicht nur Termine, sondern auch Telefonanrufe, Hausarbeiten und sonstige Besorgungen einzutragen. Aber

er rang sich schließlich dazu durch. Als dann wieder Einladungen und Verpflichtungen kamen, fragte er sich jedes Mal selbst, wie lange das wohl dauern würde. Diese Zeit hielt er sich frei und setzte so Termine mit sich selbst.

Drei Wochen später war Herr Müller überwältigt von den Resultaten: »Es ist Wahnsinn, ich notiere alles in meinem Zeitplansystem und es fühlt sich so an, als hätte ich auf einmal dreimal so viel Zeit – nicht zuletzt, weil mir aufgrund der Übersicht das Neinsagen sehr viel leichter fällt.«

Workshop: Bin ich eher ein Papier- oder ein Elektroniktyp?

Die vorangegangenen Fragen können Ihnen helfen, das richtige System zu finden. Nehmen Sie sich vier bis sechs Wochen Zeit, bevor Sie sich entscheiden, welches System zu Ihnen passt. Kreuzen Sie nun an, für welche Bereiche Sie künftig welches System einsetzen wollen.

Sofern Sie sich für ein Zeitplanbuch entschieden haben, finden Sie unter folgender Adresse noch ein paar nützliche

Was trifft auf Sie zu?	Papier	Elektronik
Ich tue mich schwer im Umgang mit PC, Videorekorder und Mobiltelefon, obwohl ich es bereits mehrmals und längere Zeit versucht habe. Wenn ja, dann bleiben Sie am besten beim Papier als Hauptsystem.		
Ich muss oft mit Kollegen Daten, Adressen oder Termine abgleichen. Steigen Sie für die entsprechenden Daten (zum Beispiel Termine, Adressen) auf Elektronik um.		
Ich arbeite gerne und viel am Computer. Ich habe Spaß an einem Handheld und weiß zudem den Datenaustausch von PC und Handheld zu schätzen. Setzen Sie Ihr Kreuzchen bei Elektronik.		
Ich bin ein visuell denkender Typ, der gerne Skizzen und Symbole nutzt, mit Textmarkern arbeitet, Notizzettel nicht schnurgerade in Linien, sondern in einer Art »grafischer Informationsanordnung« beschreibt und Anmerkungen an Texte schreibt. Dann machen Sie Ihr Kreuz bei Papier.		
Welches System benutzen meine Kollegen oder Partner? Das gleiche System zu benutzen verbessert die Corporate Identity und erleichtert den Daten- und Erfahrungsaustausch.		
Wie wichtig ist der Planer für mein Auftreten vor Kunden und Partnern? Erwartet man von mir als Vertreter eines modernen IT-Unternehmens das neueste PDA-Modell (das ich dann auch hin und wieder benutzen muss) – oder würde ein Handheld eher wie ein Spielzeug oder »Überwachungsgerät« wirken?		

	Papier	Elektronik
Adressspeicher	O	O
Termine	O	O
Mehrjahresplanung	O	O
Geburtstagsliste	O	O
Ideenmanagement	O	O
Informationsblätter (Busfahrplan, Öffnungszeiten, und so weiter)	O	O

Tipps: www.tempus.de. Hier können Sie eine Reihe von Fragen beantworten und erhalten als Ergebnis das für Sie passende Zeitplanbuch. Ein guter Anbieter im elektronischen Bereich für Privatkunden ist www.widget.de.

Optimaler Mix aus Zeitplan und Handheld

Holger Wöltje, Deutschlands führender Experte für elektronisches Zeitmanagement, sagt: »Wichtig ist, dass Ihr Zeitplaner Ihre Denk- und Arbeitsweise unterstützt. Der eine kommt dabei am besten mit Papier zurecht, der andere mit Elektronik, und immer mehr Anwender entdecken eine Kombination beider Welten als die für sich optimale Lösung.« Warum trennen, was zusammengehört?

Wenn Sie sich zum Beispiel entschieden haben, Ihre Adressen mit einem Handheld zu verwalten, ist es nicht ratsam, diese Adressen auch auf Papier mit sich zu tragen. Unser

Workshop (Bin ich eher ein Papier- oder ein Elektroniktyp? Seite 182) hat bei der Trennung der Systeme (PDA und Zeitplanbuch) geholfen. Elektronik können Sie sehr gut miteinander synchronisieren: Nutzen Sie zum Beispiel im Büro den PC, aber unterwegs den PDA. Der Datenabgleich (Synchronisation) sorgt dafür, dass Änderungen automatisch richtig zwischen beiden abgeglichen werden.

Selbst wenn Sie sich für Papier entschieden haben, empfehlen wir Ihnen, die Adressen auf einem PDA zu speichern. Hier haben Sie eine nahezu unbegrenzte Speichermöglichkeit (1000 Adressen sind kein Problem). Die Wochenplanung empfehlen wir, wegen der Übersichtlichkeit, auf Papier zu gestalten. Die Erfahrung zeigt, dass man in einem Zeitplanbuch aus Papier auch viel schneller einen Termin eingetragen hat, da es hier keine Masken zum Ausfüllen gibt. Gesprächsmitschriften und Ideensammlungen (Mind Maps, Brainstorming) sollten auf Papier gemacht werden (Buchtipp: Jörg Knoblauch, Holger Wöltje: *Zeitmanagement. Perfekt organisieren mit Zeitplaner und Handheld*).

Wenn Sie Papier und einen PDA gemeinsam nutzen wollen, könnte der Weg wie folgt aussehen:

Benutzen Sie den PDA zunächst nur als Adressspeicher – je nach Ihren technischen Vorkenntnissen und wie sehr Sie sich am Computer zu Hause fühlen. Gewöhnen Sie sich zunächst einmal drei bis vier Wochen an die Benutzung dieses Gerätes, bevor Sie weitere Bereiche auf Elektronik umstellen.

Übrigens: Denken Sie daran, regelmäßig Ihre Daten zu sichern, und tragen Sie alle Adressen ab sofort nur noch in den PDA ein (oder am PC und dann synchronisieren).

Aufgabe für die Praxis

Für eine professionelle Zeitverwaltung benötigen Sie ein Zeitplanbuch oder einen PDA. Falls Sie dies noch nicht besitzen, kaufen Sie sich dieses System und beginnen Sie mit der Umstellung.

E wie Etappen

Hoffentlich haben Sie nicht das Gefühl, dass wir im Verlauf dieses Buches inzwischen das »Meer an Zeit« aus dem Blick verloren haben. Wir möchten Sie nochmal daran erinnern, dass die vergangenen Kapitel das Ziel hatten, Ihnen das nötige Handwerkszeug zu vermitteln. Matrosen beginnen ihre Ausbildung nicht auf hoher See, sondern auf dem Festland. Kadetten starten nicht auf den sieben Weltmeeren, sondern in der Offiziersschule. Wer sich die Luft der großen weiten Welt um die Nase wehen lassen will, muss sich anfangs sehr bodenständiges Wissen aneignen. Das haben Sie geschafft, dabei schon einiges in Ihren Zeitmanagement-Alltag eingebaut – und nun kann die Reise richtig losgehen.

Eine Seereise verläuft in Etappen. Jeder Abschnitt hat eigene Herausforderungen. Zwischen Sonnenaufgang und Sonnenuntergang geht es darum, eine möglichst große Strecke zurückzulegen und rechtzeitig einen sicheren Platz zum Ankern zu finden. Innerhalb einer Woche und eines Monats müssen Stopps eingeplant werden, um Wasser und Nahrung an Bord zu nehmen. Bei längeren Seereisen kommt es dann auch noch darauf an, die Jahreszeiten einzukalkulieren – Herbststürme oder zugefrorene Seestraßen können den Weg zum Reiseziel erschweren, manchmal sogar versperren.

In den folgenden Abschnitten stellen wir Ihnen die sieben Etappen des Zeitmanagements vor. Hintergrund ist die Idee der sieben Horizonte, wie sie Cay von Fournier entwickelt hat. Als Route haben wir den Weg vom Vertrauten zum Un-

bekannten gewählt. Hier bedeutet das: von der Tagesplanung zur Lebensplanung.

Bei der Lektüre, aber vor allem dann bei der Umsetzung werden Sie es jeden Tag mehr zu schätzen wissen, was Sie sich bereits an Handwerkszeug angeeignet haben. Gerade wenn man routiniert mit solchen Techniken umgeht, wenn die einzelnen »Handgriffe« des Zeitmanagements aus dem Effeff sitzen, kann man die Fahrt so richtig genießen. Und das ist ja der Anspruch, mit dem wir angetreten sind: Dass Sie neu entdecken, wie viel Zeit Sie haben und wie Sie aus diesem Zeitvorrat heraus das beste Leben leben, das Sie sich vorstellen können.

Sind Sie bereit, auf dem »Meer an Zeit« in See zu stechen? Dann setzen Sie jetzt die Segel. Der erste Tag einer Reise ist immer besonders aufregend – und unsere erste Etappe ist ja auch die Planung des einzelnen Tages.

15• Tag
1. Horizont – der Tag

»Gegenüber der Fähigkeit, die Arbeit eines einzigen Tages sinnvoll zu ordnen, ist alles andere im Leben ein Kinderspiel.«

Johann Wolfgang von Goethe
(1749–1832), Dichter

Egal, wie routiniert oder wie unbedarft jemand mit dem Thema Zeitmanagement umgeht: Am einzelnen Tag, also am Heute entscheidet sich alles. Selbst die großen Jahres- und Lebensziele, von denen später die Rede sein wird, haben doch nur den einen Zweck: die Richtung vorzugeben, was ich am heutigen Tag tun will, um diesen langfristigen Zielen näherzukommen. Der einzelne Tag ist der kleinste Horizont für Menschen, die Zeitplanung betreiben. Unbewusst blicken fast alle Menschen bis zu diesem Horizont. Auch wer wenig Ahnung hat, wie er die kommende Woche verbringen wird, hat doch morgens eine gewisse Vorstellung davon, was der Tag bringen wird. Wann man am Arbeitsplatz zu sein hat, wann man essen wird, wann man Feierabend machen kann – das scheint selbst in sehr unterschiedlichen Berufen und Lebensmodellen zumindest grob festzuliegen. Die große Kunst – an der man sein Leben lang zu üben hat – ist es, das Optimale aus den durchschnittlich 16 bis 17 Stunden herauszuholen, die man pro Tag wach ist. Wie das gelingen kann, zeigen die folgenden Techniken.

1. Planen Sie den Tag in jedem Fall schriftlich

Wie haben Sie bislang Ihren Tag geplant? Viele Menschen machen sich durchaus bewusst, welche Termine an einem Tag anstehen und welche Aufgaben sie zu erledigen haben. Jetzt kommt es darauf an, beides zu verbinden. Dafür sollten Sie sich unbedingt fünf bis zehn Minuten pro Tag Zeit nehmen. Denn nun sollten Sie auch lernen, Ihren wichtigsten Aufgaben Termine zu geben.

Die Vorteile eines schriftlichen Tagesplans sind:

- Sie legen sich zu Beginn eines Tages auf das fest, was Sie erreichen wollen, also auf das wirklich Wichtige.
- Sie kommen nach Störungen schneller wieder zu wesentlichen Tätigkeiten zurück.
- Sie entlasten Ihr Gedächtnis und arbeiten nicht mit dem beunruhigenden Gefühl, etwas Wichtiges vergessen zu haben.
- Sie können am Ende eines Tages kontrollieren, was Sie erreichen wollten und was Sie tatsächlich erreicht haben.

2. Legen Sie eine Tagespriorität fest

Als eines der nützlichsten Instrumente der Zeitplanung hat sich herausgestellt, eine Tagespriorität festzulegen. Fragen Sie sich bei der Planung: Welches ist die wichtigste Tätigkeit, die mich an diesem Tag meinen Zielen näher bringt? Sollte der Tag ansonsten auch chaotisch und gegen alle guten Planungsvorsätze verlaufen – wenn Sie diese Tagespriorität erledigen konnten, werden Sie den Tag dennoch mit einem

Gefühl innerer Befriedigung beschließen. Und erinnern Sie sich an die Unterscheidung zwischen wichtig und dringend, von der bereits die Rede war.

Für einen Verkäufer könnte eine Tagespriorität sein, sich zehn Adressen erfolgversprechender Neukunden zu beschaffen. Eine solche Tätigkeit ist fast nie dringend, für Erfolg im Vertrieb aber ungeheuer wichtig. Manchmal ist vielleicht sogar das Aufräumen des Schreibtisches eine Tagespriorität, weil das Chaos am Arbeitsplatz so viele Kräfte bindet, dass ein kreatives und effektives Arbeiten nicht mehr möglich ist. Von einem Unternehmensberater stammt der Satz: »Es ist der tägliche Kleinkrieg, der uns kleinkriegt.« Mit der Erledigung einer Tagespriorität haben Sie bereits eine wichtige »Schlacht« gewonnen! Und beachten Sie stets: Wann immer es geht, erledigen Sie die Tagespriorität am Anfang eines Arbeitstages. Dann haben Sie das Wichtigste bereits erledigt und den ersten Erfolg verbucht!

Hier noch ein Tipp: Jeder neigt dazu, unangenehme Aufgaben zu verschieben – selbst wenn sie vielleicht gar nicht viel Zeit kosten. Es kann sich um einen Anruf handeln oder die Beantwortung der Mail eines etwas schwierigen Geschäftspartners. Deshalb empfehlen wir: Erleichtern Sie Ihr Gewissen schon vor dem Mittagessen, indem Sie eine dieser unangenehmen Aufgaben auf den Vormittag legen. Es gibt Ihnen ein befreiendes Gefühl, schon in den ersten Arbeitsstunden einen solchen Stein aus dem Weg geräumt zu haben.

Der Berater

Charles Schwab, Präsident von Bethlehem Steel, beauftragte einmal einen Managementberater, ihn durch den Tag zu be-

gleiten und ihm zu raten, wie er noch effektiver arbeiten könnte. Am Ende des Tages gab ihm der Berater einen ganz einfachen Tipp:

»Erstellen Sie jeden Abend, bevor Sie nach Hause fahren, eine Liste der Dinge, die Sie am nächsten Tag erledigen wollen. Dann überlegen Sie, was am wichtigsten ist und in welcher Reihenfolge Sie die Sachen angehen wollen. Am nächsten Tag beginnen Sie mit Punkt eins. Gehen Sie nicht zu Punkt zwei über, solange Punkt eins nicht erledigt ist. Verfahren Sie so mit allen Punkten auf Ihrer Liste.«

Der Industrielle bat den Berater um die Rechnung, doch der meinte, er solle es einmal zwei Wochen lang mit diesem Vorschlag probieren und dann zahlen, was er für angemessen halte. Drei Wochen später erhielt der Berater einen Scheck über 25 000 Dollar – und das war damals eine Menge Geld.

Die Tagespriorität ist die wirksamste Medizin gegen die weit verbreitete Krankheit der »Aufschieberitis«. Die Tagespriorität verhindert, dass das Wichtigste zugunsten anderer Tätigkeiten, an denen wir vielleicht derzeit mehr Spaß haben, liegengelassen wird. Es hat sich übrigens für viele als nützlich erwiesen, die Planung des Tages schon am Vorabend vorzunehmen. Der psychologische Vorteil: Man geht mit dem Gefühl schlafen, den nächsten Tag zu »kennen« und nicht in unbekanntes Terrain hineinzustolpern. Das Unterbewusstsein stellt sich schon auf Problemlösungen ein, während Sie noch schlummern. Das ist nicht belastend, sondern befreiend – denn Sie werden in der Regel in den neuen Tag mit dem Gefühl gehen, dass sie die Herausforderungen packen können!

3. Planen Sie Zeitblöcke realistisch

Sicher kennen Sie den Domino-Effekt. Man stößt einen dieser Spielsteine um – und in einer Art Kettenreaktion fällt eine ganze Reihe von Dominosteinen zu Boden. Genau das passiert demjenigen, der morgens schon ein Minutenprogramm für den ganzen Tag festlegt. Wer keine Pufferzeiten einkalkuliert, riskiert, dass sein Tagesplan bereits durch die erste Störung – etwa ein unerwartet langes Telefonat – über den Haufen geworfen wird. Und von diesen Störungen gibt es mehr, als man denkt. Realistischerweise sollte man deshalb nicht mehr als 50, maximal 60 Prozent seiner Zeit verplanen. Und was für den Tag gilt, gilt auch für die Woche, den Monat und das Jahr. Wer auf Wochen hinaus jeden Tag streng verplant hat, kommt beispielsweise durch eine unerwartete Grippe völlig aus dem Tritt.

4. Beachten Sie Ihre Leistungskurve

»Voller Bauch studiert nicht gern«, heißt ein altes Sprichwort. Wenn sich der Körper um einen vollen Magen kümmern muss, hat er weniger Energie für den Kopf zur Verfügung. Deshalb ist es unendlich kräftezehrend, sich für die Stunde nach dem Mittagessen die Lektüre eines schwierigen Textes oder die Lösung eines kniffligen Problems vorzunehmen. Machen Sie so etwas morgens, wenn Sie frisch sind. Unsere kreativsten Stunden haben wir in der Regel zwischen 8 und 11 Uhr.

Ein Höchstmaß an Effektivität erreicht der, der sich für mindestens eine Stunde aus dem Tagesgeschäft zurückziehen kann, um sich ungestört seinen herausforderndsten Aufgaben zu widmen. Die »Stille Stunde« – von manchen auch als »Zeitoase« oder »Zeitinsel« bezeichnet – ist der Ort, wo Ideen entstehen und vorangetrieben werden, wo Konzepte entwickelt werden, wo über den Tag hinausgedacht wird und wo man einfach einmal für längere Zeit am Stück an einer Aufgabe dranbleiben kann. Bei unseren Zeitmanagement-Seminaren hören wir an dieser Stelle schnell den Einwand: »Bei uns im Betrieb geht so etwas nicht.« Wirklich nicht? Bohrt man etwas tiefer, stellt man fest: Es wurde noch nie ernsthaft probiert. Das Problem, dass man angeblich immer telefonisch erreichbar sein muss, lässt sich beispielsweise dadurch lösen, dass ein Kollege in dieser Zeit das Telefon übernimmt. Umgekehrt übernimmt man dessen Telefon, wenn er sich zu seiner »Stillen Stunde« abmeldet.

5. Setzen Sie sich Zeitlimits

Für ein und dieselbe Tätigkeit kann man wenig oder viel Zeit verbrauchen. Manche Leute laufen erst unter Stress (gemeint ist hier: Zeitknappheit) zur Hochform auf und vollbringen in einer Stunde, was andere nicht in einem halben Tag fertig kriegen. Als Dauerzustand geht das auf Kosten der Gesundheit, aber in gesunder Dosierung kann Stress eine sehr positive Wirkung auf das Leistungsvermögen haben. Nur müssen Sie sich manchmal diesen positiven Stress selber machen.

Checkliste täglich

- Tagesplan erstellen
  1. Termine vom Mehrjahreskalender übertragen
  2. Nicht erledigte Aktivitäten vom Vortrag übertragen
  3. Aufgaben von der To do-Liste übertragen (hin und wieder)

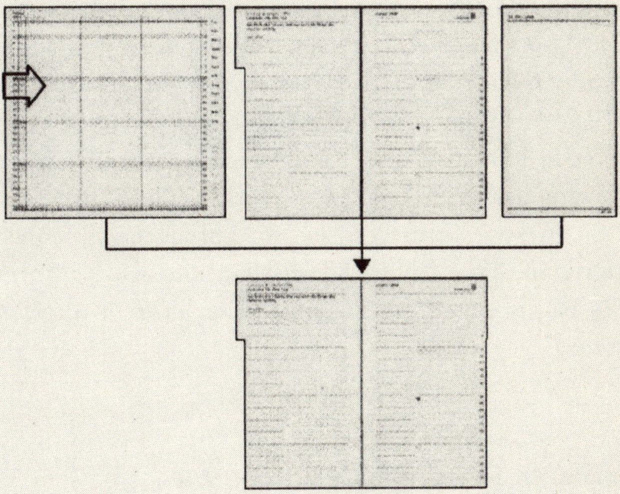

- Prüfen, ob Aufgaben von heute auch delegierbar sind
- Prioritäten festlegen
- Wem kann ich heute eine Freude machen?

Weitere persönliche »To do's« wie zum Beispiel Gang durch den Betrieb etc.

Ein Beispiel: Für den heutigen Tag haben Sie als wichtigste Aufgabe die Budgetplanung für das kommende Jahr eingetragen. Die notwendigen Unterlagen und Daten liegen bereits in Ihrer Tagesmappe. Wenn Sie dafür einen ganzen Tag einplanen, werden Sie auch einen ganzen Tag brauchen. Setzen Sie sich deshalb selbst unter Druck und verhängen Sie ein Zeitlimit: Bis zur Mittagspause soll das Budget »stehen«. In 80 Prozent der Fälle werden Sie das schaffen – und haben dann umgekehrt voraussichtlich einen stressfreien Nachmittag vor sich, an dem Sie eventuell lange aufgeschobene Routinetätigkeiten erledigen können.

Vergessen Sie in diesem Zusammenhang bitte Herrn Pareto nicht, genauer: seine 80/20-Regel. Wenn Sie bedenken, dass Sie in 20 Prozent der Zeit 80 Prozent der Ergebnisse produzieren, dann sollten Sie sich hin und wieder fragen, ob Sie bei jedem einzelnen Projekt 100 Prozent erreichen müssen.

6. Fassen Sie Tätigkeiten zusammen

Die unscheinbare, aber nützliche Gewohnheit, gleichartige Dinge zusammenzufassen, trägt viel zu einem effektiven Umgang mit der Zeit bei. Das betrifft vor allem Routinetätigkeiten. Wenn Sie an einem Tag drei Faxe zu schreiben haben, tun Sie das am Stück. Dasselbe gilt für die Bearbeitung von E-Mails. Zusammenfassen können Sie übrigens auch Ihre Lektüre – und dann am besten in ein Zeitlimit pressen. Es liegt an Ihnen, ob Sie in einem Fachmagazin zwei Stunden schmökern oder innerhalb einer Viertelstunde die wichtigsten Informationen herausgezogen haben.

Workshop: Ein Arbeitstag im Leben von Herrn Kühn

Ein ganz »normaler« Arbeitstag ist vorüber. Herr Kühn sitzt noch um 19.00 Uhr in seinem Büro und blättert einen Stapel von Fachzeitschriften durch. Als Organisationsleiter der Firma hatte er immer wieder Ansätze gemacht, auch seinen eigenen Arbeitstag zu organisieren. Aber bei seinen vielfältigen Aufgaben überrollte ihn meist die Hektik der Tagesarbeit.

Auf einmal fällt sein Blick auf ein Geschenk – einen Zeitplaner. Herr Kühn bekam ihn gestern von einem guten Freund, der gerade begeistert von einem Seminar über »Zeit-Management« zurückgekommen war.

Da Herr Kühn noch eine halbe Stunde Zeit hat, bis ihn seine Frau im Büro abholt, überlegt er, wie er diese Zeit nutzen kann, um die morgige Tagesarbeit einmal im Voraus zu planen. Auch möchte er gern das Geschenk seines Freundes daraufhin testen, ob und wie es ihm tatsächlich »Zeit spart«.

Aus den vielerlei Zetteln und Notizen fertigt er eine Aufstellung der Aufgaben des nächsten Tages und notiert dazu, wie er sie angehen will:

Aufgaben für morgen (ungeordnete Reihenfolge!):

1. *Herr Kühn hat um 14.00 Uhr Frau Flink, eine Bewerberin für die Sekretariatsvertretung, zu sich bestellt, da seine eigene Sekretärin in drei Monaten in Mutterschaftsurlaub gehen wird. Dafür setzt er weniger als eine Stunde an.*

2. *Eine Abteilungsleiter-Besprechung mit dem Geschäftsführer ist von 11.00–12.30 Uhr angesetzt. Erfahrungsgemäß dauert sie meist etwas länger.*

3. *Für eine größere Organisationsberatung liegen zwei Angebote vor, über die baldmöglichst entschieden werden soll. Der Geschäftsführer will in den nächsten Tagen wissen, welchen Organisationsberater Herr Kühn ihm vorschlägt. Dazu ist noch ein Anruf bei einem Kollegen, Herrn Allwisser, notwendig; Herr Kühn hat jetzt erst erfahren, dass dieser beide Berater kennt. Für die Angebotsprüfung benötigt Herr Kühn etwas mehr als eine Stunde. Auch sollte seine Sekretärin noch eine Übersicht dazu schreiben, die Herr Kühn für die Geschäftsleitung benötigt.*

4. *Frau Fleißig, eine Mitarbeiterin, die morgen von einem Seminar zum Thema »Organisationsentwicklung« zurückkommt, will er kurz sprechen und sie nach ihren ersten Eindrücken fragen. Außerdem will er sie bitten, ihm Vorschläge für die Organisationsarbeit im eigenen Haus zu machen. Er will sie anrufen und mit ihr kurzfristig einen Termin vereinbaren.*

5. *Da seine Sekretärin schon um 8.00 Uhr kommt, will er mit ihr gleich die Post durchsprechen. Er überlegt auch, welche Anrufe beziehungsweise Terminvereinbarungen durch sie erledigt werden können.*

6. *Plötzlich fällt ihm ein, dass er für das nächste Organisationsleitertreffen seiner Region die Themengestaltung*

übernommen hat. Er muss sich umgehend Gedanken über ein interessantes Thema machen, da die Einladung in einer Woche verschickt werden soll. Dabei erinnert er sich wieder an seinen Freund Karl-Wilhelm, der ihm schon einmal das Thema »Umgang mit der eigenen Zeit« vorgeschlagen hatte. Herr Kühn will ihn gleich morgen anrufen und sich von ihm einen Referenten empfehlen lassen.

7. *Mit Herrn Kannix, einem Mitarbeiter, der für das Projekt »Tag der offenen Tür« verantwortlich ist, möchte er noch den Ablauf kurz durchsprechen; der Einladungsprospekt soll in Druck gehen. Zeitbedarf circa ½ Stunde. Herr Kühn will gleich morgen anrufen, um einen Termin zu vereinbaren.*

8. *Auf seinem Schreibtisch stapeln sich die Fachzeitschriften. In der nächsten Besprechung mit seinen Mitarbeitern will er diesen vorschlagen, dass sie die Fachzeitschriften vorab lesen und für die Firma ihnen wichtig erscheinende Artikel ankreuzen beziehungsweise Textstellen mit dem Marker farbig hervorheben. Außerdem soll die Liste der Fachzeitschriften überprüft und Vorschläge für Abbestellungen beziehungsweise Neubestellungen gemacht werden. Er will dafür eine Liste der Fachzeitschriften erstellen.*

9. *Erfahrungsgemäß erhält Herr Kühn sowohl am späten Vormittag als auch am frühen Nachmittag verschiedene Anrufe von außen und von Firmenmitgliedern. Darüber hinaus kommen meistens noch Mitarbeiter zu ihm,*

die von ihm Entscheidungen benötigen. Er will dafür – soweit möglich – »Zeitreserven« einplanen. Dann findet er noch einen Knoten im Taschentuch. Herr Kühn erinnert sich, dass seine Frau ihn heute Morgen beim Frühstück gebeten hatte, doch einmal den Gartenzaun zu streichen.

10. *Falls er tatsächlich Nutzen aus dem Geschenk seines Freundes gezogen hat, will er ihm gleich ein Buch aus der Liste »Top Ten« bestellen.*

Übertragen Sie nun zur Übung die morgigen Aufgaben von Herrn Kühn in die nebenstehenden Seiten des Zeit-Planers.

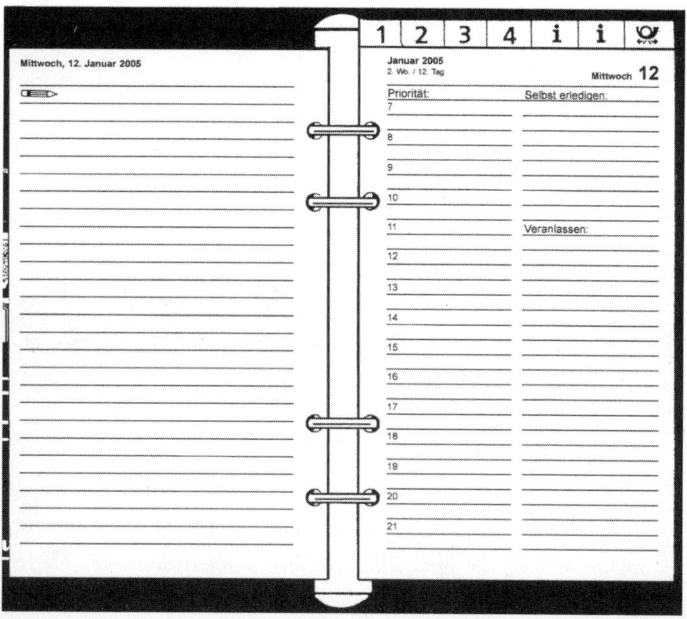

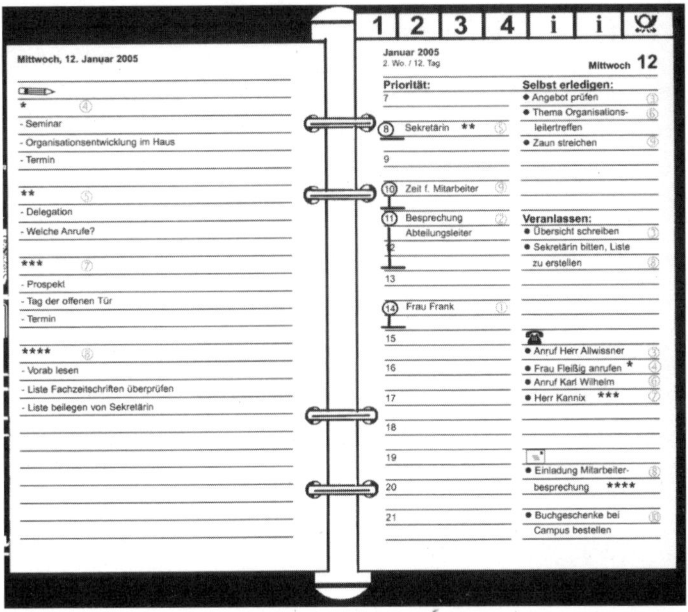

In der darauffolgenden Abbildung finden Sie dann die Lösung.

Es wird dabei ein 8-Stunden-Tag unterstellt; das Verhältnis von fest eingeplanten Terminen zu Zeitreserven soll etwa 60:40 Prozent betragen!

Auf der rechten Seite können Sie Termine in der sinnvollen zeitlichen Abfolge eintragen, außerdem welche Aufgaben Sie selbst erledigen müssen und welche Sie delegieren können.

Auf der linken Seite ist Platz für Notizen zu den jeweiligen Terminen und Aufgaben.

Aufgabe für die Praxis

Da wir Sie zu einem effektiven, reflektierten Umgang mit Ihrer Zeit ermutigen wollen, empfehlen wir Ihnen, abends den nächsten Tag vorzuplanen. Fangen Sie am besten heute damit an. Beantworten Sie folgende Fragen:

- An welchen Punkten bin ich heute meinen Zielen näher gekommen?
- Welche Zeitabschnitte waren heute besonders effektiv?
- Wo habe ich/haben andere meinen Fortschritt behindert?
- Welche Zeitabschnitte waren besonders ineffektiv? Wie lässt sich das abstellen?

Notieren Sie dann bitte für den morgigen Tag (am besten gleich in Blöcken auf die Seite eines Zeitplanbuchs):

- Meine Tagespriorität ist: __________
- An Terminen vorgesehen sind: ______________
- Als schwierige Aufgabe werde ich in meinem Leistungshoch Folgendes anpacken (ist eventuell identisch mit Punkt 1): ____________
- Folgende Routinetätigkeiten sind zu erledigen: _________
- Telefonate
- Briefe/Faxe/Mails
- Lektüre
- Um ______ Uhr werde ich den Folgetag planen.

16. Tag
2. Horizont – die Woche

»Für den Fleißigen hat die Woche sieben Heute,
für den Faulen sieben Morgen.«

Deutsches Sprichwort

Gestresste Zeitgenossen wissen es: Nicht alles, was wichtig ist, passt in einen Tag. Sie können nicht an jedem Tag gleichermaßen an der Karriere basteln, die Familie pflegen, Ihre körperliche Fitness verbessern und sich mit Sinnfragen auseinandersetzen. Anders sieht es beim Zeitraum einer Woche, unserem 2. Horizont aus. Wir sind davon überzeugt: Alles, was Ihnen wirklich etwas bedeutet, muss im Normalfall mindestens einmal in der Woche vorkommen.

Für Beruf und Broterwerb bedarf es hier keiner weiteren Begründung, für die anderen Lebensbereiche schon. Beispiel Partnerschaft: Sie schaffen es höchstwahrscheinlich nicht, an jedem Tag mit Ihrem Partner/Ihrer Partnerin über Dinge zu sprechen, die Ihre Beziehung betreffen. Wenn Sie es aber nicht einmal während einer Woche schaffen, besteht die große Gefahr, dass Sie nur noch nebeneinander leben. Ähnlich verhält es sich mit den Kindern: Einmal pro Woche muss es doch möglich sein, mit dem Nachwuchs zu spielen, ihm etwas vorzulesen oder ins Kino, Eis essen zu gehen. Wir wissen, dass sich ein erheblicher Teil berufstätiger Väter kaum dazu Zeit nimmt. Können diese Männer (wenn sie nicht gerade von ihrem Unternehmen den Konkurs abwenden und deshalb extrem gefordert sind) ernsthaft behaupten, ihre Kinder seien ihnen wichtig?

Analysieren Sie einmal die zurückliegende Woche. Wie viel Qualitätszeit haben Sie mit Menschen verbracht, die Ihnen eigentlich wichtig sind? Haben Sie sportlich etwas unternommen? Haben Sie sich mit Kultur beschäftigt (einen Roman gelesen, ein Konzert besucht, einen Kinofilm angeschaut)? Wenn nein, liegt der Verdacht nahe, dass Ihnen diese Dinge nicht wichtig sind. Darum noch einmal: Alles, was Ihnen wirklich etwas bedeutet, muss im Normalfall mindestens einmal in der Woche vorkommen.

Doch wie soll das klappen angesichts voller Terminkalender und überquellender Aufgabenlisten? Ganz einfach: Machen Sie einen Wochenplan und geben Sie den wichtigen Dingen Termine!

1. Machen Sie einen Wochenplan

Im Zeitmanagement wird es das Kieselprinzip genannt. Wenn Sie in einen großen Krug Steine, Kiesel, Sand und Wasser unterbringen wollen, kommt es entscheidend auf die Reihenfolge an. Ist der Krug bereits mit Kiesel, Sand und Wasser gefüllt, haben Sie keine Chance mehr, noch die großen Steine hineinzubugsieren. Legen Sie die großen Steine dagegen gleich zu Beginn in den Krug, ist es kein Problem, in die Zwischenräume noch Kiesel, Sand und Wasser zu füllen. Das Geheimnis ist also die Reihenfolge.

Dasselbe gilt für Ihre Wochenplanung. Die wichtigen Dinge, die »großen Steine«, müssen zuerst rein. Machen Sie so elementare Tätigkeiten wie Sport, Beziehungspflege,

aber auch Weiterbildung, nicht davon abhängig, ob es sich irgendwie »ergibt«. Dreimal Joggen gehört ebenso in den Wochenplan wie der Eheabend und die Stunde zur Lektüre von Ratgeberliteratur. Erst ein dicker Balken in Ihrem Zeitplanbuch versetzt Sie auch in die Lage, solche Aktivitäten gegen andere Ansprüche zu verteidigen. Natürlich wäre es töricht, bereits am Anfang der Woche jede Minute zu verplanen. Sehen Sie mindestens 40 Prozent als Pufferzeit vor, sonst kommen Sie bei Störungen (die es immer gibt) völlig aus dem Tritt.

2. Arbeiten Sie mit einer Wochencheckliste

In einem früheren Kapitel haben wir Sie gebeten, die Lebensbereiche festzulegen, die Ihnen etwas bedeuten. Der Beruf wird bei den meisten dazugehören, die Familie ebenfalls, aber auch der eigene Körper oder ein Ehrenamt in einem Verein oder einer Initiative. Daraus leitet sich eine Fülle von Zielen und Aktivitäten ab, die Sie jede Woche neu in Ihr Blickfeld rücken sollten. Deshalb bietet es sich an, eine Wochencheckliste zu erstellen, die Sie etwa jeden Sonntagabend durchgehen, wenn Sie die Woche planen. Auf dieser Checkliste kann stehen:

- Termine für Fitness (Joggen, Sauna und so weiter) planen
- Fernseh- und Rundfunkprogramm checken und planen
- Termine abstimmen mit Mitarbeitern und Partner
- Besuche und Einladungen planen
- Freien Abend festlegen, Freizeit planen
- Zeit für Familie einplanen (Spielen mit den Kindern, ...)
- Aufmerksamkeiten für den Partner/die Familie/Mitarbeiter ausdenken
- Besprechungen festlegen
- Zeiten für Einkäufe planen
- Regelmäßige Tätigkeiten in die Tagespläne eintragen (Stammtisch, Mülltonne rausstellen, Altglas und -papier wegbringen, samstags Brötchen holen, ...)

Der Vorteil einer solchen Liste fürs Zeitmanagement ist offensichtlich: Dinge, die Ihnen wirklich wichtig sind, können nicht mehr übersehen werden. Sie reservieren bereits am Anfang der Woche die notwendigen Zeitressourcen dafür. Damit vervielfachen sich die Chancen, dass diese Aktivitäten auch tatsächlich angegangen werden. Und wenn Sie im Tagesgeschehen entscheiden sollten, auf eine solche Aktivität zu verzichten, dann ist das eine ganz bewusste Entscheidung, die Sie natürlich nur treffen sollten, wenn Sie dadurch etwas Wichtiges durch etwas noch Wichtigeres ersetzen.

Brechen Sie langfristige Ziele auf die Woche herunter. Größere Projekte verlangen kontinuierliches Arbeiten. Die Vorbereitung auf das Staatsexamen lässt sich ebenso wenig in ein paar Tagen bewerkstelligen wie der Bau eines Hauses.

Für Ihre Wochenplanung bedeutet das: Nehmen Sie immer wieder Ihre langfristigen Ziele in den Blick. Was müssen Sie diese Woche tun, um Ihre Projekte mindestens einen Schritt voranzutreiben?

3. Justieren Sie Ihren Wochenkompass

Ein gut strukturierter Wochenplan ist kein Korsett, sondern im Gegenteil eine große Hilfe, wenn Ihre Flexibilität gefragt ist. Mit einem sogenannten Wochenkompass erfassen Sie auf einen Blick Ihre wichtigsten Wochenziele. Auf Veränderungen können Sie deshalb um so zielgerichteter reagieren.

Ein Beispiel: Sie haben für Dienstagnachmittag ein längeres Kundengespräch eingeplant. Am Morgen sagt der Kunde ab, weil er krank geworden ist. Was machen Sie nun aus den drei Stunden, die Sie überraschend frei haben? Mit dem Blick auf den Wochenkompass können Sie das schnell entscheiden.

Wer nur aus dem Bauch heraus entscheidet, wie er die freien Stunden nutzt, wird sich in vielen Fällen im Klein-Klein verlieren. Ein bisschen auf dem Schreibtisch herumräumen, ein paar Telefonate erledigen – alles Tätigkeiten, die sich durchaus rechtfertigen lassen. Der Blick auf den Wochenkompass zeigt Ihnen, dass Sie an diesem Nachmittag nun die Chance haben, die Daten für den wichtigen neuen Kundenprospekt zusammenzutragen oder die Präsentation für das nächste Vertriebstreffen bereits jetzt vorzubereiten.

Natürlich werden Sie auch mit bestem Zeitmanagement nicht alles in eine Woche hineinpressen können, was Ihnen

Wochen-Kompass

Datum/KW:

Zeit-Balance

Körper:

Leistung:

Kontakt:

Sinn:

Lebenshut:
Aktivitäten:

Lebenshut:
Aktivitäten:

Lebenshut:
Aktivitäten:

Lebenshut:
Aktivitäten:

Lebenshut:
Aktivitäten:

Lebenshut:
Aktivitäten:

Lebenshut:
Aktivitäten:

Wochen-Kompass

Datum/KW:

Zeit-Balance

Körper: Probetraining im Fitneß-Center

Leistung: täglich: CNN-Talkshow und -Nachrichten

Kontakt: Mittagessen mit Golflehrer im Clubhaus

Sinn: Meditationsbuch: jeden Tag 10 Seiten!

Lebenshut: drillbox-GF
Aktivitäten: Einführung des Kaizen-Teams

Lebenshut: tempus-GF
Aktivitäten: Präsentation für Händlerbeirat

Lebenshut: AGP-Vorsitzender
Aktivitäten: Werbeprospekt und Mailing für Interessenten

Lebenshut: Ehemann
Aktivitäten: gemeinsamer Kochkurs
Guildo Horn-Konzert

Lebenshut: Vater
Aktivitäten: Telefonkonferenz mit John wg. Praktikum

Lebenshut: Hobbykoch
Aktivitäten: asiatischer Spezialitäten-Laden

Lebenshut: OASE-Gemeinde
Aktivitäten: Einladung für Info-Veranstaltung

in den Sinn kommt. Der große Vorteil einer guten Planung ist indessen: Was »draußen« bleibt, sind die weniger wichtigen Dinge. Denn die wichtigeren haben Sie eingeplant.

4. Lernen Sie das Neinsagen

Eine der wichtigsten Erkenntnisse beim Zeitmanagement ist: Verplanen Sie Ihre Zeit selbst – sonst tun es andere für Sie! Gerade der Wochenplan wird Ihnen dabei helfen, sich gegen Wünsche und Ansprüche Dritter zur Wehr zu setzen. Diese Wünsche und Ansprüche mögen ihre Berechtigung und ihren eigenen Wert haben – das ist überhaupt nicht die Frage. Die Frage ist: Werden Sie dadurch von den Dingen abgehalten, die für Ihr Leben wirklich wichtig sind?

Nein zu anderen zu sagen fällt uns schwer. In anderen Kulturen gilt es sogar als außerordentlich unhöflich. Doch wenn Sie jede Woche Überstunden machen und dafür Ihren Eheabend opfern – dann haben Sie zwar Ja zu Ihrem Chef, aber Nein zu Ihrem Ehepartner gesagt! In Einzelfällen geht das, es darf nur nicht zur Regel werden.

An der richtigen Stelle Nein zu sagen, kann sich als einer der größten Zeitsparfaktoren erweisen, über den Sie verfügen. Nein sagen muss deshalb geübt werden. Am einfachsten ist das in einem Umfeld, das Ihre Werte teilt. Wenn Ihr Chef Sie häufig mit neuen Aufgaben bombardiert, bevor andere abgeschlossen sind, teilen Sie ihm in etwa das mit: »Ich kann dieses Angebot gerne gleich erstellen. Allerdings muss dann die Kundenreklamation, die ich in Absprache mit Ihnen ohnehin schon um drei Tage verschoben habe, weiterhin unerledigt liegenbleiben.«

Es gibt übrigens auch eine technische Hilfe, vorübergehend Nein zu sagen: den Anrufbeantworter. Lassen Sie sich beispielsweise nicht bei Mahlzeiten im Familienkreis durch Telefonate unterbrechen. Tischgemeinschaft ist besonders wertvolle Zeit. Niemand hat das Recht, sie durch Anrufe zu zerreißen. Versprechen Sie auf der Ansage Ihren Rückruf – und rufen Sie dann auch zurück.

Entschuldigen Sie sich nicht für Ihr Nein. Wenn Sie einen Nachmittag mit Ihren Kindern auf dem Spielplatz eingeplant haben, geben Sie diesem Termin Priorität – auch wenn andere danach greifen. Qualitätszeit mit anderen Menschen wird allzu schnell für Aufgaben geopfert, die vorgeben, wichtig zu sein, in Wahrheit aber nur dringend sind. Dass wir gerade in Beziehungen investieren müssen, zeigt die folgende Geschichte.

Mario und Luigi

In einem Vorort von Rom hatte ein Mann namens Mario einmal einen schlimmen Streit mit seinem Sohn Luigi. Mario war Inhaber einer kleinen, gut laufenden Pizzeria. Da der Betrieb ihm sehr viel Einsatz abverlangte, nahm er sich kaum Zeit für seinen pubertierenden Sohn. Am Morgen nach dem Streit musste Mario feststellen, dass Luigis Bett leer war – der Junge war von zu Hause weggelaufen.

Mario war am Boden zerstört. Voller Trauer rannte er zum Bahnhof. Dort hängte er ein großes Schild auf: »Luigi, bitte komm nach Hause zurück. Ich werde mich ändern. Sei morgen früh um 8.00 Uhr hier. Ich komme auch.« Am nächsten Morgen traute Mario seinen Augen nicht. Da standen drei Jungen, die alle Luigi hießen und von zu Hause weggelaufen waren. Alle waren auf der Suche nach Liebe und Zuneigung. Sie alle hofften, dass ihnen endlich wieder das gegeben wird, was sie brauchten. Einer der Jungs war Marios Sohn Luigi. Er hatte verstanden, dass sein Vater sich verändern will – und vertraute ihm.

5. Planen Sie jeden Monat

Nun klafft zwischen der Woche und dem Quartal, das wir im nächsten Abschnitt behandeln, eine Zeitlücke, die vielen zu groß ist. Deshalb bietet sich an, als Zwischenstufe die Monatsplanung ins Visier zu nehmen. Keine Angst, wir wollen aus Ihnen keine Planungs-Bürokraten machen, die nur noch von großen Listen auf kleine übertragen und deren Glück nur darin besteht, etwas abzuhaken oder zu streichen. Wenn Sie Ihre langfristigen Ziele im Auge haben, ist es leicht, einen Monat effektiv zu planen. Letztlich geht es darum, Schwerpunkte über die nächsten vier Wochen zu verteilen. Gehen Sie folgendermaßen vor:

1. Suchen Sie die Tage heraus, die noch nicht völlig belegt sind.
2. Ordnen Sie diesen Tagen Tätigkeiten zu, die Sie Ihren langfristigen Zielen näher bringen. Achten Sie darauf, Aktivitäten zu planen, die wichtig, aber nicht dringend sind.
3. Behandeln Sie solche Zeitblöcke für ihre wichtigsten Aufgaben wie Termine mit anderen Menschen. Opfern Sie diese Zeit nicht für Besprechungen, Begegnungen usw., die noch in Ihren Terminkalender wollen, die aber weniger wichtig sind als das Arbeiten an Ihren langfristigen Zielen.

Mein Wochenablauf (feste Termine)

Monat Jahr

Zeit	Montag	Dienstag	Mittwoch	Donnerstag	Freitag	Samstag	Sonntag
8							
9							
10							
11							
12							
13							
14							
15							
16							
17							
18							
19							
20							
21							

Workshop: Mein persönlicher Wochenablauf

Tragen Sie in den leeren Wochenkalender (Seite 216) Ihre wiederkehrenden Termine ein (zum Beispiel Bürozeit, Fitnessstudio, Besprechungen, Kinder zur Musikschule bringen, Kirchenchor). So können Sie auf einen Blick sehen, wo die Eckpunkte Ihrer Wochenplanung sind – und wo Sie Gestaltungsspielraum (weiße Flächen) haben.

Aufgabe für die Praxis

Streichen Sie in der Wochencheckliste (Seite 209) aus, womit Sie für Ihre Zeitplanung nichts anfangen können. Dann ergänzen Sie, was für Ihre Wochenplanung wichtig ist. Sie haben jetzt Ihre individualisierte Wochencheckliste, die Sie einmal pro Woche (zum Beispiel am Sonntagabend) durchgehen sollten.

17. Tag
3. Horizont – das Quartal

»Unser Kopf ist rund, damit das Denken die Richtung wechseln kann.«

Francis Picabia (1879–1953),
französischer Maler und Bildhauer

Das Wichtigste zuerst einplanen – diesen Grundsatz haben Sie jetzt beim Tages- und Wochenhorizont eingeübt. Wenn Sie das konsequent beherzigen, dürfen Sie mit einer enormen Effektivitätssteigerung bei der Nutzung Ihrer Zeit rechnen. Aber es fehlt noch etwas. Wir haben Ihnen mit diesem Buch ja nicht angekündigt, dass Sie effektiver durch den Tag und die Woche hetzen. Nein, im Buchtitel ist von einem »Meer an Zeit« die Rede. Bei unserem dritten Horizont wollen wir nun dieses andere Zeitgefühl in den Mittelpunkt stellen, das uns wieder Bewusstsein schafft für die große Menge an Zeit, die uns im Normalfall zur Verfügung steht.

1. Nutzen Sie den Dreamday

Beim Zeitmanagement gehen wir von einer einfachen Grundregel aus: *Nutze 1 Prozent deiner Zeit zur Planung der restlichen 99 Prozent!*

Für die ersten beiden Horizonte ist das leicht nachzuvollziehen. Pro Tag fünf bis zehn Minuten genügen für eine effektive Tagesplanung, in der Woche eine Stunde ist ausreichend für eine effektive Wochenplanung. Übertragen Sie das aber einmal auf ein Jahr mit seinen 365 Tagen, so kommen sie auf rund 3,5 Tage, an denen Sie nichts anderes tun, als sich mit der Planung der übrigen 361,5 Tage zu beschäftigen. Das ist eine ganze Menge, finden Sie nicht?

Genau hier beginnt unsere Auseinandersetzung mit dem dritten Horizont. Die Woche ist zu kurz, um große Ziele im Auge zu behalten. Deshalb empfehlen wir, in jedem Quartal Zeit für einen sogenannten Dreamday zu reservieren. Dabei handelt es sich um einen Tag, an dem Sie sich mindestens für ein paar Stunden zurückziehen – am besten an einen inspirierenden Ort. Das kann ein Kloster sein, das Restaurant in einem Fernsehturm, eine Berghütte, aber auch ein belebter Platz, zum Beispiel ein Bistro oder ein Schnellimbiss. Ein solcher Dreamday erfüllt gleich mehrere Funktionen:

- Sie steigen aus dem Hamsterrad der Alltagshektik aus und blicken wieder auf das »Meer an Zeit«.
- Sie reflektieren Erfolge und Niederlagen der vergangenen Monate.
- Sie vergleichen Ihre langfristigen Ziele mit Ihrem Handeln und erkennen, in welchen Bereichen Sie Kurskorrektur brauchen.
- Sie nehmen sich Zeit zum Träumen und überprüfen, ob Sie Ihre Zeit tatsächlich in die Dinge investieren, die Ihnen wirklich wichtig sind.
- Sie entdecken neue Ziele.

2. Entdecken Sie die kostbarsten Tage des Jahres

Skeptikern sei versichert: Solche Dreamdays sind alles andere als Zeitverschwendung. Ganz im Gegenteil: Viele Menschen sagen uns, dass diese Tage die kostbarsten des ganzen Jahres sind! Im Folgenden ein Beispiel, wie so ein Dreamday aussehen kann:

Dreamday – Tagesablauf

Abfahrt zum Fernsehturm-Restaurant. Im Auto höre ich eine CD über Dreamdays

10.00 Distanz gewinnen, Unerledigtes notieren

10.30 Reflexion über meine Fähigkeiten:
Was kann ich? Was habe ich in den vergangenen Monaten dazugelernt? Welche meiner Begabungen würde ich in Zukunft gerne mehr ausleben?

11.30 Beschreiben und Überarbeiten zentraler Visionen meines Lebens

12.30 Mittagessen

13.00 Für jeden Lebensbereich (zum Beispiel Ehepartner, Vertriebsleiter, Schriftführer in einem Verein) Fernziele und gegenwärtiges Engagement vergleichen
Etappenziele für das nächste Quartal festlegen und auf die einzelnen Monate verteilen
Grobe Zeitplanung für das kommende Quartal (in welcher Woche soll was geschehen?)

15.00 Rückfahrt

3. Bestimmen Sie die Qualität von Zielen

Sie haben es sich vermutlich schon gedacht, aber wir betonen es an dieser Stelle erneut: Sie müssen auch bei Ihrem Dreamday unbedingt das Schriftlichkeitsprinzip beachten. Aus den Unterlagen früherer Dreamdays können Sie ersehen, was Ihnen damals wichtig war und welche Ziele Sie für sich festgelegt haben. Manche Ziele haben Sie erreicht – und das gibt Ihnen ein gutes Gefühl. Manche Ziele haben Sie (noch) nicht erreicht – und der Dreamday spornt Sie an, endlich »Nägel mit Köpfen« zu machen.

Aber auch Folgendes kann passieren: Sie haben zuvor ein Ziel notiert, das Sie heute gar nicht mehr erreichen *wollen*. Dafür kann es verschiedene Gründe geben. Nehmen wir an, Sie arbeiten mit Leidenschaft im Vertrieb einer Firma und haben als nächsten Karrieresprung die Position des Vertriebsleiters auf Ihrer Ziele-Liste. Seit Sie das anvisieren, beobachten Sie den jetzigen Vertriebsleiter etwas genauer und stellen fest: Dieser Mensch kann weniger raus zum Kunden, weil er an vielen internen Besprechungen teilnehmen muss. Außerdem hat er in seiner Funktion eine Fülle von Papier-

kram zu erledigen, von dem Sie verschont bleiben. Ihnen wird klar: Die angestrebte Position hat zwar mehr Sozialprestige und liegt gehaltsmäßig besser, aber da Sie lieber um Kunden kämpfen als in Besprechungsräumen Kaffee zu trinken, passt die Position nicht zu Ihnen. Bei Ihrem Dreamday haben Sie sorgfältig das Für und Wider abgewogen und dann dieses Ziel von Ihrer Liste gestrichen.

Dass man sich und andere auch belügen kann, wenn man Ziele streicht, wusste schon der antike Autor Äsop.

Der Fuchs und die Trauben

Eine Maus und ein Spatz saßen an einem Herbstabend unter einem Weinstock und plauderten miteinander. Auf einmal zirpte der Spatz seiner Freundin zu: »Versteck dich, der Fuchs kommt«, und flog rasch hinauf ins Laub.

Der Fuchs schlich sich an den Weinstock heran, seine Blicke hingen sehnsüchtig an den dicken blauen, überreifen Trauben. Vorsichtig spähte er nach allen Seiten. Dann stützte er sich mit seinen Vorderpfoten gegen den Stamm, reckte kräftig seinen Körper empor und wollte mit dem Mund ein paar Trauben erwischen. Aber sie hingen zu hoch.

Etwas verärgert versuchte er sein Glück noch einmal. Diesmal tat er einen gewaltigen Satz, doch er schnappte wieder nur ins Leere.

Ein drittes Mal bemühte er sich und sprang aus Leibeskräften. Voller Gier huschte er nach den üppigen Trauben und streckte sich so lange dabei, bis er auf den Rücken kollerte. Nicht ein Blatt hatte sich bewegt.

Der Spatz, der schweigend zugesehen hatte, konnte sich nicht länger beherrschen und zwitscherte belustigt: »Herr Fuchs, Ihr wollt zu hoch hinaus!«

Die Maus äugte aus ihrem Versteck und piepste vorwitzig: »Gib dir keine Mühe, die Trauben bekommst du nie.« Und wie ein Pfeil schoss sie in ihr Loch zurück.

Der Fuchs biss die Zähne zusammen, rümpfte die Nase und meinte hochmütig: »Sie sind mir noch nicht reif genug, ich mag keine sauren Trauben.« Mit erhobenem Haupt stolzierte er in den Wald zurück.

Wie oft rücken wir von Zielen ab, weil sie angeblich nicht mehr erstrebenswert sind. In Wahrheit war es uns zu anstrengend sie zu erreichen, sie waren zu hoch gesteckt – oder wir haben uns von vielen anderen Zielen ablenken lassen. Anstatt nun aber alle Kräfte zu sammeln, um dieses Ziel doch noch anzupacken, sagen wir anderen nur, die Trauben seien »sauer«, sprich: Dieses Ziel sei ohnehin nicht erstrebenswert für uns. Warum hat es uns dann aber früher so angesprochen, dass wir sogar ein schriftlich formuliertes Ziel daraus gemacht haben? Solchen Fragen können Sie nachspüren und sie auch ehrlich beantworten – an Ihrem vierteljährlichen Dreamday.

Workshop: Mein persönlicher Dreamday

Entwickeln Sie ein »Drehbuch« für Ihren persönlichen Dreamday. Gehen Sie dabei folgenden Fragen nach und bestimmen Sie die Bereiche, die Ihnen derzeit besonders auf den Nägeln brennen – persönliche Fragestellungen ergänzen Sie.

1. Habe ich die für mich wichtigen Lebensbereiche bereits definiert? Ist diese Aufteilung für mich noch stimmig

(müssten neue Bereiche hinzugefügt und/oder alte gestrichen werden?)?

2. Was habe ich innerhalb dieser Lebensbereiche bis heute erreicht?
3. Was will ich in Zukunft darin erreichen (im nächsten Vierteljahr, im nächsten Jahr, in den nächsten zwei bis drei Jahren)?
4. Was soll am Lebensende in diesen Lebensbereichen gelungen beziehungsweise erreicht sein? Welche Spuren möchte ich hinterlassen – bei einzelnen Menschen, in der Gesellschaft?
5. Inwieweit habe ich über diese Ziele mit meinem Partner/meinem Umfeld gesprochen. Können wir gemeinsam diese Ziele bejahen?
6. ______________________________
7. ______________________________

Aufgabe für die Praxis

Heute scheint es ganz einfach: Tragen Sie sich zwei Termine – und zwar die Termine Ihrer nächsten beiden Dreamdays – in Ihren Kalender ein. Der schwierige Teil folgt in ein paar Wochen, wenn Sie diese Termine gegen andere werden verteidigen müssen. Kämpfen Sie dafür, dass aus Ihrem Dreamday kein »office day« oder ein anderer ganz normaler Werktag wird.

18. Tag
4. Horizont – das Jahr

»Von Jahr zu Jahr werde ich mir ähnlicher.«

*Michael Rumpf (*1948), Pädagoge, Essayist und Aphoristiker*

Wir messen unsere Lebenszeit nicht in Wochen oder Monaten, sondern in Jahren. Dieser Horizont ist in der Schöpfung vorgegeben, denn in diesem Zeitraum umrundet der Planet Erde einmal die Sonne. Firmen erstellen Jahresziele und Jahresbilanzen und Otto Normalverbraucher hat im Jahr in der Regel zwei Termine, an denen er manchmal etwas tiefer über sein Leben und die verbrachte Zeit nachdenkt: am Geburtstag und an Silvester.

In einem Jahr lässt sich unglaublich viel erreichen. Wer gesund ist, kann es in diesem Zeitraum beispielsweise schaffen, vom Nichtsportler zum Marathonläufer aufzusteigen. Für solche erreichbaren »Laufwunder« gibt es prominente Beispiele (das soll aber keine Empfehlung sein, lassen Sie sich im Bedarfsfall von einem Arzt beraten). Wer ein Unternehmen saniert, von dem erwartet man nicht schon nach einem Monat erste Jubelmeldungen. Nach einem Jahr schon. Der vierte Horizont, das Jahr, ist ein wichtiges Instrument beim Zeitmanagement.

Bevor wir uns an die konkrete Jahresplanung machen, lohnt sich ein Rückblick. Denken Sie einmal genau ein Jahr zurück. Wo standen Sie vor zwölf Monaten – beruflich, privat, körperlich, seelisch? Hatten Sie damals Ziele für heute? Haben Sie diese Ziele erreicht?

Die nachfolgende Übung könnte Sie irritieren. Wenn Sie es nicht bereits gewohnt sind, mit klaren Zielen zu leben und Ihre Zeit danach zu strukturieren, dann werden Sie bei folgenden Fragen vermutlich ein paar Felder freilassen müssen. Das ist nicht schlimm, sondern wird Ihren Blick gerade dafür schärfen, wie Sie künftig umfassend für alle Lebensbereiche mit Zielen arbeiten können.

Workshop: Jahresrückblick: Meine Erfolge und Misserfolge

Welche Lebensbereiche sind für Sie von Bedeutung? Auf Seite 152 haben Sie im Radar-Chart Ihre persönlichen Lebensbereiche festgelegt. Zuerst tragen Sie auf der freien Linie die für Sie wichtigsten vier Lebensbereiche ein und beantworten dann die Fragen:

1. Lebensbereich: ____________________________

2. Lebensbereich: ____________________________

3. Lebensbereich: ____________________________

4. Lebensbereich: ____________________________

Welche Erfolge fallen mir im Blick auf die vergangenen zwölf Monate ein?

Welche Misserfolge fallen mir im Blick auf die vergangenen zwölf Monate ein?

Motivation durch das Jahresmotto

Wir hoffen, dass dieser Rückblick die Lust in Ihnen geweckt hat, sich intensiver mit Jahreszielen zu befassen. Wie gesagt, zwölf Monate sind ein faszinierender Planungshorizont, in dem sich sehr viel bewegen lässt. Denn für diesen Zeitraum bewegen Sie sich noch im Reich des Machbaren. Visionen dagegen erstrecken sich über einen längeren Zeitraum. Manche Lebensvision enthält erhebliche Unsicherheiten. Ob Sie Ihr Unternehmen wirklich an die Börse bringen und sich in ein paar Jahren die Yacht im Mittelmeer leisten können, hängt zwar einerseits von Ihrem Arbeitswillen ab, andererseits aber auch von einigen externen Faktoren, die Sie nicht im Griff haben. Beim Jahreshorizont sind Sie noch klar auf dem Boden nüchterner Realität, nicht im Reich der Visionen. Das ist für die Formulierung von Jahreszielen sehr wichtig: Anspruchsvoll sollen sie sein, ja, müssen sie sogar sein – aber nicht überfordernd.

Es gibt eine schöne Möglichkeit, dem Jahr als Planungshorizont mehr Geltung zu verschaffen. Man gibt ihm einfach ein eigenes Motto, das einen 365 Tage begleitet und immer wieder auf die Richtung hinweist, die man diesem Jahr geben möchte. Ein solches Motto könnte lauten »Dieses Jahr – mein bestes Jahr«, wenn es darum geht, sich selbst zu Höchstleistungen anzuspornen und Verbesserungen nicht auf »irgendwann« zu verschieben. Im nächsten Jahr könnte das Motto heißen »Zufriedenheit durch Balance«, wo Sie dann Ihr Augenmerk darauf legen, durch einen ausgewogenen Lebensstil zu mehr Zufriedenheit zu finden.

Am besten ist es, wenn man ein empfundenes Defizit in eine positive Zielbotschaft umformuliert. Sie spüren, dass

Sie in den vergangenen Monaten wegen zu viel Büroarbeit Ihren Körper vernachlässigt haben? Dann wählen Sie doch als neues Jahresmotto: »Fröhlich durch Fitness«. Wenn Sie diese Botschaft immer wieder auf sich wirken lassen – etwa durch ein Plakat auf Ihrer Bürotüre oder als Text für Ihren Bildschirmschoner –, dann werden Sie ganz automatisch dem Thema Fitness in Ihrer Wochenplanung mehr Raum geben.

Planen gemäß den Jahreszeiten

Das Jahr ist keine unstrukturierte Einheit, sondern es enthält verschiedene Jahreszeiten. Diesen natürlichen Rhythmus können Sie auch für Ihre Zeitplanung nutzen. Übertragen Sie den Charakter, den eine Jahreszeit hat, in Ihr Zeitmanagement.

Frühling: Die Jahreszeit des Neubeginns, wo alles wieder zu grünen und zu blühen beginnt. Legen Sie Erneuerungen größeren Stils in diese Jahreszeit, etwa den Umzug in ein neues Bürogebäude, Kick-off-Veranstaltungen für Ihr persönliches neues Fitness-Programm und so weiter.

Sommer: Hier können Sie das operative Geschäft zurückfahren (im August ist ohnehin niemand erreichbar) und sich strategischen Fragen zuwenden. Reservieren Sie Tage, an denen Sie an neuen Konzepten und Strategien arbeiten.

Herbst: Zeit der Ernte. Arbeiten Sie daraufhin, dass die Investitionen, die Sie das Jahr über in sich und andere getätigt haben, auch wirklich Früchte tragen. Im Herbst werden aber auch die Bäume geschnitten. Misten Sie Ihr Büro aus und überlegen Sie, welche Aktivitäten Sie zurückfahren wollen.

Winter: Die Natur ruht. Eine gute Zeit, um über Dinge neu nachzudenken, anderen ein Feedback zu geben, Dankesbriefe und Grußkarten zu schreiben.

Die Kraft der Jahresziele

Der wartende Same

Zwei Samen lagen Seite an Seite in der fruchtbaren Frühlingserde. Der erste Samen sagte: »Ich will wachsen! Ich will meine Wurzeln tief in die Erde unter mir aussenden und meine Sprossen durch die Erdkruste über mir stoßen ... Ich will meine zarten Knospen entfalten wie ein Banner, um die Ankunft des Frühlings zu verkünden ... Ich will die Wärme der Sonne auf meinem Gesicht und den Segen des Morgentaus auf meinen Blütenblättern spüren!« Und so wuchs er.

Der zweite Samen sagte: »Ich habe Angst. Wenn ich meine Wurzeln in den Boden unter mir aussende, weiß ich nicht, was mir im Dunkeln begegnet. Wenn ich mir meinen Weg durch die harte Erde über mir bahne, könnte ich meine empfindlichen Sprossen verletzen. Was ist, wenn ich meine Knospen öffne, und eine Schnecke versucht, sie zu fressen? Und wenn ich meine Blüten öffne, könnte ein kleines Kind mich aus dem Boden reißen. Nein, es ist viel besser für mich, zu warten, bis es sicher ist.« Und so wartete er.

Eine Hofhenne, die im Boden des ersten Frühlings nach Futter scharrte, fand den wartenden Samen und fraß ihn prompt.

Wichtiger als Jahresmotto und Jahreszeiten sind für Ihr Zeitmanagement Jahresziele, damit Sie – wie der Same in der Geschichte – wachsen und gedeihen können. Was sind gute Jahresziele? Wir geben Ihnen für verschiedene Lebensbereiche Beispiele, die Sie beim Finden der eigenen Jahresziele inspirieren können.

Beruf/Leistung:

- 100 Neukunden gewinnen,
- Jahresumsatz um 10 Prozent steigern,
- Spanisch lernen (Ziel: spanische Internetzeitung lesen können),
- drei »Blindbewerbungen« bei anderen Firmen abgeben, um eigenen Marktwert zu testen,
- Lebenshaltungskosten als Familie um 5 Prozent senken.

Familie/Beziehungen:

- gemeinsame Teilnahme mit Ehepartner an einem Persönlichkeitstraining,
- Gewohnheitsziel: wöchentlicher Eheabend (muss mindestens 40-mal klappen),
- mit Tochter gemeinsames Hobby suchen und regelmäßig ausüben,

- Familienfest in größerem Rahmen (mit allen Cousins und Cousinen) organisieren,
- Wochenende in den Bergen mit meinen drei besten Freunden buchen.

Körper/Gesundheit:
- sechs Kilogramm abnehmen (von 85 auf 79),
- Teilnahme am Halbmarathon in Berlin vorbereiten,
- Gewohnheitsziel: nach 20 Uhr keine Mahlzeit mehr einnehmen (für besseren Schlaf).

Sinn/Glaube:
- von folgenden Philosophen je ein Buch lesen: Jean-Paul Sartre, Sören Kierkegaard, Hans Jonas,
- Studienreise nach Israel unternehmen,
- Gewohnheitsziel: Arbeitstag mit zehnminütiger Meditation beginnen.

Die Jahres-Checkliste

Der Jahreshorizont ist auch eine hervorragende Möglichkeit, eingeschliffene Gewohnheiten infrage zu stellen. Gehen Sie deshalb einmal im Jahr folgende Checkliste durch:

- Lebensziele überarbeiten,
- Jahresziele überarbeiten,
- medizinische Vorsorgetermine (Zahnarzt, Krebsvorsorge) einplanen,
- Kündigungstermine (Versicherungen, Zeitschriften) überprüfen,

- Gültigkeit wichtiger Dokumente (Personalausweis, Reisepass, Visum) überprüfen,
- TÜV- und Inspektionstermine für das Auto checken,
- Weiterbildung einplanen.

Aufgabe für die Praxis

Im Folgenden geht es um Ihre persönlichen Jahresziele. Machen Sie sich zunächst keine Gedanken über die Umsetzung – es geht noch nicht darum, dass Sie das alles auch verwirklichen. Sie sollen vielmehr Ihr Gespür dafür verbessern, welches für Sie ansprechende, motivierende Jahresziele sind. Die für Sie besten wählen Sie dann aus, wenn Sie sich um Ihre persönliche Jahresplanung kümmern.

Für Ihre wichtigsten Lebensbereiche, die Sie im Radar-Chart von Seite 152 festgelegt haben, gilt es nun, herausfordernde Jahresziele zu formulieren.

Ansprechende Jahresziele sind für mich:

1. Lebensbereich: ______________________________
2. Lebensbereich: ______________________________
3. Lebensbereich: ______________________________
4. Lebensbereich: ______________________________

19. Tag
5. Horizont – 7 Jahre

»Das Problem in meinem und im Leben anderer Menschen ist nicht, dass wir nicht wissen, was wir tun, sondern dass wir es nicht tun.«

Peter Drucker (1909), Autor, Management-Consultant und Universitätsprofessor*

»7 Jahre – was ist denn das?«, werden Sie fragen. Warum gerade eine solch krumme Zahl? Antwort: Weil sie den Horizont der großen Mehrheit bereits überschreitet. Betrachten wir doch einmal, wie Unternehmen planen. Dort werden drei Planungszeiträume unterschieden:

- kurzfristig: 1 Jahr
- mittelfristig: 2 bis 3 Jahre
- langfristig: 5 Jahre

Nur in seltenen Fällen wird über den 5-Jahres-Zeitraum hinaus geplant.

Im persönlichen Bereich gehen viele Menschen von 7-Jahres-Schritten aus, sogenannten Perioden. Der 7-Jahres-Rhythmus wohnt der Natur inne. Alles, was mit Wachstum zu tun hat, passiert in diesem Rhythmus. Auf den Menschen angewendet heißt das, dass der 7-Jahres-Rhythmus seine Entwicklung prägt. Der Mensch wird mit 7 Jahren eingeschult, mit 14 konfirmiert oder gefirmt, mit 21 Jahren war man früher in Deutschland volljährig. (Der Eintritt ins Spielcasino ist immer noch erst ab 21 Jahren möglich.) Aus der Bibel kennen wir die Rede von 7 guten und von 7 schlechten Jahren.

Fängt man einmal an, über das eigene Leben nachzudenken, stellen viele Menschen überrascht fest, dass ihr Leben diesem 7er-Rhythmus gehorcht. In anderen Worten: Da bilden sich die Lebensknoten. Hier beginnen neue Dinge, und anderes wird abgeschlossen und kommt zur Landung.

Vielleicht haben Sie es ja auch schon festgestellt: Große Vorhaben in unserem Leben wie zum Beispiel eine Familie zu gründen, ein Buch zu schreiben, ein Haus zu bauen, passen in aller Regel sehr gut in diesen Rhythmus. Die Zahl 7 spielt in der Geschichte der Menschheit ohnehin eine wichtige Rolle. Schneewittchen ist mit 8 Zwergen genauso undenkbar wie eine Liste von nur 6 Weltwundern.

Der nachfolgende Cartoon zeigt ein wenig, wie die Nahtstellen des menschlichen Lebens aussehen und was in den einzelnen Perioden passiert.

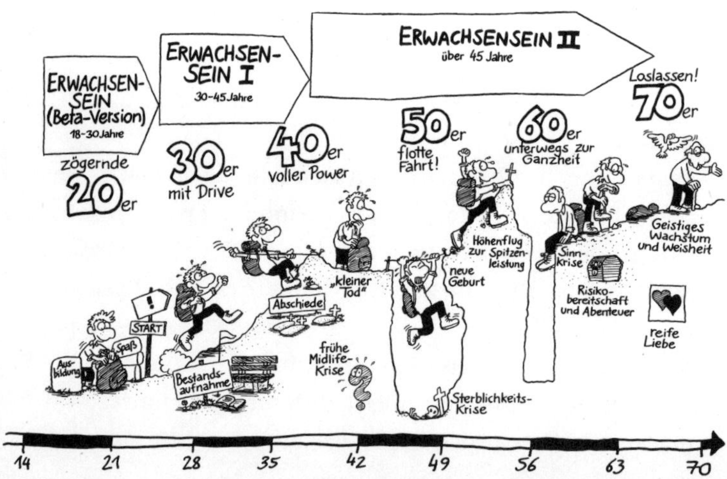

Wären Sie in der Lage, jeder Lebensperiode einen Namen zu geben?

Darum werden wir Sie gleich im anschließenden Workshop bitten. Vorgeschaltet aber erst einmal einige Stichworte, die Ihnen helfen können, Ihr Leben besser zu verstehen. Kreuzen Sie für jede Lebensperiode einfach an, was auf Sie zutrifft. Vor allem wäre es schön, wenn Sie für jede 7-Jahres-Periode schon einmal ein Feld ausfüllen. Dafür ist bei den Ankreuzmöglichkeiten jeweils ein Feld freigelassen.

Lebensperioden

0 – 7 Jahre

- ○ Spielen
- ○ Lernen, Vertrauen zu haben
- ○ Elternhaus, Kindergarten
- ○ Man bekommt Liebe geschenkt, ohne sie sich verdienen zu müssen.
- ○ ______________________________

7 – 14 Jahre

- ○ Konflikte, Pubertät
- ○ Sich an Vorbildern orientieren
- ○ Loslösen von den Eltern und Grenzen austesten
- ○ ______________________________

14 – 21 Jahre

- ○ Erste Prüfungen (Schulabschlüsse, Aufnahmeprüfungen)
- ○ Erster Kontakt zum Berufsleben, erstes selbst verdientes Geld
- ○ Spaß haben und ernst genommen werden wollen
- ○ ______________________________

21 – 28 Jahre

- Bestandsaufnahme: Was kann ich? Wo will ich hin?
- Karriere machen
- Arbeiten an der eigenen Effizienz: höher, schneller, weiter
- Möglichst alles sehen und können wollen; sich für alles interessieren
- ______________________________

28 – 35 Jahre

- Wunsch nach Familie und Kindern kommt auf
- Freiheit und Eigenständigkeit leben wollen
- Leben wird reflektiert und zunehmend geplant
- Immer häufiger wird Führungsverantwortung übernommen
- ______________________________

35 – 42 Jahre

- Vorwärtskommen und Karriere bestimmen den Alltag
- Man steht auf eigenen Beinen
- Verstand und Intellekt sind Basis des Vorankommens
- Beginn der Midlife-Crisis
- ______________________________

42 – 49 Jahre

- Neue Denkansätze sind aus der Midlife-Crisis entstanden
- Erste Gedanken an den Tod und was bisher erreicht wurde
- Was im Leben verpasst wurde, soll möglichst nachgeholt werden
- Es wird versucht, alles anders zu machen
- Suche nach einer neuen Orientierung
- ______________________________

49 – 56 Jahre

- ○ Die innere Ruhe wird ausgebaut
- ○ Phase des »höher – schneller – weiter« ist vorbei; Gelassenheit, über sich selbst lachen können
- ○ Übernahme der Verantwortung für die nächste Generation
- ○ Das eigene Wissen und Können wird weitergegeben
- ○ Man kennt die eigenen Stärken und Schwächen so gut, dass man andere verstehen kann
- ○ ____________________

56 – 63 Jahre

- ○ Sinnkrise; Frage nach dem Sinn des Lebens wird stärker
- ○ Bilanz ziehen; das Leben kritisch betrachten
- ○ Risikobereitschaft und Abenteuer nehmen zu
- ○ Niemanden mehr beeindrucken müssen
- ○ ____________________

63 – 70 Jahre

- ○ Der übernächsten Generation etwas Gutes tun wollen
- ○ Selbsterkenntnis wird zur Menschenkenntnis
- ○ ____________________

70 – 77 Jahre

- ○ Die körperlichen Grenzen werden bewusst
- ○ Sich auf den Tod vorbereiten (Was muss noch erreicht und getan werden)
- ○ ____________________

Workshop: Meine persönlichen Lebensperioden

So, und jetzt sind Sie dran. Bitte versuchen Sie, jeder Periode Ihres Lebens einen Namen zu geben. Wenn Ihnen unklar ist, was das sein könnte, dann werfen Sie nochmals einen Blick auf die Seite zuvor. Welchen Namen könnten Sie der Periode geben, in der Sie derzeit leben? Welchen Namen der nächsten Periode? Wie könnte die darauffolgende heißen?

Der Gedanke ist außergewöhnlich, aber: Warum sollten Sie nicht einfach einmal das Leben durchplanen, bis Sie 84 sind? Vielleicht ja auch bis 91?

Aktuell lautet die Prognose so, dass jedes zweite Mädchen, das derzeit geboren wird, 100 Jahre alt wird. Die neuesten Studien zeigen, dass die durchschnittliche Lebenserwartung bei Frauen um die 80 Jahre liegt, bei Männern sogar nur bei 74 Jahren. Ich lasse mich von Statistiken aber nicht abschrecken. Zum einen steigt das durchschnittliche Lebensalter stetig und zum anderen gibt es eine ganze Menge Menschen, die über 90 Jahre alt werden.

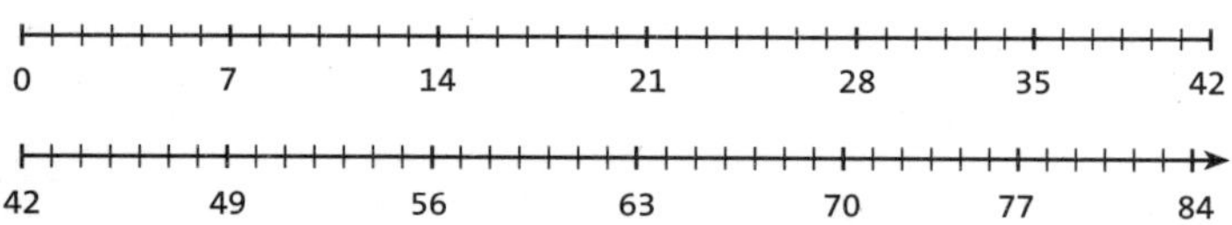

Aufgabe für die Praxis

Mit der nachfolgenden Tabelle haben Sie die Chance, Ihr Leben noch einmal sehr viel detaillierter zu planen. Wenn Ihre Zeit nicht einfach zwischen den Fingern zerrinnen soll, sondern Sie das Meer an Zeit in Ihr Leben holen wollen, dann ist es wichtig zu wissen, was in welcher Periode erfolgen soll.

Die gute Botschaft: Ja, Sie haben ein Meer an Zeit, das Ihr Leben unglaublich reich machen wird.

Die unangenehme Seite daran ist: Sie müssen schon einige Stunden investieren, um zum Beispiel eine solche Tabelle immer wieder zu überarbeiten, damit sie Sie dabei unterstützt, Ihre Zeit optimal zu nutzen.

Und weil diese Planung so wichtig ist, sollten Sie auch einmal mit Ihrer Partnerin oder Ihrem Partner darüber reden. Hier ist ein Beispiel der kreativen Reise in die Zukunft zum Meer an Zeit:

Jahre	**Beruf**	**Familie**	**Sinn und soziales Engagement**	**Freizeit, Körper und Gesundheit**
ab 27	Promotion	Erstes Kind	Zum ersten Mal die Bibel durchlesen	Anmeldung zum Fitnessstudio
ab 35	Selbstständig machen	Zweites Kind	Vorsitz im Ortsverein übernehmen	Einmal pro Jahr eine Wellnesskur durchführen

Kreative Reise in die Zukunft zum Meer an Zeit

Jahre	Beruf	Familie	Sinn und soziales Engagement	Freizeit, Körper und Gesundheit
ab 14				
ab 21				
ab 27				
ab 35				
ab 42				
ab 47				
ab 56				
ab 63				
ab 70				
ab 77				
ab 84				

20. Tag
6. Horizont – der Ruhestand

»Das Alter hat die Heiterkeit dessen, der seine Fesseln los ist und sich nun frei bewegt.«

Arthur Schopenhauer (1788–1860), Philosoph

Heute schon an morgen denken – das ist das Geheimnis eines effektiven Umgangs mit der Zeit. Doch wie weit reicht dieses »Morgen«? Die Lebensversicherer und Anlageberater haben uns in den vergangenen Jahren immer wieder die Frage gestellt: Sind wir ausreichend auf den Tag vorbereitet, an dem wir uns aus der Erwerbstätigkeit verabschieden?

Geld ist dabei nicht alles. Der Ruhestand bietet heutzutage die große Chance, noch einmal die Weite und die Tiefe des »Meeres an Zeit« zu genießen. Um so erstaunlicher ist die Beobachtung, wie viele Menschen fast völlig unvorbereitet in diesen neuen Lebensabschnitt taumeln. Insbesondere Männer fallen am Tag nach der Pensionierung in ein Loch, aus dem manche kaum mehr gesund wieder herauskommen. Für andere wird der Ruhestand keine Phase des Zeitgenusses, sondern der beispiellosen Zeitverschwendung, die sich im schlimmsten Fall zwischen Kaffeefahrten und endlosem TV-Konsum abspielt. In diesem Abschnitt geben wir Ihnen Anregungen dazu, wie Sie die Zeit des Ruhestandes in Ihr Zeitmanagement einbauen können, damit Sie noch mehr Grund haben, sich darauf zu freuen.

1. *Erhalten Sie den* Flow

Erinnern Sie sich an den Abschnitt über das »Flow«-Konzept? (siehe Seite 98 ff.) Wir haben unter anderem gesagt, dass der Mensch Herausforderungen braucht, die seinen Begabungen entsprechen, um vermehrt Glücksgefühle erleben zu können. Diese Erkenntnis hört natürlich mit der Pensionierung nicht auf. Aber die Probleme fangen mit der Pensionierung erst richtig an! »Das für Rentner typische kleine Lebensdreieck zwischen Gartenarbeit, Fernsehen und Ruhe ist zu wenig«, sagt der Mediziner Wolfgang Hasselkus, der in Rödental bei Coburg auf kommunaler Ebene eine erfolgreiche Altenarbeit aufgebaut hat. Er ist davon überzeugt: »Passivität ist der große Gegner des erfolgreichen Älterwerdens.« Auch die Meinungsforscherin Elisabeth Noelle-Neumann hat diese Erkenntnis aus den Ergebnissen ihrer Glücksforschung gewonnen. In einem Interview forderte sie: »Sagt doch den alten Menschen, dass sie nur glücklich sein werden, wenn sie so aktiv wie möglich sind. Zum Beispiel, indem sie der jungen Generation helfen, ohne dafür Dank zu verlangen.«

Aktivität ist also der Schlüssel zu einem gelingenden Älterwerden. Das bedeutet für Sie: Mit dem Ruhestand hört das Zeitmanagement nicht auf – in gewisser Hinsicht fängt es damit erst richtig an. Denn das Berufsleben zwingt Sie üblicherweise selbst dann zu Aktivität, wenn Sie nur wenig Zeitmanagement betreiben. Nach dem Berufsleben aber haben Sie erheblich mehr Freiheit, was Sie aus Ihrer Zeit machen – sind aber auch der Gefahr in größerem Maße ausgesetzt, eben nichts mehr aus dieser Zeit zu machen.

2. Bekämpfen Sie Vorurteile über das Alter

Was Sie vom Alter erwarten, hat erheblichen Einfluss darauf, wie Sie darin Ihre Zeit verwenden wollen. Es würde den Rahmen dieses Buches sprengen, die vielen falschen Bilder zu korrigieren, die in der Öffentlichkeit über Menschen jenseits der 60 kursieren. Gehen Sie einfach davon aus: Die meisten negativen Assoziationen, die wir beim Thema Alter haben, sind falsch. Die große Mehrheit der Senioren hat auch noch mit 70 ein positives Lebensgefühl, viele sogar über die 80 hinaus. Das ist durch verschiedene Studien belegt. Es stimmt auch nicht, dass ältere Menschen depressiver sind als jüngere. Selbst die gängige Ansicht, mit dem Alter lasse die Gedächtnisleistung nach, lässt sich so pauschal nicht halten. Sieht man mal von den Fällen der Demenzkrankheit ab, sind betagte Menschen sehr wohl noch in der Lage, viele neue Dinge zu lernen – zum Beispiel eine Fremdsprache. Doch in der westlichen Kultur wird den Senioren eingeredet, dass sie unausweichlich verkalken. Daraus ist in den vergangenen Jahrzehnten eine sich selbst erfüllende Prophezeiung geworden. Alte Menschen rechnen damit, dass sie vergesslich werden und ihre Lernfähigkeit verlieren. Also strengen sie ihre »grauen Zellen« auch nicht mehr an wie früher – mit dem Ergebnis, dass sie tatsächlich vergesslich werden und ihre Lernfähigkeit verlieren. Auch fürs Gedächtnis gilt der

englische Spruch: »Use it or lose it« – Gebrauche es oder verliere es.

Aus den genannten Gründen sollten Sie deshalb beim Blick auf den Horizont des Ruhestandes zunächst einmal vom Besten ausgehen: Dass Ihnen noch mindestens 20 überwiegend gesunde Jahre bevorstehen, die Sie vergleichsweise frei gestalten und in denen Sie neue Welten entdecken können!

3. Was bis zum Ruhestand geschehen muss

Auch wer den Ruhestand noch unendlich weit entfernt wähnt, sollte sich so früh wie möglich damit auseinandersetzen. Denn sonst wird leicht übersehen, dass der Sinn unseres Erwerbslebens nicht nur darin besteht, unsere täglichen Konsumwünsche befriedigen zu können. Wer verantwortlich mit seiner Zeit umgehen will, wird auch Vorsorge für die Jahre treffen müssen, in denen er voraussichtlich kein Geld mehr verdient. Was also muss bis zum Ruhestand geschehen?

Finanzen Prüfen Sie sehr genau, wie Sie am Ende Ihres Erwerbslebens finanziell dastehen. Dass die Rente aus der Bundesversicherungsanstalt alles andere als sicher ist, weiß inzwischen jedes Kind. Nehmen Sie deshalb die Dienste eines unabhängigen Finanzberaters in Anspruch. Der wird Sie darüber aufklären, was Sie vom Erwerb einer Immobilie haben (mietfreies Wohnen im Alter), wie Sie eine Privatrente aufbauen, und so weiter.

Berufsausstieg Die scharfe Grenze zwischen berufstätig und pensioniert wird in Zukunft verschwimmen. Es ist angesichts der wirtschaftlichen und demographischen Situation damit zu rechnen, dass die Menschen wieder länger arbeiten werden und flexiblere Arbeitszeitmodelle nutzen können. Vielleicht nicht 40 Stunden die Woche, aber möglicherweise auch noch jenseits der 70 halbtags. Wollen Sie Ihren Beruf wirklich von heute auf morgen an den Nagel hängen und die Vorzüge des sogenannten Ruhestandes in vollen Zügen genießen? Oder sagen Sie sich: Solange ich noch Geld verdienen kann, will ich das auch tun, um mir damit etwas mehr soziale Sicherheit zu verschaffen und dabei eventuell auch noch andere Menschen zu unterstützen.

Wohnsitz Das romantische, entlegene Haus im Grünen war ein Segen, als die Kinder dort aufwuchsen. Für Hochbetagte kann es ein Fluch werden, weil es in den seltensten Fällen altersgerecht gebaut ist, wenn zum Beispiel der Einkauf oder der Arztbesuch längere Autofahrten erfordern. Überlegen Sie, welche Anforderungen Sie an den Wohnort haben, an dem Sie Ihren Lebensabend verbringen wollen. Einige Faktoren sind: medizinische Versorgung, Angebote für betreutes Wohnen, öffentliche Verkehrsmittel, Lebenshaltungskosten, Kriminalitätsrate, kulturelle Angebote.

Thelmas zweiter Mann

Auch mit 75 war Thelma noch munter und voller Leben. Als ihr Mann starb, schlugen ihre Kinder vor, sie solle in eine Seniorenwohnanlage ziehen. Weil sie ein geselliger und lebenslustiger Mensch war, beschloss sie, das zu tun.

Kurz nachdem sie eingezogen war, wurde sie zum selbst

ernannten Aktivitätenchef – sie koordinierte alle möglichen Dinge, die die Bewohner der Anlage tun konnten, wurde schnell sehr populär und gewann viele Freunde. Als Thelma achtzig wurde, zeigten ihre neuen Freunde, wie sehr sie sie mochten, indem sie eine Überraschungsparty für sie organisierten.

Als Thelma an diesem Abend den Speisesaal betrat, wurde sie mit stehenden Ovationen begrüßt, und einer der Organisatoren führte sie zum Kopfende des Tisches. Es wurde viel gelacht und es fehlte nicht an Unterhaltung, aber die ganze Zeit über konnte Thelma die Augen nicht von einem Mann wenden, der am anderen Ende des Tisches saß.

Als das Fest zu Ende ging, stand Thelma schnell von ihrem Platz auf und beeilte sich, zu dem Mann zu kommen. »Entschuldigen Sie«, sagte sie. »Bitte verzeihen Sie, wenn ich Sie verlegen gemacht habe, weil ich Sie den ganzen Abend angestarrt habe. Ich konnte einfach nicht anders, als in Ihre Richtung zu sehen. Wissen Sie, Sie sehen genauso aus wie mein zweiter Mann.«

»Ihr zweiter Mann?«, erwiderte der Herr. »Sie waren zweimal verheiratet?«

Ein Lächeln huschte über Thelmas Gesicht, als sie antwortete: »Nein, einmal.«

Kurz darauf feierten die beiden Hochzeit.

aus: Jack Canfield, Mark Victor Hansen: Hühnersüppchen für die Seele, übersetzt von Ulla Rahn-Huber, erschienen 2002 im Wilhelm Goldmann Verlag, München, einem Unternehmen der Verlagsgruppe Random House GmbH.

4. Wählen Sie neue Herausforderungen

Gerade im Ruhestand können Sie Ihre Zeit intensiv zum Nutzen anderer einsetzen. Damit werden Sie diesen Menschen zum Segen – und erleben selbst das beglückende Gefühl, etwas zur Verbesserung der Situation anderer beigetragen zu haben. Betätigungsfelder sind:

Familie Die Generation der Kinder, Enkel und Urenkel wird Ihre Hilfe möglicherweise sehr zu schätzen wissen. Bei der Kinder- und Hausaufgabenbetreuung, beim Bauen und Renovieren, beim Vorbereiten von Familienfeiern.

Ehrenamt Ob es eine Kirchengemeinde, ein sozialer Verein oder eine internationale Hilfsorganisation ist – Ihr ehrenamtliches Engagement dort ist gefragt! Sie können Chefredakteur des Gemeindebriefs werden, unentgeltlich arbeitender Fundraiser, Presse- und Öffentlichkeitsarbeiter, Kassenwart, Schriftführer, Projektmanager.

Nachwuchsförderung Auch in der Wirtschaft will man das Know-how von Ruheständlern nicht einfach verfallen lassen. Es sind zahlreiche Mentoring- und Trainingsprogramme entwickelt worden, die Menschen mit jahrzehntelanger Berufserfahrung und junge Berufseinsteiger zusammenbringen, damit die Jungen von den Erfahrungen der Alten profitieren können.

5. Verlernen Sie das Lernen nicht

Wir kennen eine Mathematiklehrerin, die nach der Pensionierung sofort begonnen hat, Altgriechisch zu lernen. Ihr Ziel war es, das Neue Testament in der Sprache zu lesen, in der es geschrieben wurde. Sie hat es geschafft.

Was wollen Sie Neues lernen? Wie wäre es mit Spanisch, das man nicht nur in Südwesteuropa, sondern auch vom südlichsten Zipfel Chiles bis nach Mexiko spricht? Das Wichtigste ist: Haben Sie keine Angst vor Neuem und keine Angst davor, Sie könnten nicht mithalten. Herausforderungen zu bewältigen macht auch in hohem Alter glücklich. Wollen Sie dieses Glück nicht auch empfinden?

Im folgenden Workshop geht es um eine Bestandsaufnahme zu der Frage, wie gut Sie sich bereits auf den Ruhestand vorbereitet haben.

Workshop: Mein persönlicher Ruhestandstest

Wenn Sie morgen nicht mehr zur Arbeit müssten – was würden Sie dann am liebsten tun? Womit würden Sie sich gerne befassen? Wofür hätten Sie endlich Zeit?

Wie und wo könnten Sie Ihre Berufserfahrung weiterhin nutzen (zum Beispiel ehrenamtlich oder freiberuflich)?

Welche lange vernachlässigte Begabung/Fähigkeit könnten Sie wieder zum Einsatz bringen?

Bereiten Sie sich konsequent auf Ihre Pensionierung vor? Arbeiten Sie an präzisen finanziellen Zielen?

Aufgabe für die Praxis

Kennen Sie in Ihrem Verwandten- und Bekanntenkreis eine Person, die in den vergangenen drei Jahren in den Ruhestand gegangen ist? Besuchen Sie diesen Menschen oder rufen Sie ihn an – und profitieren Sie von seiner Erfahrung. Fragen Sie ihn, was gut und was schlecht gelaufen ist, welche Probleme er übersehen hatte und welche Chancen sich ihm aufgetan haben. Das wird mit Sicherheit ein Gespräch, das Ihnen noch einmal neu die Augen für den sechsten Horizont öffnet. Und dann halten Sie sich bei Ihrer Zeitplanung vor Augen: Die Vorbereitung auf den Ruhestand beginnt heute!

21. Tag
7. Horizont – das Lebensende

»Herr, lehre uns bedenken, dass wir sterben müssen, damit wir klug werden.«

Die Bibel

Das »Meer an Zeit« ist weit – aber es ist nicht unendlich. Und doch sind die Menschen Meister im Verdrängen dieser Tatsache, dass es einmal mit ihnen aus sein wird. Das war schon zu biblischen Zeiten so, sonst hätte es des oben zitierten jüdischen Psalmgebets nicht bedurft. Ob wir es mögen oder nicht: Das Lebensende kommt mit einer Sicherheit wie kein anderes Ereignis.

Dass unsere Zeit begrenzt ist, hat unmittelbare Auswirkungen auf unser Zeitmanagement. Denn von unserem Ende her gesehen bemisst sich, welche Qualität unser Tun heute hat. Eine Frage, die unser Bewusstsein schärfen kann, ist etwa: Was würden wir tun, wenn wir wüssten, dass wir nur noch ein Jahr zu leben hätten? Würden wir versuchen, mehr fernzusehen? Mit Sicherheit nicht. Würden wir versuchen, noch mehr Überstunden zu machen? Wahrscheinlich auch nicht – es sei denn, wir wollten dadurch dafür sorgen, dass wir ein solides Erbe hinterlassen.

Wir sollten nicht übersehen: Das unausweichliche Ende unseres Lebens ist das stärkste Argument für ein gutes Zeitmanagement! Wenn wir für unsere Aktivitäten unendlich viel Zeit hätten, bräuchten wir kein Zeitmanagement. Es wäre egal, ob wir eine Sache heute oder morgen oder am Sankt-Nimmerleins-Tag erledigen.

Ein kleines Gedankenexperiment veranschaulicht das: Stellen Sie sich vor, Ihre Firma schickt Sie für ein Jahr ins Ausland. Was nehmen Sie mit? Das hängt doch sehr davon ab, ob Ihnen für diesen Umzug fünf Möbelwagen oder nur zwei Koffer zur Verfügung stehen. Je begrenzter der Platz, desto genauer müssen Sie überlegen, was hineinkommt. Dasselbe gilt für die Zeitplanung: Da unser Vorrat an Zeit begrenzt ist, bedarf es genauen Planens, wie aus diesem Vorrat das Beste zu machen ist – was wir also in unseren »Zeitkoffer« hineinpacken.

Es gibt verschiedene Fragetechniken, mit denen wir die Vorstellungen klären können, wo wir am Ende unseres Lebens stehen wollen. Sie ergänzen einander. Deshalb verbinden wir Sie gleich mit einem Workshop. Im Folgenden stellen wir Ihnen drei dieser Techniken vor und laden Sie gleich im Anschluss an jede Frage ein, sie auf Ihr Leben zu übertragen. Nehmen Sie sich die nötige Zeit dafür. Sie werden es nicht bereuen, denn hier entdecken Sie, was Ihnen im Leben wirklich wichtig ist.

Workshop: Das Zielfoto Ihres Lebens

Beschreiben Sie in einem Bild, wie Sie sich die letzten (einigermaßen gesunden) Tage Ihres Lebens vorstellen. Viele schildern dabei eine Szene, in der sie sich selbst sehen – umgeben von einem immer noch liebenden (Ehe-)Partner, Kindern, Enkeln, Freunden. Ort dieser Szene ist das eigene Wohnzimmer oder der Garten. Wenn das auch Ihr Zielfoto sein sollte, sind damit klare Prioritäten für Ihre heutige Zeitplanung enthalten, nämlich: Pflege der Beziehung zu (Ehe-) Partner, Kindern und Freunden; Sparen für den Erwerb oder das Abbezahlen der Schulden der eigenen Immobilie und so weiter.

Malen Sie nun ein Zielfoto für Ihr Leben oder beschreiben Sie in Stichworten, was auf diesem Zielfoto zu sehen wäre.

Der Schaukelstuhl-Test

Die meisten von uns haben mehr Ideen und Wünsche, als sich in einem Leben verwirklichen lassen. Wenn Sie eine Liste mit Dingen aufstellen, die Sie furchtbar gerne einmal machen würden, dann können Sie diese Liste anschließend dem Schaukelstuhl-Test unterziehen. Stellen Sie sich vor, Sie sitzen 80-jährig in einem Schaukelstuhl und schauen sich diese Liste an. Bei welchen Dingen werden Sie sehr traurig sein, wenn Sie sie nicht getan haben? Die Beantwortung dieser Frage hilft Ihnen, das Wesentliche vom weniger Wesentlichen zu unterscheiden. Vielleicht würden Sie gerne einmal den Kilimandscharo besteigen. Wenn Sie dieses Vorhaben aber dem Schaukelstuhl-Test unterziehen, merken Sie: Die Reise nach Afrika wäre nett, aber so wichtig ist sie Ihnen auch wieder nicht. Was Sie dagegen wirklich ärgern würde, wäre möglicherweise der Umstand, mit 80 noch in einer Mietwohnung zu sitzen, anstatt den Lebensabend in den eigenen vier Wänden zu verbringen.

Sehen Sie sich noch einmal Ihre persönliche Wunschliste an, die Sie im ersten Kapitel des zweiten Abschnitts (Seite

125) angefertigt haben. Unterziehen Sie jeden Wunsch dem Schaukelstuhl-Test: Würde es Ihnen viel ausmachen, wenn dieser Wunsch bis zu Ihrem 80. Geburtstag nicht in Erfüllung gegangen wäre? Tragen Sie dann in folgende Zeilen die drei oder vier Wünsche ein, die Ihnen am wichtigsten sind.

____

____

____

____

____

Die Grabrede

Das ist vielleicht die unangenehmste Übung – und gleichzeitig die erhellendste. Stellen Sie sich vor, Sie beobachten von außen Ihre eigene Beerdigung. Im Sarg liegen Sie! Und an Ihrem Grab halten vier Menschen eine kurze Rede. Jeweils ein Vertreter Ihrer Familie, Ihrer Firma, Ihrer Gemeinde (bürgerlich oder kirchlich) und Ihrer Nachbarschaft sollen sprechen. Was sollen diese Menschen über Ihr Leben sagen? Der Sinn dieser Übung besteht nicht darin, an posthumem Ruhm zu basteln. Es geht vielmehr um zwei Dinge: die Bilanz Ihres Lebens zu bestimmen, um dann in einem zweiten Schritt Ihr heutiges Leben – wofür Sie also heute Zeit verwenden – mit dieser Bilanz zu vergleichen.

Zur Veranschaulichung ein Beispiel: Alle Eltern wünschen sich, gute Eltern zu sein. Wenn also Ihr Sohn oder Ihre Tochter am Grab steht, sollten vielleicht Sätze wie diese fallen: »Vater/Mutter hatte immer Zeit für mich, zeigte Ver-

ständnis für meine Probleme, begegnete mir mit Respekt und half mir, meine Begabungen zu entwickeln.« Und nun fragen Sie sich aufrichtig: Hätte Ihr Sohn/Ihre Tochter ausreichend Grund, solche warmen Worte an Ihrem Grab zu sagen? Nicht wenige Männer stehen beruflich derart unter Strom (genauer: lassen sich derart unter Strom stellen), dass sie ihre Kinder höchstens am Wochenende zu Gesicht bekommen. Wenn Ihnen die Beziehung zu Ihrem Kind wirklich wichtig ist, bleibt Ihnen nichts anderes übrig, als Zeit (nicht nur Geld!) in diese Beziehung zu investieren.

Wir wissen: Diese Übung hat es in sich. Sie ist eine Zumutung. Haben Sie genug Mut dazu? Doch wäre es töricht, in einem Buch über Zeitmanagement nur darüber zu sprechen, wie Sie mehr in einen Tag hineinpacken können. Abgerechnet wird am Schluss. Deshalb ist es besser, das Bilanzergebnis schon vorher festzulegen und darauf hinzuarbeiten, anstatt in hohem Alter über Versäumnisse zu klagen. Deshalb halten wir nachfolgenden Workshop für besonders hilfreich.

Workshop: Die Grabrede

Verfassen Sie nun (zumindest in Stichworten) die vier kurzen Reden, wie sie an Ihrem Grab gehalten werden sollten. Legen Sie anfangs die »Schere im Kopf« beiseite. Denken Sie (noch) nicht darüber nach, ob diese Reden schon heute so gehalten werden könnten. Blenden Sie für einen Moment die Defizite aus, die Sie gegenüber Familie, Firma, Gemeinde und Nachbarschaft empfinden. Schreiben Sie vielmehr Ihre »Wunsch-Grabreden«, von denen Sie sagen könnten: Wenn diese Reden so an meinem Sarg gehalten werden könnten, dann habe ich wirklich das optimale Leben geführt.

- Familie

____

____

____

____

____

- Firma

____

____

____

____

____

- Gemeinde (bürgerlich oder kirchlich)

- Nachbarschaft

Der zweite Teil der Übung ist anstrengender und würde den Rahmen eines Workshops sprengen. Denn jetzt müssen Sie die schönen Grabreden mit der Realität Ihres Alltages vergleichen und die unerbittliche Frage stellen: Hätten diese vier Vertreter genügend Gründe, solche Reden zu halten? Der vierteljährliche Dreamday (siehe Seite 218 ff.) ist eine wundervolle Gelegenheit, dem nachzugehen. Jeder von uns entdeckt hier Defizite. Doch die Grabreden ordnen unsere Gedanken: Was halten wir für wirklich wichtig – und was tun wir *heute* dafür, dass wir diese wichtigen Ziele erreichen?

Geld oder Leben

Ein reicher Geschäftsmann wird auf offener Straße überfallen. Er spürt die Pistole in seinem Rücken und hört die Stimme in seinem Ohr: »Geld oder Leben!« Der Geschäftsmann dreht sich um und antwortet: »Nehmen Sie das Leben, mein Geld brauche ich noch!«

aus: Axel Kühner, Eine gute Minute. 365 Impulse zum Leben. Neukirchen-Vluyn, 2002

Wir schmunzeln, weil wir verstehen, dass Geld im Angesicht des Todes diese Rolle nicht mehr spielen kann. Aber gestalten wir tatsächlich unser Leben entsprechend? Was Ihnen an Lebenszielen wirklich wichtig ist, sollten Sie in ein Buch oder eine Mappe eintragen, die wir »Lebensbuch« nennen. Dieses Buch wird von Quartal zu Quartal ein immer wichtigerer Kompass für Ihr Leben. Sie halten darin Ihre Werte und Wünsche, Ihre Träume und Ziele fest. Sie kontrollieren Anspruch und Wirklichkeit Ihres Zeitmanagements. Sie decken Schwachstellen auf und gehen diese konsequent an. Ob Sie dafür besser eine Kladde, einen Ringordner oder ein bereits systematisch ausgetüfteltes »Lebensbuch« (zu beziehen über www.tempus.de) benutzen wollen, sollten Sie ausprobieren. Einer der Autoren benutzt zum Beispiel einen inzwischen 8,5 Kilogramm schweren Lebenskoffer, in dem Materialien zu verschiedensten Lebensbereichen, aber auch konkrete Zeitpläne zum Erreichen seiner Ziele zusammengetragen sind.

Aufgabe für die Praxis

Auf dem Weg, Ziele zu erreichen, hat es sich als hilfreich erwiesen, diese Ziele zu visualisieren. Wie aber visualisiert man Lebensziele? Zum Beispiel, indem man Bilder sucht und sammelt, die ein gelungenes Leben darstellen.

Blättern Sie einmal ein paar Illustrierte daraufhin durch, ob Sie Bilder finden, in denen Sie Motive Ihrer Lebensziele entdecken. Das kann ein mächtiges Industriegebäude sein (vielleicht wollen Sie so etwas vererben), ein altes Ehepaar im eigenen Garten, aber vielleicht auch eine Dorfschule in Afrika, deren Bau und Erhalt Ihnen am Ende Ihres Lebens wichtiger sein soll als beispielsweise sportlicher Ruhm. Die Suche nach solchen Bildern hilft Ihnen, die wichtigsten Themen Ihres Lebens zu entdecken. Legen Sie noch heute eine Mappe an, in der Sie solche Bilder sammeln.

R wie Reichtum

Eigentlich könnte das Buch hier aufhören. Sie haben einen neuen Blick für das »Meer an Zeit« gewonnen, das Ihnen zur Verfügung steht, Sie haben sich die Standardtechniken des Zeitmanagements angeeignet und haben gesehen, wie sich Zeit unter Beachtung der sieben Horizonte effektiv planen lässt. Was will man zu diesem Thema mehr ausführen?

Wie im Eingangskapitel dargestellt, ist den Verfassern dieses Buches die herkömmliche Sicht des Zeitmanagements zu begrenzt. Insbesondere die starke Einengung des Themas auf die eigene Person scheint unserer Meinung nach den Weg zu einem effektiven Umgang mit der Zeit teilweise zu blockieren. Zeit haben bedeutet ja zu einem hohen Maß Zeit haben, um sie mit anderen zu verbringen. Daraus das Beste zu machen, ist der Sinn des abschließenden vierten Abschnitts.

Jede Überschrift eines Abschnitts beginnt mit dem Appell »Zeit veredeln durch …«. Und genau darum geht es. In den zurückliegenden 21 Abschnitten haben Sie Grundlegendes für einen guten Umgang mit Ihrer Zeit erfahren. Doch es geht noch besser. Geradezu optimal wird dieser Umgang, wenn Sie lernen, wie Sie Ihre Zeit im Blick auf Beziehungen zu anderen Menschen gestalten können. Dazu gehören Vertrauen ebenso wie Charakter, soziales Engagement ebenso wie die Suche nach dem Vorteil für andere.

Eines der Schlüsselthemen ist dabei Kommunikation. Schlechte, misslungene Kommunikation ist einer der größten Zeitfresser der Gegenwart. Bessere Kommunikation ist ein Beitrag zur Zeitveredelung, andere Beiträge sind Charakterschulung und Engagement. Viele Menschen – gerade karriereorientierte, gestresste Zeitgenossen – unterschätzen die Tatsache, wie viel persönliches Glück ihnen dadurch zuwächst, dass sie sich für andere engagieren. Wer sich engagiert und für andere Mehrwert schafft, empfindet die dafür eingesetzte Zeit in der Regel nie als Verschwendung, sondern als Bereicherung. Man hat seinen Stunden mehr Inhalt gegeben. Die Frage, worin man persönlich den Sinn seines Lebens sieht – ein lange vernachlässigtes Thema, das aber momentan wieder stärker in die Öffentlichkeit drängt –, ist eine Schlüsselfrage des optimalen Zeitmanagements.

Wenn man sich im deutschsprachigen Raum zum Abschied eine »gute Zeit« wünscht, dann setzen wir in diesem vierten Kapitel noch einen drauf: Wir wünschen Ihnen eine »veredelte Zeit«.

22. Tag
Zeit veredeln durch das richtige Umfeld

»Ändere deine Einstellung zu den Menschen,
und die Menschen ändern ihre Einstellung zu dir.«

Samy Molcho (1936),*
Pantomime und Körpersprachen-Experte

Sie kennen das Problem des Besuchs von Seminaren oder Ihrer Neujahrsvorsätze: Der Wille zu Veränderung ist da – und dennoch will die Umsetzung nicht gelingen. Der Geist ist willig, das Fleisch ist schwach. Doch gibt es einen Weg, wie sich die Veränderungswahrscheinlichkeit nach Seminaren verzehnfacht.

Alte und neue Gewohnheiten

Lisa Müller hat wirklich Leidensdruck. Sie muss etwas für ihr Zeitmanagement tun. Als alleinerziehende Mutter, leitende Angestellte und vielseitig ehrenamtlich Engagierte ist ihr alles über den Kopf gewachsen. Mit Erschrecken hat sie nach dem Lesen eines Artikels in einer Zeitschrift eindeutige Anzeichen einer Erschöpfungsdepression auch bei sich erkannt. Darum besucht sie unser Seminar. Ab morgen will sie endgültig alles besser machen.

Heute hat sie anhand von Tests eine überraschend klare Analyse ihrer Stärken und Schwächen erarbeitet. Ihr ist nun noch klarer, warum und wie sie Dinge angehen muss.

Sie hat tolle Planungsmodelle erlebt und einen Berater kennengelernt, der sehr glaubwürdig von seinen eigenen Problemen und seinen Siegen über sie berichtet. Seine Tipps sind eigentlich genial einfach, einleuchtend und praktisch lebbar. Man muss sie nur umsetzen. Das macht ihr Mut. Sie hat ihre Ziele neu formuliert und ihr Zeitmanagement-System zusammengestellt. Ihre Strategie steht! Und zum Abschluss erhält sie sogar noch eine Urkunde für die Teilnahme an einem Seminar »über den erfolgreichen Umgang mit Zeit«. Was kann jetzt noch die Umsetzung vereiteln?

Nur eines: Ihr Alltag mit ihren alten Gewohnheiten! Ihre Arbeit hat sich dummerweise während des Seminars nicht von selbst erledigt. Sie kommt zurück an ihren Schreibtisch, findet über 20 unerledigte Mails, vier wichtige Nachrichten auf dem Anrufbeantworter, dazu zwei Anfragen von Kolleginnen zu verschiedenen Projekten. Die guten Vorsätze erweisen sich als undurchführbar. Die geplanten neuen Gewohnheiten bekommen keine Chance, sich zu etablieren. Der Alltag hat gesiegt – eine allzu menschliche, allzu verbreitete Erfahrung.

Ein Fachmann berichtete uns, dass maximal drei Prozent aller Menschen, die sich insgeheim eine Änderung ihres Verhaltens vornehmen, diese auch ohne eine Form von gesundem äußerem Druck konsequent so umsetzen. Für alle anderen gilt: Sie brauchen irgendeine Form der Hilfe von außen! Die Umsetzungswahrscheinlichkeit steigt enorm, wenn Sie darüber reden, andere einweihen und nochmals um ein Vielfaches, wenn Sie sich konkret ein Unterstützungsumfeld aufbauen, um neue Gewohnheiten einzuüben (siehe auch Kapitel »Gewohnheiten entwickeln – Zeit gewinnen«, Seite 156).

Coaching und Mentoring im Alltag

Die beste Unterstützung sind immer noch Menschen, die Sie auf die unterschiedlichste Art und Weise begleiten. Ein guter Freund ist ein Segen, der durch kaum etwas anderes aufzuwiegen ist. Jemand, der weiß, womit Sie ringen, welche Ziele Sie haben, der Sie ermutigt, nicht aufzugeben, mit Ihnen feiert, leidet, kämpft; jemand der mit Ihnen zusammen Ihre Ziele reflektiert, und der ehrlich genug ist, Ihnen Dinge zu sagen, die Sie vielleicht gerade lieber nicht hören wollen. Achten Sie immer darauf, dass es Menschen sind mit einer großen Liebe zur Wahrheit. Ehrlichkeit sollte wichtiger sein als Harmoniezwang.

In unserem sozialen Umfeld liegt ein Schlüssel zu nachhaltiger Veränderung. Eine der größten Effektivitätssteigerungen bei unseren Seminaren hatten wir ab dem Zeitpunkt, als wir anfingen, bereits während des Seminars zeitlich begrenzte Lernpartnerschaften zu installieren. Ein anderes Wort hierfür ist Co-Mentoring oder »Sparring-Partner«. Wir haben Arbeitsgruppen ermutigt, am Ende des Seminars ihre Ziele, Vorsätze und Adressen schriftlich auszutauschen. Nach einer Woche sollten sie einander über ihre »Hausaufgaben« berichten. Danach das Gleiche nochmals 14 Tage später. Vier Wochen danach der nächste Austausch und acht Wochen nach diesem Termin fand der letzte Kontakt statt. Teilnehmer, die dieses Angebot wahrnahmen, registrierten erstaunlich mehr Veränderung als die anderen, die darauf verzichteten!

Wie findet man einen Co-Mentor? Sehr viele Menschen aus Ihrer persönlichen Umgebung können diese Aufgabe übernehmen: der Ehepartner, ein Arbeitskollege, der Ten-

nispartner, die erwachsene Tochter, der erwachsene Sohn. Menschen, von denen Sie glauben, etwas lernen zu können, und mit denen Sie solche »Lernpartnerschaften« praktizieren möchten. Doch Achtung, nicht zu viel auf einmal versuchen zu verändern, dafür aber konsequent und regelmäßig.

Die professionelle Variante ist dann natürlich ein guter Coach. Dieser zeichnet sich hoffentlich durch hohe Fachkompetenz aus. Wir sind in der Zwischenzeit richtige Coaching-Fans geworden. Viele unterschätzen das, was durch die Zusammenarbeit zwischen einem lernwilligen Coachee und einem Coach alles möglich ist. Natürlich kostet Coaching Geld, aber richtig eingesetzt rechnet sich das. Für uns war es eine Erfahrung (die wir selbst erst akzeptieren mussten), dass auf lange Sicht ein Seminar kombiniert mit Coaching die stärksten positiven Veränderungen bei den Teilnehmern bewirkt. Hierbei müssen wir allerdings warnen: Die Verantwortung für das Handeln muss stets beim Coachee bleiben. Und ein guter Coach macht sich auf Dauer überflüssig. Haben Sie deshalb keine Scheu, unfruchtbare Coachingbeziehungen abzubrechen.

Hilfen gegen das Vergessen

Was gehört noch zu einem unterstützenden Umfeld?

Sich erinnern Es hört sich banal an, aber manchmal geraten gute Vorsätze aufgrund der Lebensfülle einfach in Vergessenheit. Dagegen gibt es eine Vielzahl schöner Möglichkeiten, sich zu erinnern. Die gelben Klebezettel an häufig besuchten Orten, am Kühlschrankgriff, an der Haustüre auf Augenhöhe, am Badspiegel, ein Memo im Bildschirmschoner, ein außergewöhnlicher Gegenstand in der Jackentasche, den Sie mit dem Neuen verbinden. Verstärken können Sie das Ganze noch durch wandelnde »Post-its« – Freunde, Kinder, Partner, Kollegen, die Sie liebevoll an Vorsätze erinnern. Belohnen Sie doch einmal Ihre Kinder, wenn diese Sie an unangenehme Dinge erinnern, die Sie unbedingt noch erledigen müssen.

Checklisten nutzen Einmal erstellt und regelmäßig gepflegt, können diese kleinen Helferchen viel Zeit und Nerven sparen. Im Internet gibt es interessante Adressen mit fertigen Listen zum Downloaden. Gerade beim Einüben neuer Gewohnheiten können die Tagescheckliste, die Reisecheckliste, Checkliste für die Wochen- beziehungsweise Monatsplanung eine große Hilfe sein.

Umfeld beobachten Außerdem sollten Sie sich mit Blick auf Ihr Umfeld ab und zu mal fragen: Mit welchen Menschen umgebe ich mich? Sind das die Dauerpessimisten, die jedes halbvolle Glas für halbleer erklären und in Weltuntergangsstimmungen schwelgen? Oder sind es Menschen, die eine positive Sicht der Dinge haben, immer wieder Ermutigendes sagen, Optimismus verströmen? Sie brauchen in Ihrem Umfeld Menschen, die Sie inspirieren. Dann erledigen Sie auch Ihre Arbeit leichter – das spart Zeit! Inspirierend sind übrigens nicht nur die Lebenden. Es gibt auch historische Personen, die man als Vorbilder, zumindest aber als Ideengeber in seiner »Nähe« haben sollte. Zum Thema Zeitmanagement lohnt es sich beispielsweise, die über 200 Jahre alte *Autobiografie* des Politikers, Essayisten und Erfinders Benjamin Franklin zu lesen.

Unterstützungskultur im Internet

Eine großartige Möglichkeit, eine Unterstützungskultur aufzubauen, sind sogenannte Netzwerk-Plattformen im Internet – ein Trend, der in den USA begonnen hat und mittlerweile Millionen Menschen miteinander vernetzt. OpenBC (www.openbc.com) ist die in Deutschland führende Plattform, in der man kreative Köpfe kennenlernen und Kooperationen starten kann. Das Credo vom Open Business Club: »Jeder kennt jeden – über sechs Ecken.« Mit anderen Worten: Sie lernen die Freunde Ihrer Freunde kennen. Mit deren Know-how lassen sich jede Menge Synergieeffekte nutzen. Schon in kurzer Zeit kann man wichtige Informationen bekommen, an die man sonst nicht herankommt, und es können sich interessante Kooperationen entwickeln.

Wie »Unterstützungsbeziehungen« funktionieren

Hier noch ein paar Tipps für Ihre »Unterstützungsbeziehungen«:

- Veröffentlichen Sie Ihre Ziele und Vorhaben in einem angemessenen Umfeld – und suchen Sie sich einen geeigneten Partner, der sie bei der Umsetzung begleitet.
- Die Verantwortung für das Handeln muss stets bei Ihnen selbst bleiben.
- Die Treffen müssen regelmäßig stattfinden. Zu Beginn treffen Sie sich häufiger, dann können Sie langsam die Zeiträume vergrößern.
- Sie können gerne angemessene kleine Sanktionen für Nichterfüllung vereinbaren. Ein Chef, der Pünktlichkeit einüben wollte, vereinbarte mit seinem Coach, pro Minute Verspätung bei Teambesprechungen als Strafe einen Euro für Kinderhilfsprojekte zu spenden. Der Coach übernahm die Abwicklung. Es kam am Anfang ein stolzer Betrag zusammen, über den beide erschraken – aber sie zogen es durch.
- Genauso wichtig ist es, auch kleine Erfolge zu feiern. Schaffen Sie sich eine motivierende Lernumgebung.

Workshop: Meine persönlichen Unterstützungsbeziehungen

Was will ich konkret einüben?	Wer könnte hierbei ein guter »Coach« sein?	Wann werde ich ihn kontaktieren?	Welche praktischen Schritte könnte ich sonst unternehmen, um ein unterstützendes Umfeld zu finden?

Aufgabe für die Praxis

Diese beiden der oben im Workshop genannten Personen werde ich innerhalb der nächsten Woche kontaktieren und um Unterstützung bei meinen Projekten bitten:

1. ______________________________

2. ______________________________

23. Tag
Zeit veredeln durch Vertrauen

»Zu viel Vertrauen ist häufig eine Dummheit,
zu viel Misstrauen immer ein Unglück.«

Jean Paul (1763–1825),
deutscher Schriftsteller

Im Folgenden stellen wir Ihnen einen der wichtigsten Beschleunigungsfaktoren der Zukunft vor: Vertrauen. Sie fragen sich vielleicht, warum wir an dieser Stelle einen Beschleunigungsfaktor nennen. Muss es an dieser Stelle des Buches nicht vielmehr um Entschleunigung gehen? – Es geht um beides.

Hektik ist selten gut und langfristig gemessen nie effektiv. Das Gleiche aus Ruhe heraus getan, fördert die Treffsicherheit und Lebensqualität für alle Beteiligten. Gleichzeitig läuft heute jedoch vieles in einem hohen Tempo. Schnell zu sein, hat Vorteile! Es spornt an, aufgrund eines zügigen Arbeitsstils »up to date« zu sein, mithalten zu können, ja vielleicht sogar seiner Zeit voraus zu sein, um auch auf diese Art und Weise ohne zerstörerischen Druck aus dem »Meer an Zeit« zu schöpfen.

Außerdem ist es extrem frustrierend, wenn Entscheidungen zu lange dauern, auf eine umständliche Art und Weise getroffen werden und in ein misstrauensschwangeres Umfeld fallen. Dort brennt früher oder später jeder der Beteiligten aus. Solch ein Arbeitsstil frisst unglaublich viele Nerven und produziert unnötige Aufgaben, deren Erledigung keinen glücklich macht, sondern nur noch nervt.

Wir schätzen die Ruhe, und lieben es gleichzeitig, zügig und mit Spaß zu arbeiten. Oder schauen Sie nicht gerne auf eine Zeitperiode zurück, in der Sie viel bewegen konnten? Das bedarf jedoch eines Umfeldes, das vor allem von einem Faktor geprägt ist: Vertrauen.

In kaum einem anderen Bereich schlummern noch so große Reserven an Beschleunigungspotenzial sowie an Kosteneinsparungen. Sie fragen sich vielleicht: »Warum soll Vertrauen so ein Beschleuniger sein? Hieß es nicht immer, Vertrauen sei gut, Kontrolle aber besser?«

In den meisten Dingen, die wir tun, spielen andere Menschen oder Organisationen eine Rolle. Das Maß an Vertrauen bestimmt, wie stark wir uns auf den anderen einlassen, inwieweit Synergie wirklich geschehen kann (und nicht nur propagiert wird). Je mehr wir einem anderen vertrauen (können) und der andere sich als vertrauenswürdig erweist, desto besser die Beziehung, desto einfacher die Zusammenarbeit, desto einfacher, effektiver und schneller das Miteinander. Lesen Sie im folgenden Beispiel, wozu fehlendes Vertrauen eines Vorgesetzten führen kann.

Vertrauen ist gut – Kontrolle ist besser

Zuerst fing alles ganz harmlos an. Bernd H. bekam durch Zufall mit, wie ein Mitarbeiter dreimal innerhalb einer Woche eine Stunde zu spät zur Arbeit kam. Bernd hatte immer gedacht, dieser Mitarbeiter sei zuverlässig. Er lieferte seine Arbeiten eigentlich immer in ordentlichem Zustand ab und war bislang nie negativ aufgefallen. Als er ihn darauf streng zur Rede stellte, reagierte dieser irgendwie seltsam.

Bernd H. musste Konsequenzen ziehen. Ihm fiel zufällig eine Werbung für ein neues Zeiterfassungssystem in die

Hände. Bei der Einführung verteidigte er die teure Entscheidung. »Schade, dass man heute Kontrollen für die vermeintlich besten Mitarbeiter einsetzen muss. Das Geld hätten wir woanders dringender gebrauchen können.« Durch einen dezenten Hinweis eines anderen Mitarbeiters wurde er wenig später darauf aufmerksam, dass Firmenwagen während der Arbeitszeit vor Supermärkten, auf Parkplätzen entlang der Autobahn und Ähnlichem gesehen wurden. Diesmal entschied er sich sofort und ohne Wissen seiner Mitarbeiter für den Einbau eines Überwachungssystems in die PKW.

Dann wurde er plötzlich nervös, wenn er an das Materiallager der Firma dachte. Wie könnte man es sicherer machen gegen Betrug? Sein jugendlicher Sohn versah dort gerade einen Ferienjob. Kann man dem eigenen Knaben wenigstens vertrauen? Man musste den Jungen wohl mal kritisch beobachten …

Wenn es Ihnen so geht wie uns, als wir uns zum ersten Mal diesem Thema zuwandten, dann kommen Ihnen sofort viele Fragen. Warum Vertrauen? Wie geht das? Kann ich jedem vertrauen? Was, wenn der andere mich enttäuscht? Was kann ich tun, damit das Vertrauen in meinem Umfeld zunimmt? Wir können hier einiges nur anreißen und Sie bitten, an diesem Thema weiterzuarbeiten. Wir können Ihnen aber versprechen: Wenn Sie in Ihrem Umfeld eine Kultur des Vertrauens aufbauen, sparen Sie Zeit, Geld – und Nerven!

Warum ist Vertrauen wichtig?

Es fehlt an Vertrauen. In Politik, Wirtschaft und Gesellschaft ist viel Unsicherheit zu spüren. Es fehlt an Vertrauen. Wir brauchen Vertrauen in uns, in andere, zu unserer Firma, unseren Politikern, in die Zukunft… Mangelndes Vertrauen lähmt.

Von Vertrauen ist interessanterweise immer dann die Rede, wenn es vermisst wird. Kann ich meinen Chefs trauen? Sind meine Vorgesetzten in der Lage, uneigennützige und langfristige Entscheidungen zu treffen? Trauen auf der anderen Seite die Chefs den Mitarbeitern überhaupt zu, kluge Entscheidungen zu treffen? So viel Zeit können Sie durch die perfekteste Planung gar nicht wettmachen, wie Sie durch Misstrauen verlieren.

Vertrauen ermöglicht überhaupt erst Beziehung. Ohne Vertrauen gibt es keine tragfähige Beziehung. Vertrauen ermöglicht erst das Miteinander von Menschen. Von der Partnerschaft über die Eltern/Kind-Beziehung, in Freundschaften und überall dort, wo Menschen zusammenarbeiten, bestimmt das Maß an Vertrauen maßgeblich die Qualität der Beziehungen.

Vertrauen ermöglicht Lernen und Wissenstransfer. Einer Studie der Firma Hoechst zufolge ist effektives Lernen nur möglich, wo Vertrauen zwischen Lehrenden und Lernenden existiert. Wissen ist eine der Ressourcen der Zukunft, und Wissen ist Macht. Macht zu teilen erfordert jedoch Vertrauen. Ohne Vertrauen keine Wissensweitergabe und -aufnahme. Geteiltes Wissen ist ein dramatischer Wettbewerbsvorteil eines Unternehmens, der sich schwer kopieren lässt. Menschen sind nur bereit, ihr Wissen zu teilen, wenn sie vertrauen können, dass ihnen dadurch keine Nachteile entstehen. Werde ich entlassen, wenn ich mein Knowhow weitergebe? Je mehr sie vertrauen können, desto lieber teilen sie ihr Wissen und halten Informationen nicht zurück.

Vertrauen ermöglicht Veränderung. Veränderung im persönlichen Bereich ist nur möglich, wenn ich sie mir zutraue. Mein Zutrauen wächst, wenn ich erfahren habe, dass andere mir etwas zutrauen. Das Gleiche gilt für Organisationen. Mitarbeiter tragen strukturelle Veränderungen erst mit, wenn sie überzeugt sind, dass sie den anderen Beteiligten vertrauen können!

Vertrauen fördert Kreativität und Innovation. Etwas Neues zu wagen ist gefährlich! Klar, dass dies nur in einer Atmosphäre des Vertrauens und der Sicherheit geschehen kann. Gleichzeitig muss es in einem kreativen Unternehmen eine hohe Fehlertoleranz geben. Man muss sichergehen können, dass Misserfolg nicht gnadenlos bestraft wird.

Vertrauen ist einer der Beschleuniger und schenkt »Schnelligkeit«. Die verschärften internationalen Wettbewerbsbedingungen wirken sich dramatisch auf einen Faktor aus: Geschwindigkeit. Der Kunde wartet nicht mehr darauf, dass ein Unternehmen seine internen Probleme löst. Die Zeit muss dort investiert werden, wo man sie am dringendsten braucht. Es zählt also nicht mehr die investierte Arbeitszeit, sondern die Schnelligkeit, mit der wir Probleme erkennen und lösen. Gertrud Höhler bezeichnet Vertrauen als Tempomacher: Vertrauen ist Geschwindigkeit!

Vertrauen bindet und verbindet Kunden und Menschen. Welches Produkt kaufen Sie? Immer nur das billigste – oder das Produkt, dem Sie vertrauen? Wenn aus Kunden Stammkunden werden sollen, dann muss das Unternehmen einen besonderen Wert auf Vertrauenswürdigkeit legen. In Zeiten, wo die Produkte einander immer ähnlicher werden, entscheiden mehr und mehr immaterielle Gesichtspunkte bei der Auswahl. Unternehmen verkaufen nicht mehr einfach Produkte, sondern Produkte mit Vertrauen. Genau deshalb sind Marken so wichtig geworden. Man spart Zeit, in der Überfülle des Angebots vergleichen zu müssen. Man greift gleich zur vertrauten Marke. Hierbei kommt den Mitarbeitern eine ganz besondere Aufgabe zu. Aus Kundensicht sind sie das Unternehmen. Mitarbeiter stehen also mit für eine Marke und bilden so eine Vertrauensbrücke, die andere Mitarbeiter oder Kunden an das Unternehmen bindet.

Vertrauen schafft das optimale Umfeld zur Entfaltung Ihrer Mitarbeiter. Unter bestimmten Bedingungen entwickelt sich ein Mensch hervorragend, unter anderen vegetiert er lediglich vor sich hin. Ein Mensch blüht auf, wenn ihm Vertrauen entgegengebracht wird. Die Möglichkeit, eigene Handlungen selbst bestimmen und auswählen zu können, erzeugt Motivation und erleichtert das Übernehmen von Verantwortung! Ohne Vertrauen gibt es keine Motivation. Misstrauen ist ein Umfeld, das mittelfristig jede intrinsische Motivation zerstört. Vertrauen bindet auch die Mitarbei-

ter an das Unternehmen und kann ein wesentlicher Wettbewerbsvorteil im Kampf um die besten Mitarbeiter sein.

Vertrauen macht Führung überhaupt erst möglich und erfolgreich. Es lässt sich nachweisen: Ist die Beziehung zum Chef gut, steigt die Produktivität; ist sie schlecht, sinkt die Produktivität. Eine Studie zeigt, dass Menschen bereit sind, einem anderen zu folgen, wenn sie dieser Person wirklich vertrauen – selbst dann, wenn sie deren Ansichten nicht in allen Punkten teilen.

Vertrauen spart Kosten. Misstrauen verursacht nicht nur enorme Kosten, sondern vernichtet auch noch Werte. Ein Warnsignal kann es zum Beispiel sein, wenn Ihre Verwaltungskosten schneller wachsen als der Umsatz. Zudem sei an den enormen Aufwand erinnert, den es kostet, wenn verlorenes Vertrauen wiedergewonnen werden muss.

Vertrauen – das »Schmieröl« für unser Land. Manche Ökonomen gehen so weit, Vertrauen sogar als noch wichtiger als natürliche Ressourcen einzuschätzen. Vertrauen hält eine Beziehung, eine Organisation, die Wirtschaft, eine Nation am Laufen. Und dies gilt umso stärker, je mehr Veränderung geschieht.

Vertrauen – ein Risiko, das sich lohnt

Vertrauen ist immer spezifisch und begrenzt. Man muss wissen, an welchen Punkten man jemandem vertrauen kann. Man vertraut immer im Hinblick auf eine spezielle Aufgabe oder Sache. Sie trauen Ihrem neunjährigen Sohn vieles zu – aber nicht, dass er Ihr Auto heil durch die Waschanlage fährt. Beim Vertrauen gilt es, das fehlerhafte Zuviel (Leichtgläubigkeit/Naivität) oder Zuwenig (Misstrauen) zu vermeiden. Vertrauen weiß um die Gefahren einer Situation. Es stimmt, dass Menschen sich allzu oft vereinbarungswidrig und verantwortungslos verhalten. Aber Vertrauen kalkuliert dieses Risiko ein und ist bereit, sich diesem bewusst auszusetzen. Vertrauen ist die Grundannahme, dass der andere mich nicht betrügt, obwohl er es eigentlich könnte. Häufig wird Vertrauen auch Kontrolle gegenübergesetzt. Dies sind jedoch keine unüberwindbaren Gegensätze. Angemessene Kontrolle ist die Voraussetzung dafür, dass Vertrauen funktioniert und zugleich ist »Vertrauen die beste Form von Kontrolle« (Reinhard Sprenger).

Sie müssen spüren, wie hoch das Vertrauen ist, das wirklich angebracht ist, sonst ist es kein Vertrauen, sondern Dummheit! Es geht nicht um ein Entweder-Oder, sondern um ein Mehr von dem einen und ein Weniger von dem anderen. Unterschiedliche Aufgaben und unterschiedliche Situationen brauchen unterschiedlichen Vertrauensvorschuss.

Blindes Misstrauen ist genauso gefährlich wie blindes Vertrauen.

Tun Sie den ersten Schritt! Wenn niemand der Erste sein will, der vertraut, bewegt sich nichts. Beweisen Sie Mut, einen Kreislauf des Guten, einen Kreislauf des Vertrauens zu starten! Denn wer Vertrauen schenkt, erhält es x-fach zurück.

Workshop: Ich schaffe Vertrauen

Beantworten Sie für sich die folgenden Fragen:

- In welchen meiner Beziehungen ist das Vertrauen gestört?
- Was kann ich unternehmen, um das Vertrauen wiederherzustellen?

Aufgabe für die Praxis

Nehmen Sie sich heute konkret eine Situation vor, in der Sie Vertrauen investieren – und beobachten Sie die Wirkung!

24. Tag
Zeit veredeln durch Charakter

»Ein edler Charakter ist immer noch die beste Visitenkarte.«

Verfasser unbekannt

Kaum haben wir verdaut, dass ein Thema wie Vertrauen einer der Beschleuniger der nächsten Jahre sein soll, zeichnet sich schon ein neuer Themenkomplex am Horizont ab, für dessen Erwähnung Sie vor ein paar Jahren im günstigsten Fall milde belächelt worden wären: die zeit- und gesellschaftspolitische Wiederentdeckung von Charakter, Ethik und Werten.

Im Kompetenzcenter

Herr Maier wurde Geschäftsführer eines neuen Kompetenzcenters eines Konzerns. In den vergangenen Jahren waren die besten Fachleute weltweit ausgewählt worden, um in diesem neuen Projekt zusammenzuarbeiten. Er wurde von vielen Kollegen beneidet, mit den Besten der Besten zusammenarbeiten zu dürfen. Die Namen des vorgesehenen Teams lasen sich wie das Who is Who der Szene.

Der Schrecken begann gleich zu Beginn seiner neuen Tätigkeit, als einer seiner Experten sich weigerte, zu einer Teamstartveranstaltung zu kommen. Dort sei ein anderer Kollege, dieser habe ihn vor zehn Jahren öffentlich beleidigt. In der gleichen Firma zu arbeiten, sei gerade noch tolerierbar, aber er würde nie denselben Raum betreten wie dieser

Kollege. Ein anderer Experte ließ hoch beleidigt anrufen, er sei sich nicht sicher, ob er mit der Einladung gemeint sei. Denn die Anrede sei nicht korrekt, sein Professoren-, Doktor- und Funktionstitel war (wie hausintern üblich) weggelassen worden. Das könne er jedoch nicht akzeptieren. Ob man ihm eine korrigierte Einladung zusenden könne, sonst sehe er sich leider nicht imstande zu kommen.

Wieder ein anderer meldete sich. Er sei hier, um zu arbeiten, deswegen werde er an solchen Treffen prinzipiell nicht teilnehmen. Innerhalb kürzester Zeit sprachen sich diese Fakten auch noch bei anderen Mitarbeitern herum. Das Center war in Aufruhr und Herrn Maiers Zeitplan total durcheinander. Zuerst musste er den beleidigten Kollegen besuchen, dann stundenlange Versuche unternehmen, die zerstrittenen Kollegen doch für eine Teilnahme zu gewinnen. Die Gespräche waren extrem erniedrigend für ihn. Sein beleidigtes Gegenüber strotzte nur so vor Arroganz und Eitelkeit, die er in scheinheilige Pseudosachargumente verpackte. Kaum in sein Büro zurückgekehrt, warteten zwei Mitarbeitervertreter, die extrem erbost waren und sich von den Experten nur als moderne Sklaven benutzt sahen. Hauptaufgabe: den hohen Herren zu huldigen und in den Mantel zu helfen, begleitet von stundenlangen sinnlosen Meetings, die der Selbstdarstellung und Machtdemonstration dienten.

Eine erfundene, hoffnungslos übertriebene Geschichte? Nein. Sie ist geschehen in Deutschland im 21. Jahrhundert.

Es gibt noch mehr solcher Beispiele: Wir mussten mit ansehen, wie ein neuer Unternehmensstandort in einer strukturschwachen Gegend bald wieder geschlossen wurde – nur wegen des Machtgerangels zwischen zwei Parteien. Schaden: 500 Millionen Euro und einige hundert Arbeitsplätze. Ein riesiger Kindergarten! Die nach außen gegebene Begründung hatte nichts mit der Realität zu tun.

In unserer Wirtschaft entstehen jedes Jahr Milliardenschäden aufgrund von extremen Charakterschwächen auf allen Führungsebenen. Der immense zusätzliche Verlust an Zeit- und Lebensqualität dabei noch gar nicht berücksichtigt.

Vertrauen vereinfacht vieles. Wem schenken Sie langfristig immer wieder gerne Ihr Vertrauen? Mit wem arbeiten Sie gerne, schnell und unkompliziert zusammen? Mit Menschen, die sich neben ihrer fachlichen Kompetenz auch noch als vertrauenswürdige und zuverlässige Partner erweisen.

Die Sehnsucht nach tragfähigen Werten

Stephen Covey hat beim Durchforsten der Erfolgsliteratur der letzten 200 Jahre interessante Beobachtungen gemacht. Die Quintessenz dieser älteren Literatur war einhellig: Säe einen Charakter und du erntest ein reiches Leben. Es wurde also eine sehr starke Ethik des Charakters vertreten. Die Literatur der vergangenen 50 Jahre dagegen stand eher unter dem Aspekt der Ethik des Images: Tu so, als ob du einen starken Charakter hast und du erntest dasselbe, als wenn du wirklich einen hättest. Was meinen Sie? Am Image zu arbeiten, ist in Ordnung, aber es muss durch einen Charakter gedeckt sein, sonst betreiben Sie Etikettenschwindel. Und wie dieser sich auswirkt, können Sie sich bestimmt vorstellen. Wir haben kein Vertrauen mehr in Menschen, die nur an sich selbst denken.

Die unehrliche Führungskraft

Einer Führungskraft kam zu Ohren, dass sie im Unternehmen als unehrlich verschrien war. Nach Jahren der Betriebszugehörigkeit hörte der Mann zum ersten Mal davon. Nachdem er sich maßlos darüber aufgeregt hatte und erwog, alle mit einer Abmahnung zu bestrafen, die ihn so denunzierten, gestand ihm seine Frau, dass sie auch so über ihn denke. Zu oft habe er durch Lügen und durch das »Fehler-anderen-Zuschieben« versucht, sich aus der Affäre zu ziehen. Dies führte in seinem Umfeld nicht nur zu Missstimmung, sondern auch zu einem enormen Papieraufwand für Memos und Aktennotizen. Seine Mitarbeiter wollten nicht für seine Fehler herhalten müssen. Sie schätzten, dass sie ein Drittel ihrer Arbeitszeit zusätzlich dafür hergeben mussten.

Schließlich beschloss der Vorgesetzte, sich mit einem Coach dem Thema Ehrlichkeit zu widmen. Gemeinsam dachten sie darüber nach, ob Lügen schlecht sei – oder nur dann abzulehnen sei, wenn man dabei erwischt werde. Wie geht es ohne Lügen?

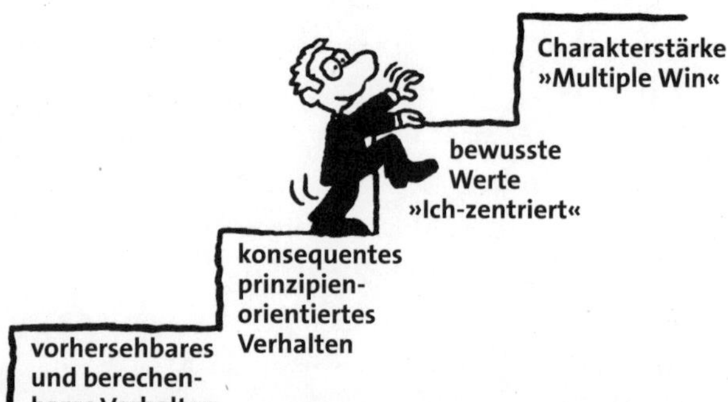

Schließlich besuchte der Mann Person für Person in seinem Umfeld, entschuldigte sich und bat um Unterstützung dabei, sein neues Verhalten einzuüben. Die Leute waren beeindruckt – und der Respekt für diese Führungskraft nahm innerhalb weniger Wochen wieder enorm zu.

Was macht Charakter aus?

1985 begann Rob Lebow, damals Mitarbeiter des Microsoft-Gründers Bill Gates, die Grundzüge eines positiven Arbeitsumfeldes für Unternehmen zu untersuchen. Lebow startete die Erforschung dieses »menschlichen Betriebssystems« mit einer wissenschaftlichen Studie über persönliche und betriebliche Werte. Als Grundlage diente ihm ein Fragebogen, der von 17 Millionen Arbeitnehmern in 40 Ländern ausgefüllt wurde und die Frage beinhaltete, in welchem Umfeld Menschen bereit wären, Höchstleistungen zu erbringen. Heraus kamen acht persönliche Werte, die Teilnehmer aus verschiedenen Ländern, Kulturen und Weltanschauungen übereinstimmend genannt hatten.

1. Ehrlichkeit
2. Vertrauen
3. Unterstützung
4. Offenheit
5. Risikobereitschaft
6. Anerkennung
7. Integrität
8. Selbstlosigkeit

Machen diese acht Merkmale einen charakterstarken Menschen aus? Zumindest stellen sie wichtige Eigenschaften dar, wenngleich es noch weitere wichtige gibt (etwa Disziplin oder Leistungsbereitschaft). Und hier ist auch die Brücke zum Zeitmanagement: Charakterstarke Menschen empfinden ihr Leben als reicher, die Zusammenarbeit gelingt besser. Vertrauen wächst, das beschleunigt viele Prozesse und vereinfacht vieles im Alltag, erspart eine Vielzahl von Kontrollen, die Zeit und Energie kosten und deshalb besonders nervig sind. Damit sich Charakter entwickelt, muss man an diesem Thema arbeiten. Wer charakterlich fit werden will, muss trainieren wie ein Sportler. Es bedarf der persönlichen Reflexion: Wo stehe ich charakterlich? Wo will ich hin? Wie kann ich in diesen Bereich investieren?

Workshop: Mein Charakter

Wir laden Sie ein, einmal über Ihren Charakter nachzudenken. Wo würden Sie sich im Hinblick auf die Liste, die sie selbstverständlich noch vervollständigen können, einordnen? Tun Sie sich schwer, dann fragen Sie doch mal Menschen in Ihrem Umfeld, was diese über Sie denken? Wo sehen Sie den größten Handlungsbedarf? Markieren Sie durch ein Kreuz, wo Sie sich eher sehen.

Aufgabe für die Praxis

Welche Charakterstärke würden Sie gerne weiter ausbauen, welche Schwäche angehen?

Meine negativen Charaktereigenschaften:	0	1	2	3	4	5	6	7	8	9	10	Meine positiven Charaktereigenschaften:
Ich bin unehrlich, rede schön und suche Ausreden.												Ich bin ehrlich (meine Worte stimmen mit der Realität überein).
Ich bin unzuverlässig.												Ich bin zuverlässig.
Ich bin bequem.												Ich bin fleißig.
Ich bin opportun.												Ich bin integer (meine Worte und mein Tun sind stimmig).
Ich rede anderen nach dem Mund, was mir günstig erscheint.												Ich bin prinzipienorientiert.
Ich bin egoistisch.												Ich bin besorgt um das Wohl anderer.
Ich bin besserwisserisch und arrogant.												Ich bin belehrbar und lernwillig.
Ich bin angeberisch.												Ich bin bescheiden.
Ich nutze aus, bin machtbesessen und selbstherrlich.												Ich bin unterstützend, dienstleistend, hilfsbereit.
Ich bin autoritär.												Ich bin kooperationsbereit.

Was könnten Sie konkret für Schritte gehen, um bestimmte Charaktereigenschaften, von denen Sie überzeugt sind, einzuüben?

Was?	**Wann?**	**Wie?**	**Wer hilft mir dabei?**

25. Tag
Zeit veredeln durch Kommunikation

»Viele Menschen sind nur deshalb so einsam, weil sie Dämme bauen statt Brücken.«

Maurice Chevalier (1888–1972),
französischer Entertainer

Es wäre unseriös, über Zeitmanagement zu reden und dabei eines der wichtigsten Werkzeuge unseres Lebens zu ignorieren: Kommunikation. Gut zu kommunizieren heißt, viel Zeit und Lebensqualität zu gewinnen!

Fachleute sagen, dass mindestens 50 Prozent all dessen, was man sagt, missverstanden und uminterpretiert wird und deshalb beim Adressaten anders ankommt, als beabsichtigt war. Deshalb gilt: Je besser die Kommunikation ist, desto übereinstimmender sind der gemeinsame Wissenspool und das Verständnis füreinander und umso besser ist die Beziehung. Dadurch ziehen zwei Menschen viel leichter an einem Strang. Und das erspart wiederum unnötige Missverständnisse und erleichtert Konfliktlösungen.

Schlechte Kommunikation

Am Rande einer Strategietagung bittet der Geschäftsführer seine vier Kollegen, bei einem kurzen Test mitzumachen: »Als wir gestern beim Mittagessen zusammensaßen, kam meine Frau und bat mich, am Nachmittag ›kurz‹ meine beiden Töchter in der Stadt abzuholen, da sie wegen eines wichtigen Arzttermins verhindert sei. So, liebe Kollegen,

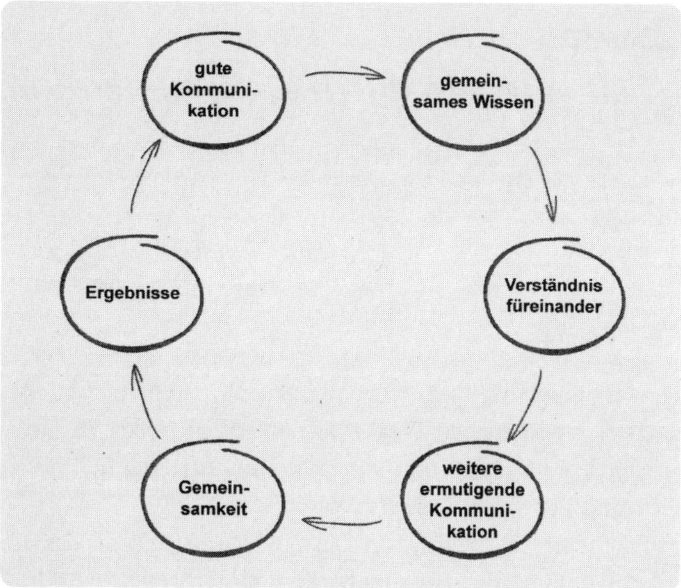

könnten Sie bitte mir zuliebe jetzt schnell auf einem Zettel notieren, was Sie gehört haben: Wann sollte ich die Mädchen wo abholen?«

Die Kollegen spielten mit. Als man dann anfing, die Ergebnisse auszutauschen, wurde das Gelächter immer größer. Jeder hatte einen anderen Ort und eine andere Uhrzeit notiert. Das Resultat, O-Ton Geschäftsführer: »Sehen Sie, meine Frau muss lernen, besser zu kommunizieren.«

Statt »kurz« sei er über eineinhalb Stunden in der Stadt unterwegs gewesen und habe seine Töchter nicht am vereinbarten Ort gefunden. Seine Frau war nicht erreichbar. Als er schließlich besorgt nach Hause fuhr, waren seine Töchter bereits dort. Sie hatten zufällig eine Nachbarin getroffen, nachdem sie eine Stunde frierend auf ihren Vater gewartet

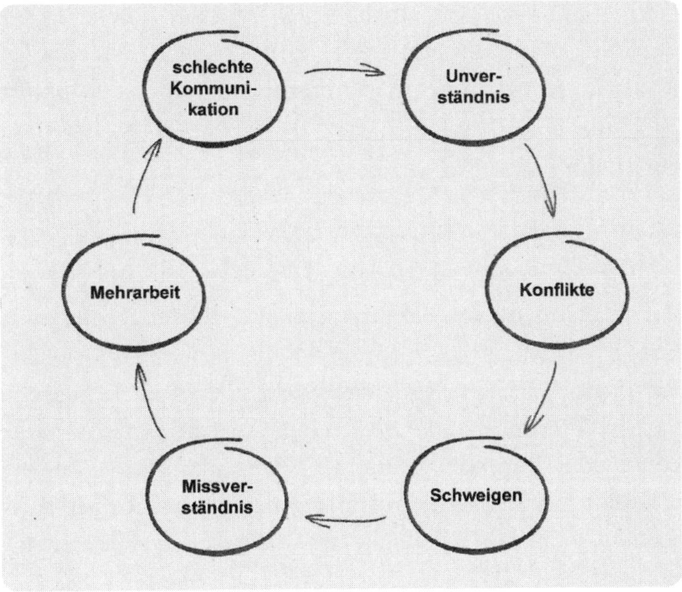

hatten. Die Töchter waren sauer, die Ehefrau noch mehr. »Jetzt bittet man dich einmal um einen Gefallen. Du kannst doch einmal was für die Familie tun! Es ist kein Verlass auf dich, du hast nur dein Geschäft im Kopf.« Die Folge, auch er war richtig verärgert: »Man arbeitet bis zum Umfallen, reibt sich auf für Geschäft und Familie und das ist der Dank!« (Den Satz »Das alles nur, weil du nicht richtig kommunizieren kannst« sagte er nur heimlich.)

Eigentlich hätte er nach seinem kurzen Ausflug an diesem Tag nochmals ins Büro gemusst. Ein Kunde wartete auf seinen dringenden Rückruf. Sein Ziel danach war es, ab 19 Uhr zu Hause einen entspannten Abend mit seiner Frau und den Töchtern zu verbringen. Der Abend verlief unter eisigem Schweigen – da hätte er eigentlich gleich im Büro bleiben können. Und am nächsten Morgen fuhr er ja für drei Tage zu unserer Strategieklausur. Einer der anwesenden Kollegen fragte offen: »Warst du deshalb auf der Autofahrt so geladen?« – »Ja.« – » Ach, ich dachte schon, ich hätte etwas falsch gemacht...«

Haben Sie oben gezuckt, als unser Geschäftsführer meinte, seine Frau müsse lernen, besser zu kommunizieren? Zu Recht, denn zu einer Kommunikation gehören immer zwei Seiten. Viele meinen, sie hätten doch kommuniziert, sie hätten es doch gesagt. Aber das reicht alleine nicht aus. Erlauben Sie uns den Versuch einer kurzen Definition für gelungene Kommunikation: »Kommunikation ist der erfolgreiche gegenseitige Austausch von Informationen zwischen Personen.« Es geht also darum, was beim anderen ankommt!

Eine Studie sagt, Kommunikation geschieht zu 55 Prozent durch nonverbale Kommunikationsmittel, 38 Prozent durch Stimmlage und Betonung und nur zu sieben Prozent durch den entsprechenden Inhalt. Alle Ebenen sind also wichtig und werden interpretiert. Manche Zeitgenossen geben sich immer noch der Illusion hin, man könne reine Sachinformationen weitergeben. Es gibt keine reine Sachinformation! Jede Nachricht enthält auch einen emotionalen Teil. Friedemann Schulz von Thun hat mit den »vier Ohren« ein sehr hilfreiches Modell geliefert. Bei jeder Botschaft hören wir auf verschiedenen Ebenen. Wir versuchen nicht nur die Zeilen, sondern auch zwischen den Zeilen zu lesen.

Nehmen wir als Beispiel den berühmten Satz, den der Beifahrer zur Fahrerin im Auto sagt: »Du, die Ampel ist grün.« Wie wird diese Botschaft aufgenommen?

Da ist zum einen das Sachinhalts-Ohr. Das nimmt tatsächlich nur die sachliche Information auf. Was man mit dieser Information dann anfängt – ob man gleich Gas gibt oder erst nochmal im Rückspiegel die Verkehrslage überprüft, ist hier noch nicht vorgegeben.

Jede Nachricht enthält auch einen persönlichen Anteil und die nimmt das Selbstoffenbarungs-Ohr auf. Immer, wenn wir kommunizieren, geben wir – unbewusst – etwas von uns preis: unser Umfeld, unseren Akzent, unsere Gefühle. Gestik, Mimik und Körperhaltung werden zusätzlich vom Zuhörer interpretiert. Wie steht der Redner selbst zu den Inhalten? Wie sehr identifiziert er sich mit diesem Thema? Hier geht es um Selbstdarstellung und Authentizität. Bei unserem Satz nimmt die Zuhörerin die Botschaft auf: »Mein Beifahrer ist wach, er nimmt am Fahrgeschehen teil, er lässt mich nicht allein.«

Das Beziehungs-Ohr ist empfänglich für die Teile einer Nachricht, die etwas über die Beziehung zum Gegenüber und wie wir ihn sehen aussagen. Dieser Punkt ist zumindest unbewusst für beide Seiten sehr interessant. Ist die Beziehung in Ordnung oder angespannt? Werde ich und meine Meinung ernst genommen und wertgeschätzt? Hier kann die Information über die grüne Ampel zum Problem werden und etwa so verstanden werden: »Du bist eine unaufmerksame Fahrerin und es nervt, mit dir am Steuer unterwegs zu sein.«

Allerdings gibt es keine Nachricht ohne Appell. Das Appell-Ohr möchte immer wahrnehmen: Was ist mit dieser Nachricht beabsichtigt? In unserem Beispiel lautet die Botschaft einfach: »Nun fahr schon endlich los.«

Werkzeuge für effektive Kommunikation

Es kommt auf die Grundhaltung an, damit Kommunikation gelingt. Beide Seiten müssen sich verstehen wollen, es muss ein aufrichtiges Interesse am anderen da sein. Zu oft läuft es ja nach dem Motto: »Ich will deine Meinung nicht hören, aber du musst meine akzeptieren!« Ganz anders betete im Mittelalter der berühmte Franz von Assisi: »Herr, mache mich zu einem Werkzeug deines Friedens ... nicht, dass ich verstanden werde, sondern dass ich verstehe.« Dieses Gebet hat Stephen Covey sogar als einen von sieben Wegen zur Effektivität aufgegriffen.

Zuhören 70 Prozent aller Kommunikationsprobleme haben mit schlechtem oder falschem Zuhören zu tun. Verbreitet ist die Untugend, nur »äußerlich« anwesend zu sein, anstatt auch die innere Antenne auf mein Gegenüber auszurichten. Gleichzeitig an einem Pullover zu stricken, einen Katalog anzusehen, die Fernsehsendung mitzubekommen und meinem Partner zuzuhören, während man den Kindern parallel noch einige Anweisungen gibt, diese Form von »Multi-Tasking« gelingt nicht. Und sollte sie gelingen, kann sie dennoch beim Gegenüber den Eindruck hinterlassen, das fünfte Rad am Wagen zu sein.

Aufmerksamkeit schenken Schenken Sie Ihrem Gegenüber, wenn Sie mit ihm reden, volle Aufmerksamkeit.

Schauen Sie ihm in die Augen (natürlich nicht beim Autofahren)! Lieber wenden Sie sich Ihrem Gegenüber konzentriert eine Viertelstunde zu als vier Stunden nur halbherzig. Klasse ist besser als Masse. Bewährte Tipps fürs Zuhören sind: Ausreden lassen, ungeteilte Aufmerksamkeit schenken, evtl. Notizen machen, die nonverbalen Signale beachten, Ablenkung und Störungen einschränken (eventuell Handy stummschalten). Vorher empfiehlt es sich, einen Zeitrahmen zu vereinbaren, um nicht an Nebensächlichkeiten hängenzubleiben. Zuhören ist Arbeit, aber es bereichert!

Botschaft wiedergeben Wer gut zuhört, weiß auch hinterher noch, was der andere gesagt hat. Eine der wirksamsten Methoden, um Missverständnisse zu vermeiden, ist es, die Botschaft des anderen in eigenen Worten zusammenzufassen und ihn danach ausdrücklich zu fragen, ob man das richtig verstanden habe. Umgekehrt gilt: Wenn Sie gesprochen haben, bitten Sie den anderen zu sagen, was bei ihm angekommen ist – und hören Sie konzentriert zu!

Verbalisieren Bitte schweigen Sie nicht einfach, sondern lernen Sie auch Ihren Standpunkt zu einer Sache angemessen darzustellen. Woher sollen die anderen wissen, wie es Ihnen geht, wenn Sie es nicht sagen? Sprechen Sie Ihre Gefühle aus, statt anzugreifen.

Sauber sprechen Das Öl für den Motor der Kommunikation ist neben der richtigen Haltung »eine saubere Sprache.« Eine saubere Sprache erleichtert Kommunikation, eine schmutzige zerstört die Beziehung. Im Folgenden eine Liste mit Beispielen:

»zerstörerische Sprache«	»saubere Sprache«
Die Du-Anklage: »Das hast du einfach falsch gemacht.«	Die Ich-Botschaft: »Ich kann deine Reaktion nicht verstehen.«
Die Verallgemeinerung: »Du fragst mich nie, bevor du irgendeine Entscheidung triffst.«	Konkret statt allgemein: »Lass uns bei diesem konkreten Fall bleiben: Warum hast du mich gestern nicht gefragt?«
Die Übertreibung: »Du kommst immer zu spät.«	Sachliche Schilderung: »Du bist zu diesem wichtigen Termin zu spät gekommen, und dasselbe ist dir in der vergangenen Woche auch zweimal passiert.«
Die Etikettierung: »Diese unendliche Trägheit ist typisch für dich.«	Das Potenzial sehen: »Ich weiß, dass in dir viel mehr Dynamik steckt.«
Die Schuldzuschreibung: »Du bist schuld, dass ich nicht an die Brötchen gedacht habe.«	Nachfragen statt unterstellen: »Bitte schildern Sie mir, wie sich die Sache aus Ihrer Sicht darstellt.«
Die negative Interpretation: »Das tue ich doch nur, weil deine Eltern zu Besuch kommen.«	Eigene Gefühle statt Kritik am anderen: »Ich bin richtig verärgert darüber, nicht gefragt worden zu sein.«
Die Rechtfertigung: »Das stimmt doch gar nicht.«	Realismus: »Ist es wirklich so schlimm, wie du es jetzt darstellst?«
Die verletzende Andeutung: »Du weißt doch genau, was dir damals beim Einparken passiert ist.«	Gefühle deutlich machen: »Ich habe den Eindruck, dein Verhalten ist ein Symptom für ein tieferes Problem zwischen uns beiden.«
Die Drohung: »Wenn du nicht endlich mit mir in Urlaub fährst, verlasse ich dich.«	Aufzeigen von logischen Konsequenzen bei fortgesetztem Fehlverhalten: »Wenn ich wiederholt belogen werde, verstehen Sie bestimmt mein Misstrauen. Wann kann ich Ihnen glauben?«

»zerstörerische Sprache«	»saubere Sprache«
Die ironische Bemerkung: »Das ist ja wirklich fantastisch! Ich gebe dir meinen Lieblingspulli zum Waschen und kriege einen Putzlappen zurück.«	Den Menschen und sein Verhalten trennen: »Ich schätze Sie als Kollegen, und gerade deshalb enttäuscht mich das aggressive Verhalten gestern in der Sitzung.«
Die sarkastische Bemerkung: »Wenn das so weitergeht, können wir uns auch gleich scheiden lassen, nicht wahr, mein Schatz?«	Nüchterne Betroffenheit: »Wenn das so weitergeht, mache ich mir ernste Sorgen, ob unsere Beziehung zukunftsfähig ist.«
Die Beleidigung: »Du bist auch zu nichts nutze, du Stümper.«	Gespräch verschieben: »Ich bin im Moment zu verletzt für ein sachliches Gespräch. Lass es uns heute Abend versuchen.«

Kommunikation & Zeitmanagement

Im Folgenden haben wir einige Tipps zum Thema Kommunikation und Zeitmanagement zusammengestellt.

- Behalten Sie den Überblick über wichtige Beziehungen und reservieren Sie regelmäßig Zeit für Besuche, Anrufe und Gespräche (zum Beispiel ein monatliches Telefonat mit den Eltern; Sonntagnachmittag Beschäftigung mit den Kindern; eine Liste mit Leuten, denen man persönlich zum Geburtstag gratulieren will; vierteljährliche Mitarbeitergespräche; Jahresgespräche mit Schlüsselkunden).
- Bereiten Sie sich auf die Gespräche vor und stellen Sie sich möglichst fünf Minuten vorher innerlich darauf ein. Sie kennen vielleicht die Begebenheit, bei der eine Ehefrau gefragt wird, ob der Mann schon zu Hause sei. Ihre Antwort: »Der Körper ja, der Rest kommt in einer Stunde nach.«

Workshop und Aufgabe für die Praxis: Meine persönliche Kommunikationsform

Zielgruppe	Kommunikationsweg	Häufigkeit
Ehefrau	20 Minuten zum Austausch	Täglich nach dem Abendessen
	Gemeinsamer Abend	Wöchentlich abends, bevorzugt am Sonntag
	Tanzkurs	Wöchentlich donnerstags, für drei Monate
Führungsteam	Steh-Meeting	Dienstag und Donnerstag, 09.00 h
	Ausführliches Meeting	Jeden 1. Dienstag im Monat
	Gemeinsames Abendessen	Zweimonatlich
Eltern	Telefon	Sonntagabend

Ziel	Herausforderung	Akt. Bewertung
Aktuell voneinander wissen	Konzentriert zuhören	4
Austausch, gemeinsam planen, schöne Zeit zusammen haben	Mich selbst wieder öffnen	5
Gemeinsam etwas unternehmen	Ich und tanzen ;-)	10
	Selbst weniger reden	neu
	Klare Tagesordnung, weniger abschweifen	3
Zeit füreinander auch in einem nicht-betrieblichen Umfeld	Nicht nur über Politik reden	8
Kontakt halten	Nicht nur oberflächlich reden	4

- Wenn das Ziel Weitergabe von Informationen ist, haben Sie keine Scheu, sich eine kleine Liste über die Themen anzulegen. Vielleicht ist es für Sie am Anfang ungewohnt, zum wöchentlichen Partnerabend eine kleine Liste mit Themen mitzubringen, die man besprechen möchte. Aber dadurch haben Sie den Kopf frei für die anderen Themen.
- Versprechen Sie nur Dinge, die Sie auch zu halten gewillt sind. Notieren Sie übernommene Aufgaben, wenn möglich gleich mit Termin, um unrealistische Planung und deshalb Enttäuschung zu verhindern.

Zeitfresser Besprechungen

Ein sehr wichtiges Kommunikationsorgan sind Besprechungen. Sie können einerseits sehr viel Gutes bewirken und Zeit und Energie sparen, aber andererseits auch eine in höchstem Maße zeitfressende Einrichtung sein. Was wir in Unternehmen an zeit-und-nervenraubender Besprechungskultur erlebt haben, könnte einem manchmal fast den Glauben nehmen, dass es auch anders möglich ist.

- Entdecken und probieren Sie doch vielfältigste Arten von Meetings. Sehr beliebt sind zurzeit Kurzmeetings an Steh-/Bistrotischen. Man trifft sich weiter regelmäßig, fasst sich aber automatisch kürzer, weil keiner gerne länger als 20 Minuten steht. Es gibt auch viele Alternativen zu Besprechungen (E-Mail, Rundbriefe, Intranet). Bauen Sie sich aus den vielfältigen Möglichkeiten Ihre Struktur mit einem stimmigen Rhythmus.

- Kein Meeting ohne schriftliche Tagesordnung, die den Teilnehmern vor dem Treffen zugehen muss.
- Fangen Sie pünktlich an und hören Sie pünktlich auf. Wenn Sie die harte Tour mögen: Verschließen Sie eine Minute nach Beginn des Meetings die Tür von innen. Spät kommende Kollegen werden garantiert das nächste Mal pünktlich sein.
- Beginnen Sie mit den wichtigsten Punkten – falls die Zeit knapp wird, haben Sie wenigstens 80 Prozent der gewünschten Ergebnisse erzielt.
- Dokumentieren Sie zu jedem Punkt, was als Konsequenz aus der Besprechung als Nächstes geschehen wird (durch wen und bis wann).
- Stellen Sie das Protokoll allen Teilnehmern binnen 24 Stunden zur Verfügung.

Workshop: Meine persönliche Kommunikationsform

Wer sind die Menschen und Personengruppen, mit denen Sie regelmäßig in Kontakt stehen wollen? Wie oft und auf welche Weise würden Sie von Ihrer Seite am liebsten Kontakt halten? Was für eine Note auf einer Skala von 0–10 würden Sie der Kommunikation mit der entsprechenden Person/Gruppe im Augenblick geben (0 = nicht existent, 10 = absolut spitze)?

Aufgabe für die Praxis

Fragen Sie Personen oder Personengruppen, wie diese Ihre Kommunikation empfinden. Was würden diese Personen sich wünschen? Entwickeln Sie einen kleinen Aktionsplan, mit welchen konkreten Schritten Sie Ihre Kommunikation verbessern wollen.

26. Tag
Zeit veredeln durch Engagement

»Keine Entdeckung der modernen Psychologie ist meiner Meinung nach so bedeutend wie der wissenschaftliche Nachweis, dass Selbstaufopferung und Disziplin für Selbstverwirklichung und Glück notwendig sind.«

Henry C. Link, Direktor des Psychologischen Hilfszentrums New York

Die Überschrift über diesem Abschnitt dürfte auf viele befremdlich wirken. Da halten Sie ein Buch über Zeitmanagement in Händen, weil Ihnen die Zeit vorne und hinten zu knapp scheint – und nun wird Ihnen empfohlen, sich für andere Menschen oder für Projekte zu engagieren. Ist das nicht geradezu widersinnig? Sollte es in so einem Buch nicht vor allem darum gehen, dass Sie nicht zu kurz kommen? Der Einwand ist nur vordergründig berechtigt. Erinnern Sie sich bitte an unsere Aussage, dass alle Zeitmanagementtechniken nichts nützen, wenn Sie durch deren Anwendung nicht glücklicher werden. Und die Beobachtung ist: Selbstloses Engagement macht glücklicher!

Der Begründer der Individualpsychologie, Alfred Adler (1870–1937), gab Patienten, die unter schwerer Melancholie litten, diesen Hinweis: »Sie können in vierzehn Tagen geheilt sein, wenn sie folgenden Rat beherzigen: Bemühen Sie sich jeden Tag herauszufinden, wie Sie jemandem eine Freude machen können.« Diese Therapie funktionierte bei vielen in ganz erstaunlicher Geschwindigkeit, und eine Erklärung dafür ist schnell gefunden. Ein Melancholiker neigt dazu, krankhaft über seine eigene Befindlichkeit nachzudenken. Er quält sich mit Sorgen, grübelt über Problemen, durchleidet Zukunftsängste. Das krankhafte Starren auf sich selbst wird unterbrochen, wenn man sich zwingt, etwas gegen die Probleme anderer zu tun, beziehungsweise sich für eine bessere Welt einzusetzen.

Sie müssen nicht krank sein, um Gutes zu tun. Soziales, kirchliches oder politisches Engagement kann auch für den Gesunden so etwas wie eine Prophylaxe bedeuten. Wer sich mit den Problemen anderer befasst, verhindert, nur im eigenen Saft zu schmoren und den Sinn des Lebens auf die Befriedigung der eigenen Bedürfnisse zu reduzieren. Ein weiterer berühmter Psychoanalytiker, C. G. Jung, schrieb über seine Patienten, dass ein Drittel von ihnen an keiner klinisch feststellbaren Neurose leide, »sondern an der Sinnlosigkeit und Leere ihres Lebens«. Eine mögliche Therapie lautet: Engagement.

In den USA gehört es gerade auch für gestresste Manager zum guten Ton, sich für einen gemeinnützigen Zweck einzusetzen. Benefizveranstaltungen finden sich dort in Wirtschaftskreisen viel häufiger als im deutschsprachigen Europa. Das hat den einfachen Grund, dass das amerikanische Sozialsystem nur sehr dürftige Leistungen bietet. Alles, was über die niedrigen staatlichen Standardzahlungen hinausgeht, muss von Wohltätigkeitsor-

ganisationen durch Spenden eingenommen werden. Da der Steuersatz in den USA deutlich niedriger ist als beispielsweise in Deutschland, fällt es den Amerikanern auch etwas leichter, Geld für einen guten Zweck zu geben.

In modernen europäischen Ländern ist der Wohlfahrtsgedanke an den Sozialstaat delegiert worden. Das hat einige Vorteile – etwa, dass Sozialhilfe nicht mehr als Almosen, sondern als Rechtsanspruch begriffen wird. Ein bedeutender Nachteil ist allerdings, dass damit auch persönliches Engagement abgegeben wird. Das Bewusstsein ist weit verbreitet, dass für die Behebung von Notlagen »der Staat« zuständig ist. Dass dieser damit an vielen Stellen überfordert ist, wird nicht zuletzt in finanziellen Krisenzeiten deutlich, in denen auch bei den Unterprivilegierten gekürzt werden muss.

Um es noch einmal unmissverständlich deutlich zu machen: Dieses Kapitel hat nicht die Absicht, aus Ihnen einen sauertöpfischen Altruisten zu machen, der mit herabhängenden Mundwinkeln der alten Pfadfindertugend »Jeden Tag eine gute Tat« hinterherhechelt. Es geht darum, dass Sie entdecken, wie wichtig Engagement für Ihr persönliches Glück ist! Vielleicht zögern Sie, weil Ihnen das Bringen von Opfern in einer von Not geplagten Welt wie der berühmte Tropfen auf den heißen Stein vorkommt. Was lässt sich denn tatsächlich für andere bewirken? Lesen Sie dazu folgende Geschichte:

Das Mädchen und die Seesterne

Es war der Morgen nach einem schweren Sturm. Ein Mann beobachtete ein kleines Mädchen, wie es am Meer den Strand entlanglief. Es entdeckte zahllose Seesterne, die durch das aufgewühlte Wasser und den heftigen Wind ans

Ufer geworfen worden waren. Wie ein dicker Saum lagen sie auf dem Sand.

Das Mädchen bückte sich, nahm einen Seestern und schleuderte ihn zurück ins Meer. In den nächsten Minuten machte das Mädchen immer und immer wieder dieselben Bewegungen: bücken, aufheben, werfen. Der Mann konnte darüber nur den Kopf schütteln und rief ihm zu: »Was für eine sinnlose Betätigung. Hier liegen Abertausende Seesterne am Strand. Du kannst sie gar nicht alle zurückwerfen, die Aufgabe ist zu groß. Die allermeisten werden sterben. So nett deine Aktion gemeint ist – sie macht letztlich doch keinen Unterschied.«

Das Mädchen hielt kurz inne und blickte auf. »Du hast Recht, ich kann nicht alle Seesterne retten.« Dann bückte es sich wieder und warf einen weiteren Seestern zurück ins Meer. »Aber ich wette: Für diesen einen macht mein Einsatz doch einen Unterschied!«

Lassen Sie sich also nicht von der Größe der Aufgabe demotivieren. Richtig ist: Sie können nicht alle Probleme der Welt lösen. Aber Ihr persönliches Engagement kann für einzelne Menschen den entscheidenden Unterschied machen. Für das Mädchen aus einem brasilianischen Indianerdorf, dem Sie eine Schulbildung ermöglichen ebenso, wie für den Aidskranken in Frankfurt am Main oder die vielen Heimkinder in Südasien, die durch die schreckliche Flutwelle vom Dezember 2004 zu Waisen geworden sind.

Glückliche Kinderaugen oder das Wissen, dass Menschen wegen Ihres Einsatzes ein besseres Leben führen können, bedeuten emotional eine gewaltige Entschädigung für jedes Opfer, das Sie bringen.

Auf diesem Hintergrund sollten Sie folgende Überlegung anstellen: Wie viel Ihres Zeitbudgets wollen Sie wöchentlich für einen guten Zweck zur Verfügung stellen? Wenn Sie hier zwei Stunden angeben, so sind das im Jahr schon 100 Stunden! Kostbare Zeit, in der Sie Ihre Kraft, Ihre Intelligenz, Ihre Kreativität, Ihre Kompetenz anderen Menschen zur Verfügung stellen. Glauben Sie allen Ernstes, damit würden Sie in dieser Welt nichts bewirken?

Die Möglichkeiten, sich zu engagieren, sind ungeheuer vielfältig. Hier ein paar Anregungen:

- *Besuchsdienst:* Sie besuchen – etwa im Auftrag Ihrer Kirchengemeinde – wöchentlich einen einsamen Menschen in seiner Wohnung oder im Krankenhaus.
- *Vereinsarbeit:* Sie bieten einer Organisation, von der Sie überzeugt sind, Ihre ehrenamtliche Mitarbeit an (zum Beispiel im Vorstand, in der Presse- und Öffentlichkeitsarbeit, für Projekte und Großveranstaltungen, und so weiter).
- *Kommune:* Sie unterstützen unentgeltlich die örtliche Bibliothek.
- *Handwerk:* Sie beteiligen sich an der Instandsetzung eines sanierungsbedürftigen Gebäudes.
- *Kinder:* Sie unterstützen in Ihrem Wohnort einmal pro Woche die organisierte Hausaufgabenbetreuung.

Falls Ihr Job feste Termine für ehrenamtliches Engagement nicht zulässt, weil Ihre Arbeitszeiten zu unregelmäßig sind, müssen Sie dennoch nicht untätig bleiben. Ein Ehrenamt lässt sich auch en bloc bekleiden. Wir kennen Mediziner, die eine Woche ihres Jahresurlaubs dafür reservieren, in armen

Ländern kostenlos zu operieren und andere ärztliche Hilfe zu leisten. Andere Menschen nehmen an sogenannten Baufreizeiten teil, um in ihrem Ort ein neues Vereinsheim oder in einem anderen Land eine soziale Einrichtung zu errichten. Der Fantasie sind keine Grenzen gesetzt.

Workshop

Welchen persönlichen Einsatz können Sie sich für jeden einzelnen Bereich aus der unten stehenden Liste vorstellen? Welche Tätigkeit könnten Sie pro Bereich ausüben?

- Kommune

  ____

- Kirchengemeinde

  ____

- Dritte Welt

  ____

- Umwelt

  ____

- Tierschutz

  ____

- Kulturpflege

  ____

Wenn Sie Ihre Einträge nun noch einmal anschauen und eine Entscheidung treffen müssen: Für welchen der verschiedenen Bereiche wollen Sie sich am liebsten engagieren?

Aufgabe für die Praxis

Planen Sie nun einen klaren Schritt, der Sie im Bereich des persönlichen Engagements weiterbringt. Ein solcher Schritt könnte sein: die Anmeldung beim Roten Kreuz zum nächsten Einführungskurs »Erste Hilfe«; Gesprächstermin mit dem Vorsitzenden einer lokalen Umweltgruppe über mögliche Mitarbeit; und so weiter. Wichtig ist, dass Sie dieses Vorhaben nicht nur als Absichtserklärung formulieren, sondern mit einem festen Termin verbinden. Also etwa: Bis zum 15. des Folgemonats werde ich mit der Vorsitzenden des regionalen Kinderschutzbundes ein Gespräch darüber geführt haben, wie ich die Organisation bei der Durchführung größerer Veranstaltungen unterstützen kann.

Mein Entschluss:
Bis zum ________________ werde ich Folgendes erledigen:

____

27. Tag
Zeit veredeln durch Sinn

»Heutzutage nehmen die Leute die Zeit ernster als die Ewigkeit.«

Thomas Kelly (1930–2002),
amerikanischer Weltraumtechniker

Zeitmanagement kann an einer ganz einfachen und doch unendlich schwierigen Frage scheitern: an der Frage nach dem Sinn. Sie können hoch effizient durch den Tag rasen, können geniale Wochen- und Jahrespläne auf Papier bringen – wenn Sie den Sinn Ihres Engagements, den Sinn der Verwendung Ihrer kostbaren Lebensenergie nicht sehen, dann werden Sie das alles zeitlich nur sehr befristet durchhalten.

Eine verlockende Perspektive macht es möglich

Auf einer einfacheren Ebene macht das ein Experiment deutlich, das als »Marshmallow-Test« in die Psychologiegeschichte eingegangen ist. Kindern wurde ein Marshmallow (eine wie Schaumstoff aussehende Süßigkeit) in die Hand gedrückt. Die Vorgabe: Sie dürfen es sofort essen. Wenn Sie aber 20 Minuten warten, bevor sie es essen, bekommen sie später ein weiteres Marshmallow, also die doppelte Menge an Süßigkeit. Die jungen Probanden dividierten sich auseinander. Einer Gruppe schien die weiche, klebrige Süßigkeit so verlockend, dass sie nicht wartete und das Stück sofort verspeiste. Ein anderer Teil sah das noch verlockendere An-

gebot, später zwei Stücke essen zu dürfen – und wartete. Als man die Lebensläufe der Kinder weiter beobachtete, stellte sich heraus, dass die Kinder die erfolgreicheren wurden, die warten konnten.

Das ist eine Beobachtung, die Sie bestimmt auch schon gemacht haben. Es gibt Situationen, in denen man einfach verzichten muss, um etwas Größeres zu erreichen. Die Aussicht, ein Stipendium zu bekommen, hat manchen faulen Schüler fleißig werden lassen. Die Perspektive, an einen Großkunden heranzukommen, hat schon viele Vertriebsleute Tag und Nacht schuften lassen.

Sinn als Lebensmotor

Dieses Prinzip gilt übrigens auch für ganz verheerende Lebenssituationen. Der Psychologe Viktor Frankl war während der Zeit der Nazi-Diktatur in vier verschiedenen Konzentrationslagern inhaftiert. Er beobachtete, dass diejenigen am besten mit den Leiden umgehen konnten, die sich innerlich bereits auf das Danach vorbereiteten; die das Ziel hatten, wieder mit ihren Familien vereinigt zu sein und am Aufbau einer besseren Gesellschaft mitzuwirken. Frankl hat aus dieser Erkenntnis eine eigene Therapie entwickelt, die Logotherapie. Sie stellt die Aufforderung in den Mittelpunkt, dass Patienten erkennen, wozu sie leben. Um es in den Worten von Friedrich Nietzsche zu sagen: »Wer ein Warum hat, erträgt jedes Wie.«

Sinn finden wir auf verschiedenen Ebenen. Für die erfolgreich getesteten Kinder bestand der Sinn in ihrem Warten, später ein zweites Marshmallow zu bekommen. Für den Geschäftsmann besteht der Sinn einer 70-Stunden-Woche vielleicht darin, sein Unternehmen zu sanieren. Für eine Mutter besteht der Sinn im Wachen am Bett ihres kranken Kindes darin, ihm möglichst viel Nähe, Trost und Zuspruch für eine rasche Genesung zukommen zu lassen.

Die großen Fragen der Menschheit

Für nachdenkliche Menschen geht die Sinnfrage über die eigene Existenz hinaus. Mit den Philosophen und Theologen fragen sie:

- Wie wurde die Welt erschaffen?
- Liegt hinter dem, was geschieht, ein Wille oder Sinn?
- Wie sollten wir leben?

Alle Sinnstiftung stößt an eine biologische Grenze, nämlich an den eigenen Tod. Es ist für die meisten Menschen der unangenehmste Gedanke, dass es einmal mit ihnen aus sein wird. Allerdings gibt es auch Sinnstiftung, die über das eigene Ableben hinausgeht – wir finden sie in den Religionen. Im deutschsprachigen Raum ist es noch vergleichsweise unüblich, dieses Thema im Zusammenhang mit Zeitmanagement anzusprechen. Es kann hier auch nur angerissen werden. Wer sich in seinem Meer an Zeit wohlfühlen will, sollte diesem Bereich nicht ausweichen. In der amerikanischen Lebenshilfe-Literatur – etwa bei Stephen Covey – wird ganz selbstverständlich davon gesprochen, dass sich Menschen auch als Geschöpfe eines Schöpfers begreifen sollen.

Dazu bedarf es eines Perspektivwechsels. Vielleicht kann Ihnen folgende Geschichte dabei nützlich sein:

Leben nach der Geburt

Ein ungeborenes Zwillingspärchen unterhält sich im Bauch seiner Mutter. »Sag mal, glaubst du eigentlich an ein Leben nach der Geburt?«, fragt der eine Zwilling.

»Ja auf jeden Fall! Hier drinnen wachsen wir und werden stark für das, was draußen kommen wird«, antwortet der andere Zwilling. »Ich glaube, das ist Blödsinn!«, sagt der erste. »Es kann kein Leben nach der Geburt geben – wie sollte das denn bitte schön aussehen?«

»So ganz genau weiß ich das auch nicht. Aber es wird sicher viel heller als hier sein. Und vielleicht werden wir herumlaufen und mit dem Mund essen?«

»So einen Unsinn habe ich ja noch nie gehört! Mit dem Mund essen, was für eine verrückte Idee. Es gibt doch die Nabelschnur, die uns ernährt. Und wie willst du herumlaufen? Dafür ist die Nabelschnur viel zu kurz.«

»Doch, es geht ganz bestimmt. Es wird eben alles nur ein bisschen anders.«

»Du spinnst! Es ist noch nie einer zurückgekommen von ›nach der Geburt‹. Mit der Geburt ist das Leben zu Ende. Punktum.«

»Ich gebe ja zu, dass keiner weiß, wie das Leben nach der Geburt aussehen wird. Aber ich weiß, dass wir dann unsere Mutter sehen werden und sie wird für uns sorgen.«

»Mutter??? Du glaubst doch wohl nicht an eine Mutter? Wo ist sie denn bitte?«

»Na hier – überall um uns herum. Wir sind und leben in ihr und durch sie. Ohne sie könnten wir gar nicht sein!«

»Quatsch! Von einer Mutter habe ich noch nie etwas bemerkt, also gibt es sie auch nicht.«

»Doch, manchmal, wenn wir ganz still sind, kannst du sie singen hören. Oder spüren, wenn sie unsere Welt streichelt …«

nach Henry Nouwen: Our Greatest Gift. A Meditation on Dying and Caring. San Francisco 1995

Natürlich gibt es auch Sinnstiftungen jenseits der Religion. In bewundernswerter Weise haben Menschen, die sich wohl selbst als Atheisten bezeichnet hätten, den Sinn in ihrem Leben und ihren Kämpfen darin gesehen, etwa für Demokratie und Meinungsfreiheit einzustehen. Andererseits war gerade das Vertrauen darauf, dass es ein Weiterleben gibt, Motivation für Menschen wie Mutter Teresa oder den Bürgerrechtler Martin Luther King, sich mit vollem Einsatz für andere Menschen einzusetzen. Sie standen nicht unter dem Zwang, zwischen Geburt und Tod alles erreichen zu müssen, was ihnen diese Welt zu bieten hat. Das ist also ein ganz anderes »Marshmallow«: die Aussicht auf ein zukünftiges Leben nach dem Tod. Sie hat Menschen unglaublich mutig und opferbereit gemacht.

Sinn macht glücklich

Die Frage nach dem Sinn ist für jeden Menschen relevant – egal, woran er glaubt. Was treibt Sie an? Wofür lohnt es sich Ihrer Ansicht nach zu leben? Gibt es etwas, wofür Sie zu sterben bereit wären? Antworten auf diese Fragen werden

Ihnen entscheidend dazu verhelfen, Ihre Zeit zu veredeln. Es geht darum, dass Sie die Zeit hauptsächlich mit Dingen verbringen, von deren Sinn Sie voll und ganz überzeugt sind und dass Sie den besten und edelsten Zielen folgen, die Sie sich vorstellen können.

Interessant sind in diesem Zusammenhang die Forschungsergebnisse des amerikanischen Glücksforschers Mihaly Csikszentmihalyi. Er hat in seinen Feldstudien herausgefunden, dass diejenigen Menschen am häufigsten Glücksgefühle erleben, die sinnstiftende Lebensziele haben. Ziele, die letztlich übers Grab hinausreichen. Das gibt dem Thema einen ganz anderen Anstrich. Nicht: Sinn erfordert Opfer; sondern: Sinn macht glücklich.

Workshop: Leben nach dem Tod

Deshalb lohnt es sich, im folgenden Workshop über ein paar Fragen intensiver nachzudenken. Für diesen Workshop ist voraussichtlich etwas mehr Zeit erforderlich – weil die Frage nach dem Sinn etwas komplexer, ja eine Lebensaufgabe ist. Es erfordert Mut und Energie, sich damit auseinanderzusetzen. Es ist einfacher, schnell wieder in die alltägliche Geschäftigkeit zu flüchten. Da aber Sinn glücklich macht, stellen Sie sich einmal ehrlich die folgenden Fragen:

- Habe ich die Erwartung auf ein Leben nach dem Tod?
- Wenn ich an meine Erfahrungen mit Religion denke – hat mich etwas positiv geprägt?
- Was bedeuten mir die heiligen Schriften der Religionen? Kenne ich beispielsweise einen Bibelvers, der mir in den Jahren immer wieder begegnet ist?
- Wenn ich folgenden Satz ergänze, lautet er: »Der Sinn meines Lebens ist …«

Was Sie zu diesen Fragen notiert haben, ist sehr individuell und entzieht sich deshalb einer allgemeingültigen Auswertung. Bei diesem Workshop wird es aber besonders spannend sein, ihn nach einiger Zeit wieder zur Hand zu nehmen. Vielleicht werden Sie nach Jahren über Ihre Antworten schmunzeln. Vielleicht werden Sie aber auch stolz sein, ein Fundament für die Frage nach dem Lebenssinn gefunden zu haben, das Sie über viele Jahre getragen hat.

Aufgabe für die Praxis

Nehmen Sie die Frage nach dem Sinn Ihres Lebens in Ihr Zeitplansystem auf. Welche Aktivitäten sollen Ihnen dabei in der kommenden Woche helfen? Zum Beispiel:

- Studieren, welche Antworten Atheisten auf die Frage gegeben haben,
- Lesen religiöser Texte,
- Besuch eines Gottesdienstes.

28. Tag
Zeit veredeln durch den Mut zum nächsten Schritt

»Heute ist der erste Tag vom Rest deines Lebens.«

Verfasser unbekannt

Herzlichen Dank, dass Sie 28 Tage mit uns durchgehalten haben, das ist wahrhaftig keine Kleinigkeit. Sie haben viel in Ihr Leben investiert und werden eine reiche Dividende erhalten. Sie könnten sich jetzt zurücklehnen und sagen: »Ich hab's geschafft, jetzt gönne ich mir die wohlverdiente Ruhe.« Die Botschaft dieses Abschnitts ist aber eine andere. Wir wollen die letzten Seiten dazu nutzen, um ein Fenster aufzustoßen, das einen Blick auf Ihre Zukunft freigibt. Was kommt als Nächstes?

Aus Ihrer Lebenserfahrung wissen Sie, dass Stillstand Rückschritt bedeutet. Wer zu rudern aufhört, treibt flussabwärts. In der Geschichte von *Alice im Wunderland* klingt das ganze so: »Heutzutage musst du rennen, um nicht zurückzufallen.« Wie wahr!

Jeden Tag ein Tausendstel besser

Möglicherweise sind Sie mit Ihrem Lerntempo und Ihrem Fortschritt nicht ganz einverstanden. Vielleicht müssen Sie nur etwas mehr Geduld haben. Vor einiger Zeit erklärte uns ein Spitzensportler Folgendes: Für Hochleistungssportler gilt der Satz: Jeden Tag ein Tausendstel besser. Ein Tausendstel besser ist erst einmal nicht sehr beeindruckend. Wer jeden Tag jedoch ein Tausendstel besser wird, der wird in fünf Tagen fünf Tausendstel besser. Dies ist immerhin bereits ein halbes Prozent.

Wenn Sie diese 52 Wochen durchhalten, dann haben Sie 52 Wochen mal ein halbes Prozent. Das sind 26 Prozent. In 2,7 Jahren sind es bereits 100 Prozent und in etwa 10 Jahren sind es 1000 Prozent Verbesserung. Mit anderen Worten: Wer dranbleibt, braucht sich vor nichts zu fürchten.

Ziel erreicht, was nun?

Bevor ich mein Ziel erreiche, sollte ich wissen, was mein nächstes Ziel ist. Der eine oder andere erinnert sich noch: Als damals die ersten Menschen vom Mond zurückkamen, gab es Feiern und Jubel ohne Ende. Ein Staatsempfang löste den nächsten ab. Die Medien überschlugen sich.

Wenige Monate später wurde es ruhiger und ruhiger. Einige der umjubelten Astronauten mussten sich sogar in psychotherapeutische Behandlung begeben. Was war geschehen? Wer das Höchste und Stärkste in seinem Leben erreicht hat, muss damit rechnen, dass er frustriert ist und in Depressionen stürzt, wenn er keine Folgeziele hat. Wer das Erreichen seiner Ziele feiert, sollte sich besorgt fragen: Was jetzt? Habe ich mir um die Folgeziele bereits Gedanken gemacht?

Glücksforscher Gilbert berichtet in »Psychologie heute«: »Es scheint als pendle sich das Wohlfühlbarometer selbst nach der Erfüllung langgehegter Wünsche und gravieren-

der Schicksalsschläge schnell wieder auf dem alten Niveau ein.« Seine Arbeiten werden erhärtet durch Untersuchungen an Lottogewinnern und so weiter. Die naive Glückstheorie »Wünschen – Bekommen – Glücklichsein« funktioniert also so nicht.

Möglicherweise haben wir Sie jetzt enttäuscht: Sie waren vielleicht der Annahme, dass am Ende dieses langen Weges endlich die wohlverdiente Hängematte winkt: Ausruhen, genießen und feiern. Stattdessen heißt die Botschaft: Bisher segelten Sie auf einem kleinen Binnensee. Jetzt haben Sie sich den Führerschein für die Hochsee-Schifffahrt erworben. Sie sind die Elbe flussabwärts gefahren, mit dem Ziel, das offene Meer zu erreichen. Auch auf der breiten Elbe ist es noch relativ einfach zu navigieren. Der große breite Fluss ist radarüberwacht, die Position des Bootes leicht zu bestimmen. Hilfe ist schnell zur Hand.

Jetzt geht es hinaus auf das offene Meer. Ihre Spielräume erweitern sich ständig. Ihre Möglichkeiten werden riesig, die Chancen gewaltig. Sie lieben es, sich den mittlerweile sehr viel stärkeren Wind um die Nase wehen zu lassen.

Sie haben das getan, was in diesem Zitat zum Ausdruck kommt: »Erreiche deine Ziele, um höhere suchen zu können.« Hier ein historisches Beispiel, das von Julius Cäsar stammt und als das »Rubikon-Prinzip« bekanntgeworden ist.

Das Rubikon-Prinzip

Das Rubikon-Prinzip geht auf den ehemaligen Prokonsul Julius Cäsar zurück. Im Jahre 50 v. Chr. kehrte Cäsar nach einer Reihe glänzender Siege aus Gallien nach Rom zurück. Laut Gesetz hätte Cäsar seine Legionen auflösen müssen, bevor er den Fluss Rubikon bei Rom überquerte, da man damals befürchtete, dass erfolgreiche Feldherrn Rom gleich miterobern würden.

Cäsar hätte sich in Rom in einer Reihe von äußerst unangenehmen Prozessen wegen seiner Amtsführung verantworten müssen. Wahrscheinlich hätte er sogar mit dem Ende seiner politischen Laufbahn rechnen können. Cäsar dachte nach: Die Alternative wäre, wenn er einfach mit seinen Legionen den Fluss Rubikon überqueren und Rom erobern würde. Dann könnte jedoch sein größter Widersacher Pompeius mit ausdrücklicher Billigung des Senats gegen ihn mit militärischer Gewalt vorgehen.

Cäsar nahm das volle Risiko auf sich und rief: »Alea iacta est«, »der Würfel ist gefallen«. Er überschritt mit seinen Legionen den Fluss Rubikon. Am Ende stand Cäsar in Rom auf dem höchsten Machtpodest, das es bis dahin gab.

Rubikon steht also dafür, Entscheidungen mit großer Tragweite zu treffen – selbst dann, wenn nicht alle Fakten auf dem Tisch sind und der Ausgang ungewiss ist.

Workshop

Sie haben bisher schon vieles erreicht, aber vieles liegt auch noch im Stapel und wartet darauf, jetzt mit Ihrem neuen Know-how und der neuen Zuversicht realisiert zu werden. Sie gehören jetzt nicht mehr zu der Sorte Mensch, die, weil sie zu vorsichtig ist, Entscheidungen und Vorhaben auf die lange Bank schiebt.

Sie sind bereit, gegen Resignation und Zögerlichkeit anzutreten und entschlossen, den eigenen Rubikon zu überschreiten. Sie setzen neue Impulse und vermitteln Mut und Aufbruchstimmung.

Jetzt, wo Sie auf dem großen weiten Meer navigieren, kommen neue verantwortungsvolle Projekte in Ihr Blickfeld. Jetzt sind Sie bereit für das, was die Amerikaner »BANG« nennen, Ihr Big Ambitious Noble Goal (also: die zentrale Herausforderung Ihres Lebens).

»Das schaffe ich doch nie.« oder »Das ist doch viel zu riskant!« sind wohl die typischen Ausreden, die wir uns in kniffligen Situationen einreden. Notieren Sie sich zwei Situationen, in denen Sie an Ihrem persönlichen »Rubikon« nicht gehandelt haben.

Beispiel: Ich bin mit meinem Job unglücklich, aber zu einer Kündigung konnte ich mich nicht durchringen.

1. ______________________________

2. ______________________________

Welche zwei bis drei Entscheidungen oder Vorhaben, die ich schon lange vor mir hergeschoben habe, will ich jetzt »endlich« in Angriff nehmen?

1. ______________________________

2. ______________________________

3. ______________________________

Aufgabe für die Praxis

Was ist das wichtigste Ziel, an dem ich derzeit arbeite?

____

____

Wenn ich dieses Ziel erreicht habe, welches ist dann mein nächsthöheres Ziel (BANG)?

____

____

____

Nachwort

Wir sind am Ende unserer Reise zum »Meer an Zeit« angelangt. Nein, das ist natürlich Unsinn – die Reise hat ja erst begonnen! Trotz der Workshops in jedem der 28 Unterkapitel ist ja vieles bislang für die meisten Leser noch Theorie, die ihre Umsetzung in die Praxis noch vor sich hat. Fühlen Sie sich nun fit für die Praxis?

Wir wissen, dass wir Ihnen einiges zugemutet haben. Dies ist kein Buch schneller und billiger Versprechen, wie man etwa in drei Schritten alle seine Zeit- und Lebensprobleme in den Griff bekommt. Wenn alles so mühelos ginge, hätten es die Menschen schon vor Jahrtausenden entdeckt. Unser Leitgedanke war stattdessen: So viel Vereinfachung wie möglich – und so viel Komplexität wie nötig.

Wir haben dem Paradigma des Zeitmangels das Paradigma des »Meers an Zeit« entgegengesetzt. Wer es einmal gelernt und eingeübt hat, seinen Reichtum an Zeit zu genießen, der will nicht mehr zurück.

Wir Autoren sind sehr neugierig, welche Erfahrungen Sie mit diesem Buch und seinen Gedanken zum Thema Zeitmanagement machen. Insbesondere interessiert uns natürlich, inwiefern das Paradigma vom »Meer an Zeit« in Ihrem Leben Gestalt gewinnt und wie Sie das Konzept der »Shared-Life-Balance« in die Praxis umsetzen. Haben Sie Lust, uns Ihre Geschichte zu schreiben? Wollen Sie den Autoren Kritik und Verbesserungsvorschläge mitteilen? Sie erreichen uns am besten per Mail (knoblauch@ziele.de, johannes@hueger.

net, trainer@marcus-mockler.de). Sollten Sie Bedarf an Vortragsveranstaltungen haben, kommen die Autoren gerne zu Ihnen.
Wir freuen uns auf Post von Ihnen und wünschen Ihnen in der Zwischenzeit ein genüssliches Bad im »Meer an Zeit«. Viel Erfolg, Durchhaltevermögen und Gottes Segen bei der Umsetzung!

Webseiten zum Thema Zeit, Büroorganisation und Selbstmanagement

www.tempus.de
tempus-Zeitplansysteme

www.org-online.de
Der persönliche Organisationsberater

www.simplify.de
Zeitschrift »simplify your life«

www.simplifywork.com
Zeitschrift »simplify your work«

www.ziele.de
Newsletter, Gratisdownloads usw.

www.coaching-briefe.de
Lothar J. Seiwert Coachingbriefe

www.methode.de
methode.de GmbH

www.mappei.de
MAPPEI-Organisationsmittel

www.classei.de
Classei-Organisationsmittel

www.persolog.de
Persönlichkeitsprofile

www.zeitzuleben.de
Portal zu Fragen der Persönlichkeitsentwicklung

www.seiwert.de
Newsletter von führenden Experten für Zeit- und Lebensmanagement

www.birkenbihl-insider.de
Brainmanagement und Kommunikation

www.tempus-consulting.de
20 % mehr Effizienz im Büro

Danksagung

Viele Personen haben zum Entstehen dieses Buches beigetragen. Ihnen möchten wir ausdrücklich und von Herzen Dank sagen:

Teilnehmern in unseren Seminaren. Die Diskussionen mit ihnen haben uns nicht nur Denkanstöße gegeben, sondern auch dazu inspiriert, eine neue Generation des Zeitmanagement anzudenken.

Tiki Küstenmacher. Einmal mehr hat er dieses Buch mit seinen genialen Karikaturen illustriert.

Friedbert Gay. Ihm verdanken wir die Rechte am DISG®-Persönlichkeitsprofil. Es ist das beste Instrument zur Persönlichkeitsentwicklung, das wir kennen.

Traudel Knoblauch. Für das Korrekturlesen des Manuskriptes und ihre Geduld.

Aleksandar Kostic, Jochen Kohler, Matthias Moeferdt. Danke für umfangreiche Recherchen, insbesondere im Internet.

Christiane Kramer. Sie ist nicht nur unsere Ansprechpartnerin im Campus Verlag. Sie hat uns auch auf dem Weg vom Manuskript bis zum fertigen Buch mit ihren wertvollen Hilfestellungen begleitet.

Unser besonderer Dank gilt dem *Campus Verlag*, der in Zeiten wirtschaftlicher Rezession trotzdem mutig zukunftsweisende Literatur bringt.

Giengen, im Sommer 2005

Jörg Knoblauch (Knoblauch@tempus.de)
Johannes Hüger (Johannes@Hueger.net)
Marcus Mockler (trainer@marcus-mockler.de)

Register